江苏档案精品选编纂委员会

江苏省明清以来档案精品选

宿迁卷

江苏人民出版社

总　目

序

谢 波

　　档案馆作为永久保管档案的基地，是人类文化传承的重要载体和思想文化创新的重要源泉。

　　编纂《江苏省明清以来档案精品选》，是全省档案系统共同开展的一项档案文化建设重点工程，是我省档案部门履行"为党管档、为国守史、为民服务"使命要求，围绕中心、服务大局的一项重要举措，根本目的是整合全省档案精品资源，集中公布江苏档案资源建设的丰硕成果，展示江苏历史、人文的丰厚底蕴，服务社会主义文化大发展大繁荣。

　　江苏物华天宝，人杰地灵，养育了一代又一代勤劳智慧、心灵手巧的人民，创造出了辉煌灿烂的物质文明和精神文明。自明清以来，江苏的综合实力在中国的省级政区中就一直居于前列。新中国成立后特别是改革开放以来，江苏各项事业高速发展，在经济、政治、社会、文化等各方面均处于全国领先位置，积累了雄厚的经济文化实力。这一领先的进程，真实地定格于档案中，保存于全省各级各类档案馆里。

　　这些档案，浩如烟海。丰富翔实的档案史料，客观记载了江苏各项事业发展演化的脉络，反映了历史发展变化的内在规律，是我们今天多角度深入了解和研究明清以来江苏政治、经济、军事、文化以及社会情况的第一手珍贵资料。特别是中国共产党成立以来形成和保存下来的大量珍贵档案，再现了江苏人民在党的领导下开展革命斗争、社会主义建设和改革开放，全面建设小康社会、建设美丽江苏的光辉历程，这是国家珍贵的文化财富、民族的宝贵遗产，是我们今天开展党史研究的宝贵资源和党史教育的重要素材。

　　前事不忘，后事之师。记载着历史真实面貌的档案资料，是续写江苏更加辉煌灿烂历史新篇章的重要参考和借鉴。编纂档案文献资料，留存社会发展的足迹，服务今天的经济社会各项事业，是我国档案界、史学界的优秀传统，是中华文明生生不息、不断进步的重要源泉。也正是这一优秀传统，使得中华文明能够随着历史的发展、社会的进步而不断充实新的内容。通过档案工作者有选择地编纂加工，使海量的档案资源更加有序化，为党和政府重大决策提供参考，为人民群众接触档案、了解档案、利用档案提供便利，是档案工作者的职责所在。正是基于这一要求，全省档案部门集中力量，对各级档案馆中的档案进行梳理，编辑出版了《江苏省明清以来档案精品选》。通过本书的编纂出版，整合全省档案精品资源，发挥规模效应，使江苏历史、人文的丰厚底蕴得到集中展示，使档案存史、资政、育人功能得到更好的发挥，同时为我们大力开展爱党、爱国、爱家乡教育提供丰富的第一手教材。这是我省档案部门围绕中心、服务大局的一项重要工作创新，也是档案部门贯彻落实党的十八大精神、服务文化强省建设的具体举措。同时，《江苏省明清以来档案精品选》的编纂出版，定能为学术界开发利用档案创造便利的条件。通过对明清以来历史档案的开发利用，探寻我省近代以来各项事业发展演化的脉络，把握历史发展变化的内在规律，为当代经济社会各项事业发展服务，为建设美丽江苏书写更加辉煌灿烂的新篇章。

2013年7月

《江苏省明清以来档案精品选·宿迁卷》

编 委 会

前言

宿迁,位于江苏省北部,属于长三角经济圈(带)、东陇海产业带、沿海经济带、沿江经济带的交叉辐射区。宿迁历史悠久,人文荟萃。境内泗洪县天岗湖乡松林庄发现的长臂猿化石,距今约1000多万年,至今在亚洲最早;双沟地区在距今约5万年前就有古人类下草湾人逐水而居,据考证,是世界人类起源中心之一。相传夏、商、周三代,古族徐夷在境内生息。公元前113年,古泗水国在此建都,历时132年。秦代置下相县,东晋设宿豫县,唐代宗宝应元年,为避代宗李豫讳,改称宿迁至今。

宿迁是革命老区,新四军在此创建的淮北抗日民主根据地为全国十九大根据地之一。宿迁大地哺育过无数英雄豪杰,西楚霸王项羽、南宋抗金名将刘世勋、晚清抗日殉国的民族英雄杨泗洪等都诞生于这一方热土。刘少奇、陈毅、邓子恢、张爱萍、张震、李一氓等老一辈革命家曾在这里运筹帷幄,浴血奋战;彭雪枫、吴苓生、江上青等上万名革命先烈长眠于宿迁大地,为世人所敬仰。

宿迁是江苏最年轻的地级市,也是沿海省份最具发展活力与潜力的地区之一。1996年7月19日,国务院正式批复同意设立地级宿迁市;9月23日,市人大一届一次会议胜利召开,选举产生了"一府两院"领导班子,标志着地级宿迁市正式诞生,从此掀开了宿迁历史崭新的一页。自此,宿迁迈入了跨越发展的征程,全市上下紧紧围绕建设全面小康社会的奋斗目标,抢抓机遇,开拓创新,务实苦干,经济社会发展取得了显著成绩。

档案是人们认识和把握客观规律的重要依据。档案工作是一项记录历史、传承文明、造福社会、服务人民的伟大事业,是党和国家事业发展必不可少的重要方面。全市各级档案部门紧紧围绕党委、政府的中心工作,充分发挥档案资源优势,认真履行工作职能,不断拓宽工作领域,档案事业取得了长足进步,档案工作服务大局、服务民生的作用进一步发挥,为推动全市经济社会发展、促进精神文明建设和民主法制建设作出了积极贡献。

按照江苏省档案局(馆)的统一部署,宿迁市档案局(馆)树立上下"一盘棋"的全局意识,会同各县(区)档案局(馆),对馆藏档案进行梳理排查,组织编纂了《江苏省明清以来档案精品选·宿迁卷》(以下简称《宿迁卷》)。该书入选精品档案共计58件(组),其中清代及以前档案4件(组)、民国档案6件(组)、革命历史档案22件(组)、中华人民共和国成立后档案12件（组）、书报典籍14件（组）。该书是整合宿迁档案精品资源，展示宿迁丰厚历史文化底蕴的重要成果，对于彰显宿迁档案文化，促进全市文化大繁荣大发展，必将起到积极的推动作用。

编　者

2013年10月

凡例

一、本书档案史料来源于宿迁市档案馆、沭阳县档案馆、泗阳县档案馆、泗洪县档案馆、宿豫区档案馆及民间人士。

二、本书体例结构，事以类从，分为清代及以前档案、民国档案、革命历史档案、中华人民共和国成立后档案、书报典籍五大类，一般以一件为一题，凡同属一事物彼此间有直接联系的以一组为一题，总计58件（组）档案资料。

三、本书以文字摘录为主，依照原档案文体，辅以简介、图片、照片，以便对照参考。

四、本书所收录的档案资料，原文为繁体字改为简体字，竖排改为横排，同时对原文进行必要的分段、标点和加注。

五、本书所收录的档案史料，为尊重历史、保持原貌，一般原文照录，其间有内容重复及与主题无关部分，则略加删节。遇有缺漏损坏或字迹不清者，以□代之，错字、别字和衍文的校勘以及其他简单注释，均加在正文之内以（）说明。增补的字以【】标明。全段删节者以…………标明，段内部分删节者以……标明。

目录
Contents

清代及以前档案
Archives of Qing Dynasty and before

民国档案
Archives of the Republic of China

革命历史档案
Archives of the Revolutionary History

中华人民共和国成立后档案
Archives after the Founding of PRC

书报典籍
Newspapers and Ancient Books

清代及以前档案

明真武帝君铜像

保管单位： 沭阳县档案馆
内容及评价：

真武，又名玄武，是道教四圣之一。北宋年间，因避帝王讳改"玄"为"真"，故曰"真武"。道教可分为全真教派（出家)和正一教派（俗家弟子)。史书记载，明永乐年间，沭阳境内道教极为盛行，官民为祈求神灵保佑，在庙里祭祀真武帝君。沭阳县档案馆现保存这尊真武帝君铜像高60厘米、宽35厘米、重10.5公斤，乃正一教派信奉物，铸成于明代末年，经考古专家鉴定为明代道教信奉物真武帝君像，属国家二级文物。

真武帝君铜像

清雍正敕命文书

保管单位：泗洪县刘金才

内容及评价：

清雍正十三年（1735），清廷颁发给刘士勋（泗州人，时任江南江北桃园安清中河营把总）敕命，敕封刘士勋为奋力校尉，封刘妻为孺人。敕命用满汉两种文字书写，右边为汉文，由右向左逐列展开。左边为满文，由左向右逐列展开。敕命盖有"敕命之宝"印章，印章上的文字也是以满汉两种文字书刻。该敕命文书质料为苍白色绫绢，展开长约300厘米、高约33厘米，其上绘以升降盘龙盘绕，敕面织有"奉天敕命"四字，原有的卷轴现已损毁不存。

刘士勋为宿迁市著名历史人物，官至清朝四品级别。该敕命文书，是研究刘士勋生平的第一手史料，对研究清朝诏、敕文书制度也有一定意义。

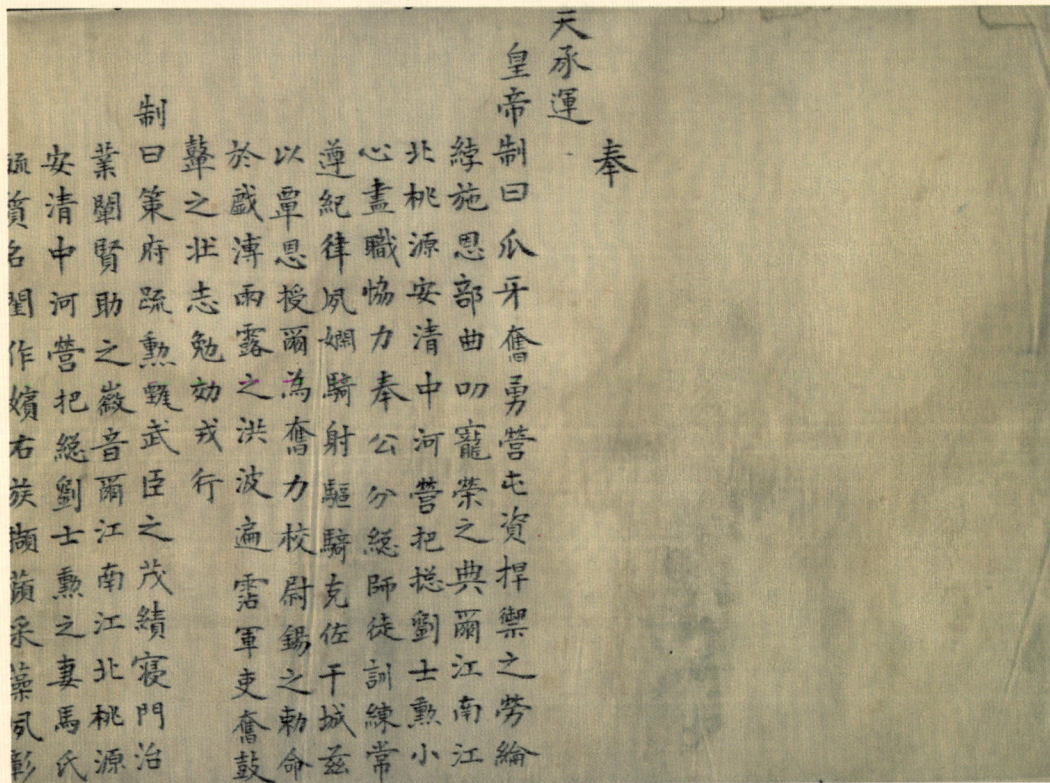

敕命文书（汉文）

辈之壮志勉劫戎行

制曰策府疏勋罷武臣之茂績寝門治
業關賢助之巖音爾江南江北桃源
安清中河營把總劉士勲之妻馬氏
毓質名閨作嬪右族擷蘋采藻鳳彰
宜室之風説禮敦詩具見同心之雅
慈以彝恩封爾為孺人於戲錫寵章
於閨閫惠問常流荷嘉奨於絲綸芳
聲永劭

雍正十三年九月初三日

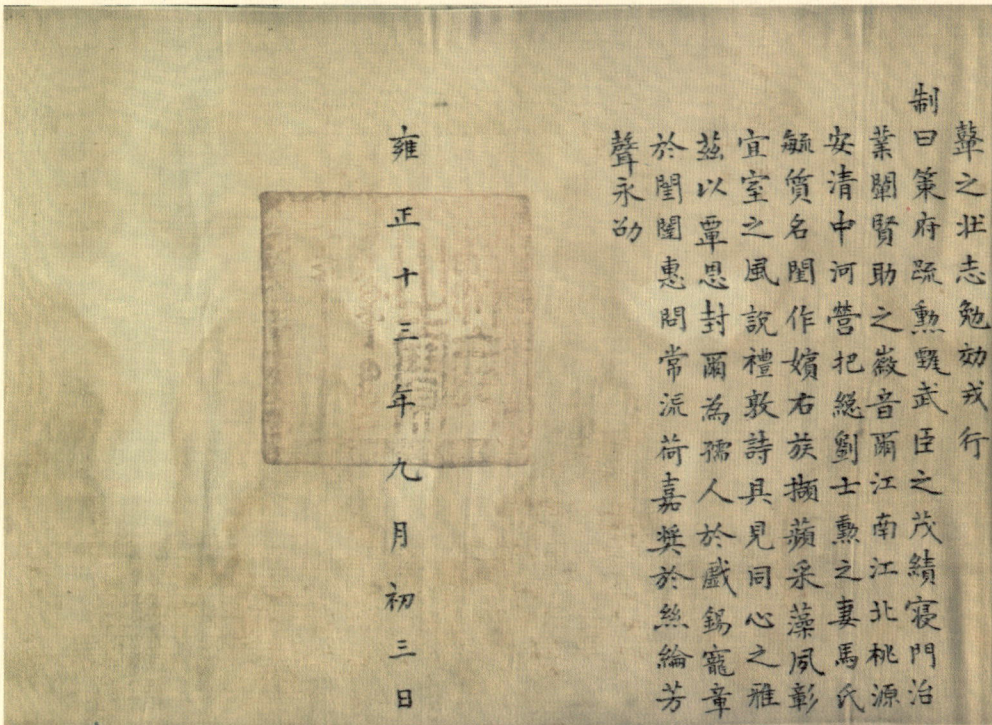

敕命文书（汉文）

敕命文书（满文）

摹刻《高南阜砚史》拓片

保管单位：宿迁市宿豫区档案馆

内容及评价：

高南阜（1683～1749），山东胶州人，清代著名书画篆刻大家。诗、书、画、印俱精绝。一生酷爱砚石，收藏千余方，制铭词自行刻凿。选取165方，拓为砚图112副（有二、三砚共拓一副），分为四卷，即《高南阜砚史》。《砚史》集高南阜诗、书、画、印于一体，有很高的艺术价值和学术价值。清道光年间，宿迁著名收藏家王惜庵将高南阜的《砚史》原稿本，礼请著名篆刻家王子若、吴熙载镌刻。摹刻拓片除原有112幅外，又新加《云鹤小影图》及王惜庵《自识》等23幅，共计135幅。其中石刻版59幅，另有木刻版76幅，宽1尺5寸，高8寸，厚2寸，分彩拓、墨拓两种。彩拓的砚图部分用以花青为主的国画颜料拓制，印章用朱墨拓制，题识、跋语均用墨拓。墨拓的砚图部分以淡墨拓，题识、跋语用浓墨拓，仍按原拓本依次分为四册。1938年日军侵占宿迁县城后，将《高南阜砚史》原稿本掠去。中华人民共和国成立后，王惜庵后裔将尚存的石刻版56幅献于国家，现存于南京博物院，属国家一级文物。南京博物院现藏摹本四册中缺第一幅和第三幅。宿豫区档案馆藏有残本73幅，其中恰好有此两幅，《高南阜砚史》摹本四巨册，从而得以弥补缺憾。

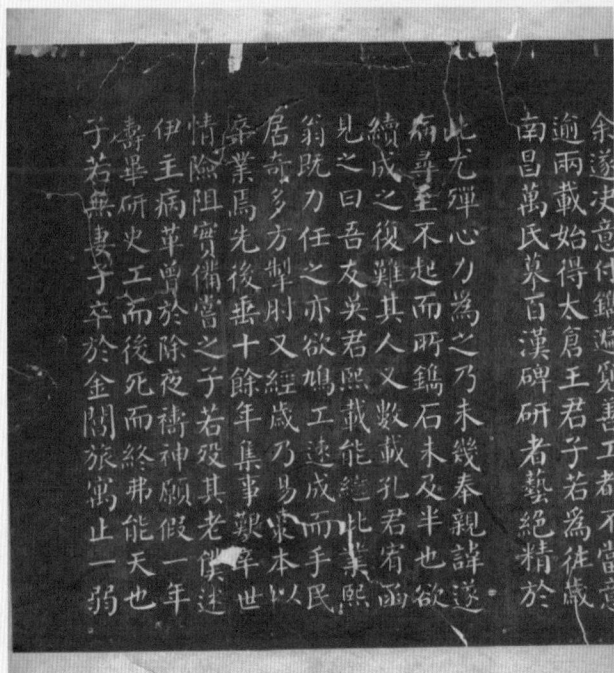

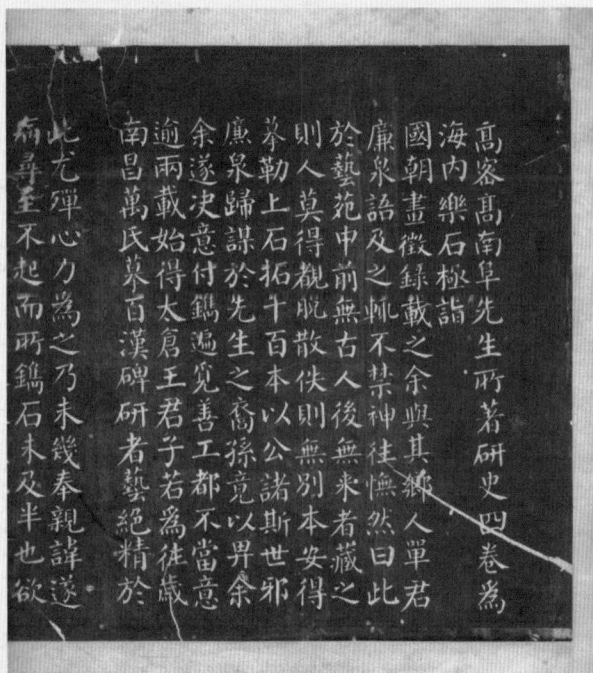

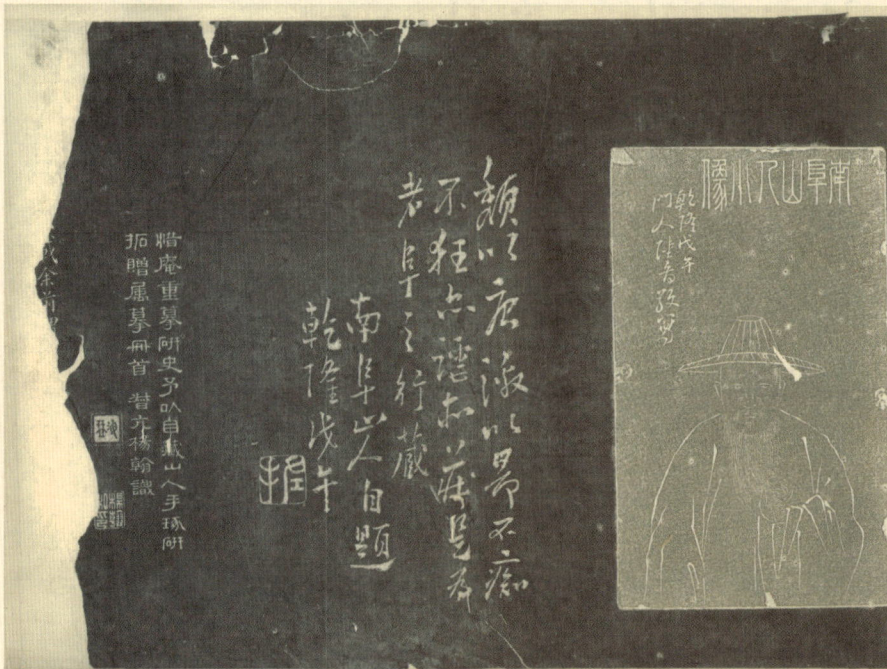

南阜山人小像

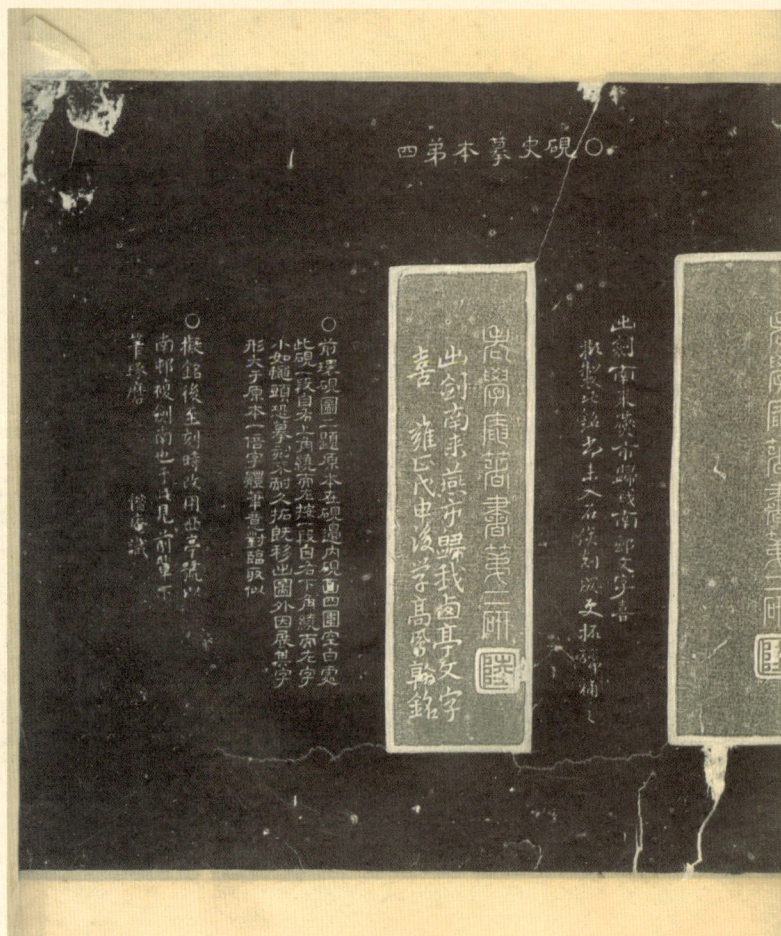

砚史摹本第四

砚史摹本第八

清保甲门牌

保管单位： 泗阳县档案馆

内容及评价：

保甲门牌为光绪二十年（1894）所发，纸质，一页，字体为正楷繁体字，蓝色，上有一枚方形印迹，字迹较为模糊。该保甲门牌的主要内容是告知居民，以十家为一牌，立一牌长，以十牌为一甲，立一甲长，按户轮流，"夫更遇警，互相接应，倘有窝匪为匪者，许即鸣知董保密禀查究须至牌者"。该保甲门牌有一百多年历史，蕴含着较为丰富而客观的历史文化信息，真实且清晰地反映了清末半封建半殖民地社会的治安管理状况、村民组织结构、管理体制等历史面貌，具有较高的历史文化价值。

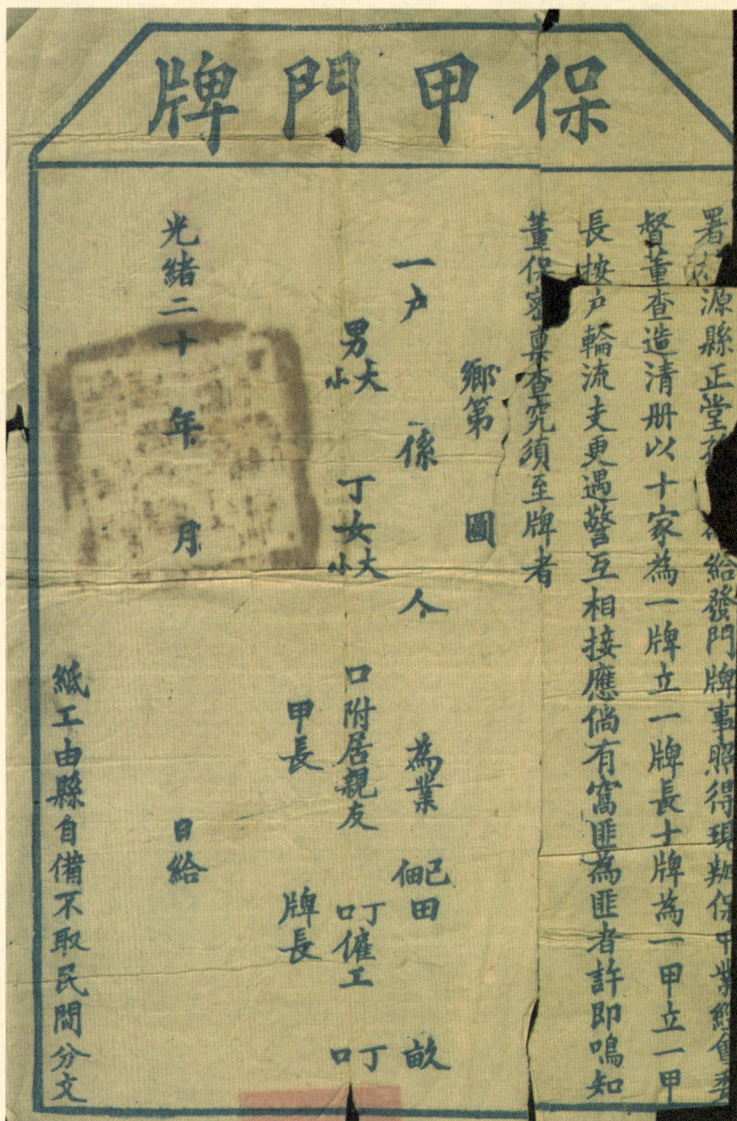

光绪二十年（1894）所发保甲门牌

民国档案

第一戰區政治部上校科長趙之仁 因 三十六年

元旦叙勳 著有成績 今依陸海

空軍獎勵條例規定給與

陸海空軍甲種二等獎章一座 合發

執照以資證明

國民政府主席 蔣中正

中華民國三十六年 月 日

泗阳县知事公署关于捕杀蝗蝻遗子的文

保管单位： 泗阳县档案馆

内容及评价：

泗阳县知事公署第三十二号文，1914年7月29日制发，公文下部断为两截，但文字内容较完整，上有三枚方形印迹，一处清楚，但不全，另两处较模糊，均为阳文印。该文大意为：泗阳县境内发生蝗蝻灾，经查，虽蝗蝻已捕尽，但沿河沿滩一带遗子尚有未绝，恐虫害又起，要求地方齐集农佃人等在出蝻处通力合作，认真搜捕并挖遗子，以期尽绝根株，勿任稍留余孽贻害田禾，并将捕除情形随时报查。该文件真实地记录了近百年前泗阳县境内发生蝗灾和县知事公署组织地方捕杀的情况，具有存史价值，是撰写地方史志的第一手资料。

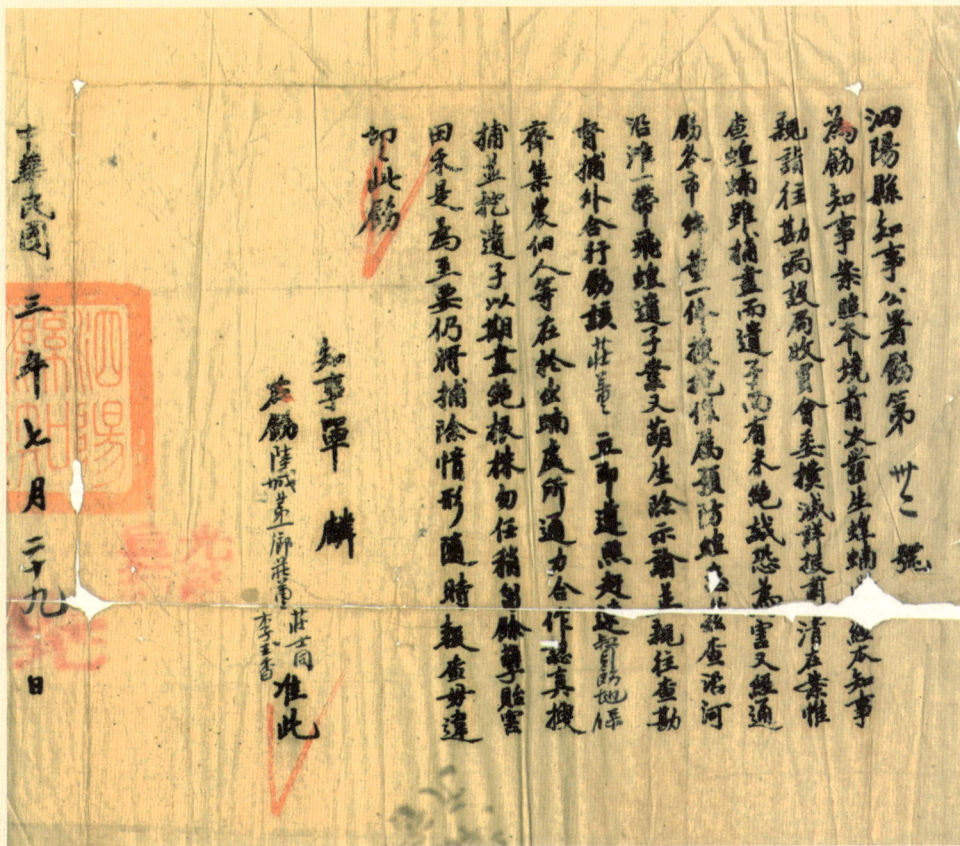

泗阳县知事公署关于捕杀蝗蝻遗子的文

泗阳县知事公署关于江淮水利测量局来泗阳县进行水利工程测量的告知文书

保管单位：泗阳县档案馆

内容及评价：

泗阳县知事公署第一号文，1915年3月制发，文件破损严重，个别字迹模糊，上有一枚阳文印，印迹依稀可辨。此文为一份告知文书，据残留部分文字记录，大意是江淮水利测量局来泗阳县测量洪湖以西一带水利工程，要求地方官员予以配合，并告知附近居民不得惊扰。清代，黄河下游河道从河南经江苏北部入海，在淮阴附近与淮河、运河汇合。由于黄河挟带大量泥沙，河道年久失修，导致苏北年年闹水灾，桃源（今泗阳县）多次决口。为此，历史上就有康熙将三藩、河务、漕运"书而悬之宫中柱上"并六次南巡视河之举。康熙首次南巡视河便到了桃源，实地察看黄河北岸诸险工险段。据此，可以看出治理水患之重要。该文件从一个侧面反映了民国初期水利建设的情况，对于了解和研究泗阳乃至淮北地方历史，特别是曾经遭受的水患和治理情况，具有参考价值。

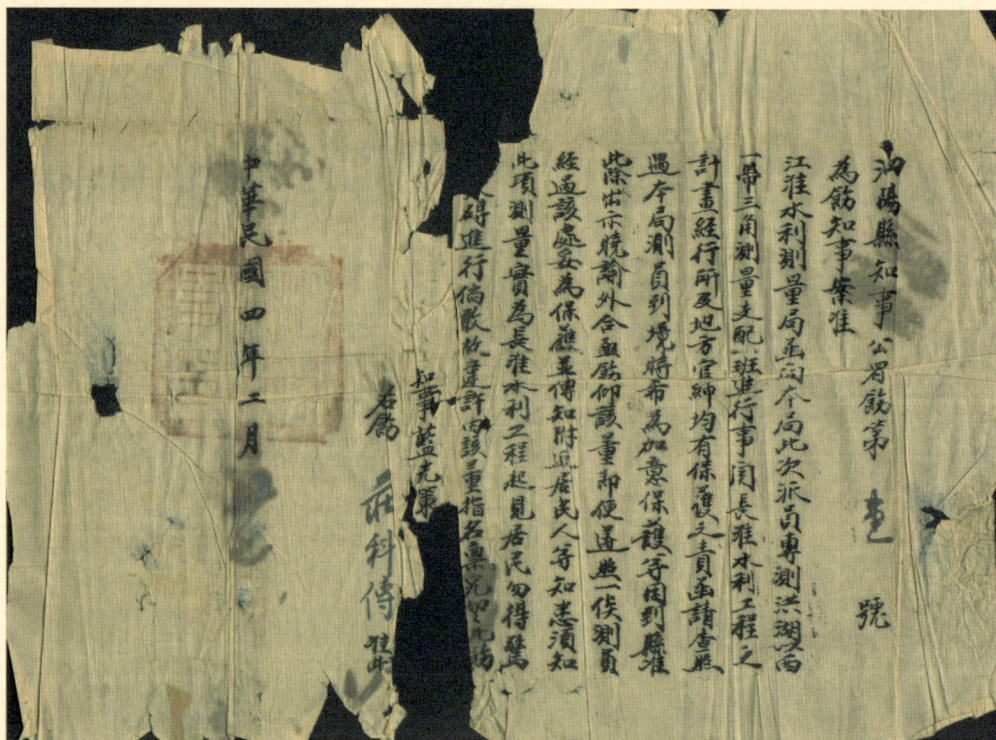

泗阳县知事公署第一号文

民国泗阳县政府委任状

保管单位： 泗阳县档案馆

内容及评价：

泗阳县政府委任状连同被委任人的毕业证书共两页。该委任状为1937年6月时任国民党政府县长何昌荣签发，文书规范，系刊印本填号，有齐缝章，印章清晰完整，骑缝章与主印章一致，齐缝章与正文编号一致，在一定程度上可以看出当时基层官员的任命体制及公文程式。乡长在保长中选任，且越级审批委任，被委任者要具备一定资质。"泗阳县政府委任状"是研究民国苏北地区政府管理的第一手资料，具有重要的历史价值。

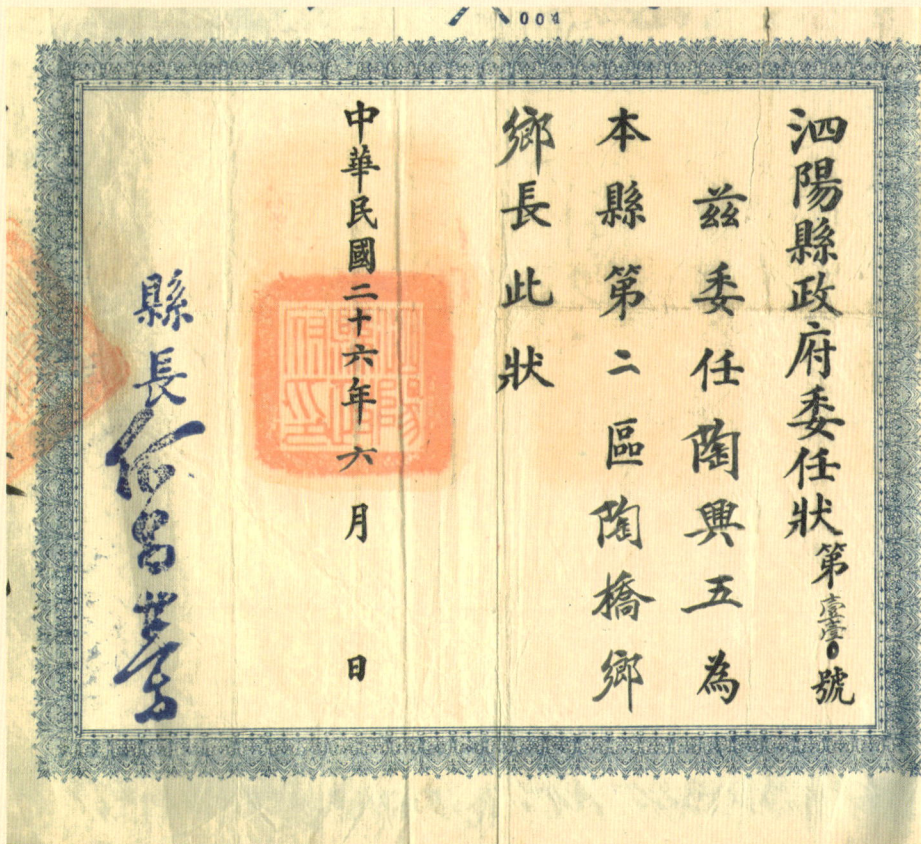

泗阳县政府委任陶兴五为陶桥乡乡长的委任状

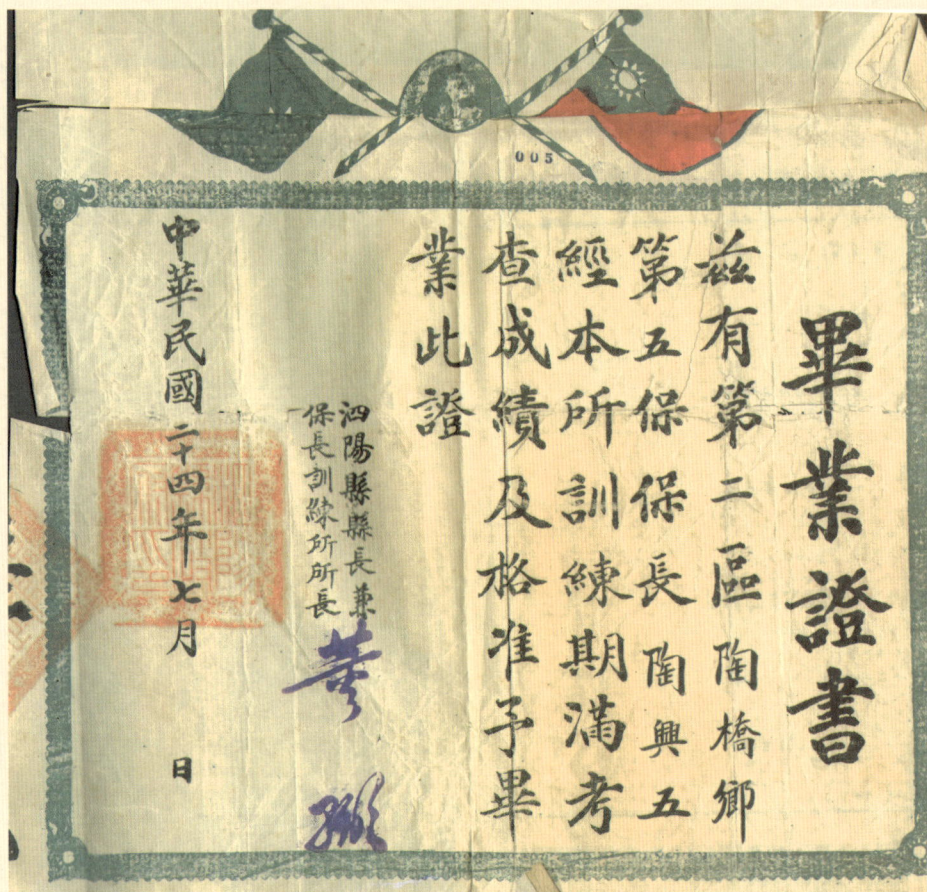

畢業證書

茲有第二區陶橋鄉
第五保保長陶興五
經本所訓練期滿考
查成績及格准予畢
業此證

中華民國二十四年七月　日

泗陽縣縣長兼
保長訓練所所長 葉

005

泗阳县保长训练所给陶兴五颁发的毕业证书

泗阳县国民党党员临时合格证

保管单位：泗阳县档案馆

内容及评价：

1947年国民党泗阳县“入党临时合格证明书”内容完整，保存完好，字迹清晰，印章齐全，反映了国民党在党员管理方面的制度和规范，对于研究国民党的党务管理有一定的价值。

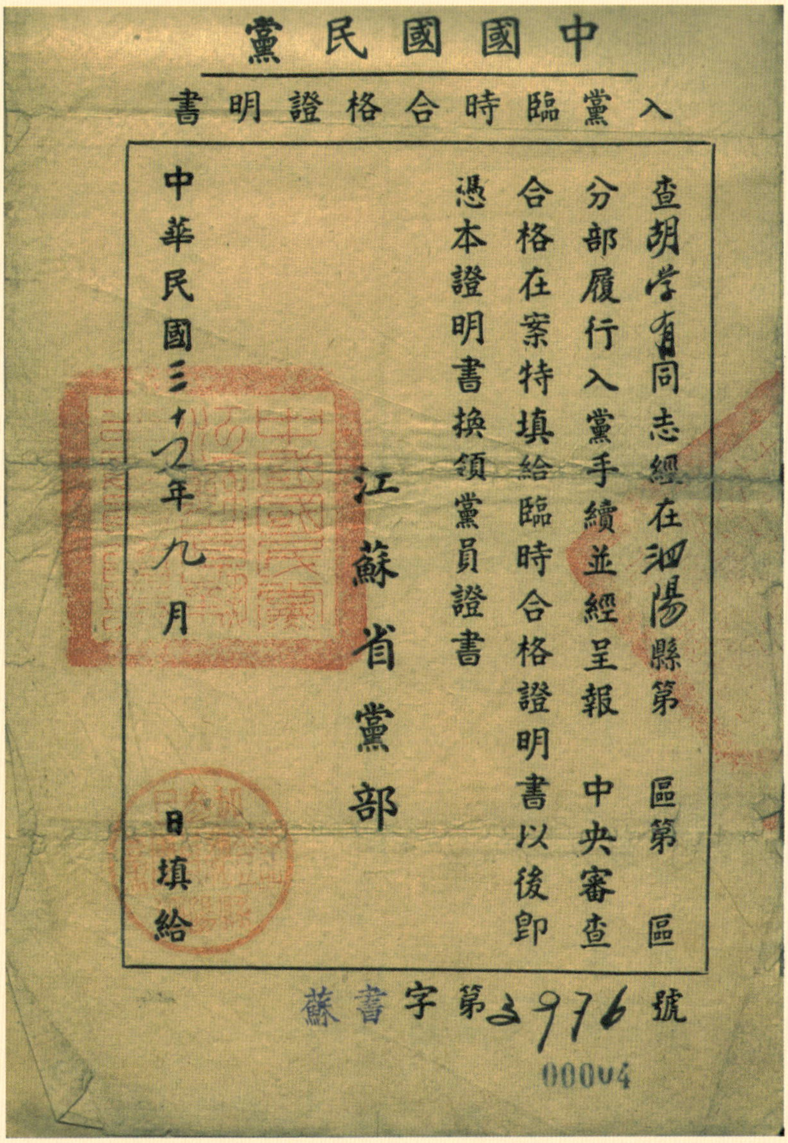
中國國民黨

入黨臨時合格證明書

查胡学有同志經在泗陽縣第　區第　區分部履行入黨手續並經呈報中央審查合格在案特填給臨時合格證明書以後即憑本證明書換領黨員證書

江蘇省黨部

中華民國三十六年九月　日填給

蘇書字第3976號

00004

国民党入党临时合格证明书

民国泗阳县县长赵之仁个人证件

保管单位：泗阳县档案馆

内容及评价：

　　赵之仁，江苏省泗阳县人，1947年6月任泗阳县长（后流亡淮阴）。其个人档案主要有三份，一是其参加中国国民党中央组织委员会军队党务工作人员训练班的毕业证书，由时任主任陈立夫、副主任黄仲翔签发；二是其参加国民政府军事委员会庐山暑期训练团的毕业证书，由时任国民政府军事委员会庐山暑期训练团团长蒋中正签发；三是其陆军空军甲种二等奖章的奖章执照。民国泗阳县县长赵之仁的个人档案，是研究民国苏北地方和国民党军事管理制度的第一手资料，具有重要的史料价值。

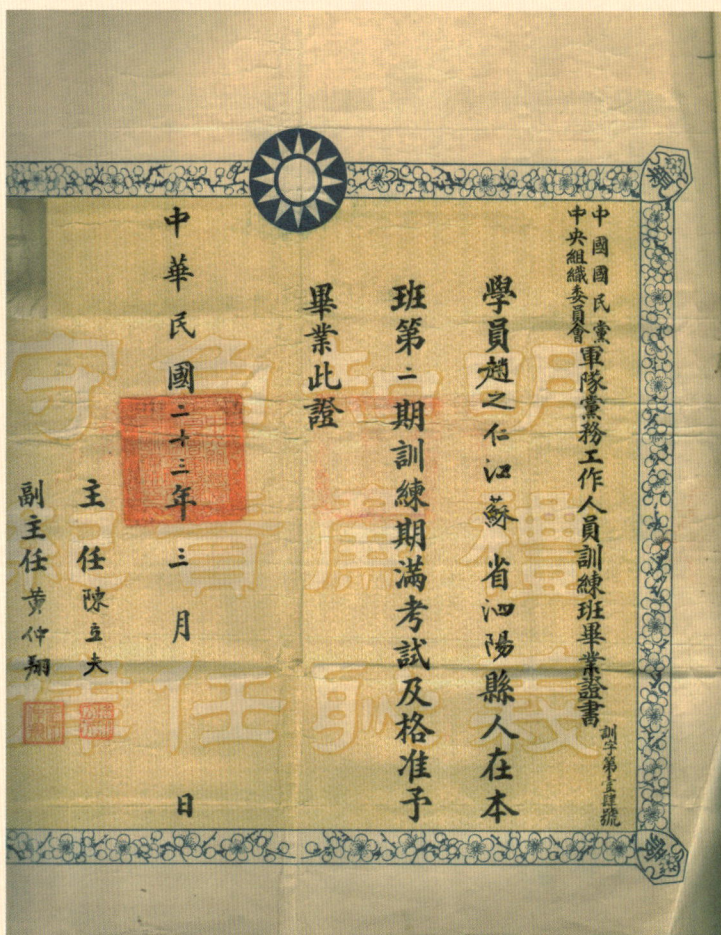

中国国民党中央组织委员会军队党务工作人员训练班毕业证书，由
时任主任陈立夫、副主任黄仲翔1934年3月签发。

畢業證書

茲有學員趙之仁在
本團第一期訓練期
滿特給此證

國民政府軍事委員會
廬山暑期訓練團團長
蔣中正

中華民國二十六年七月十八日

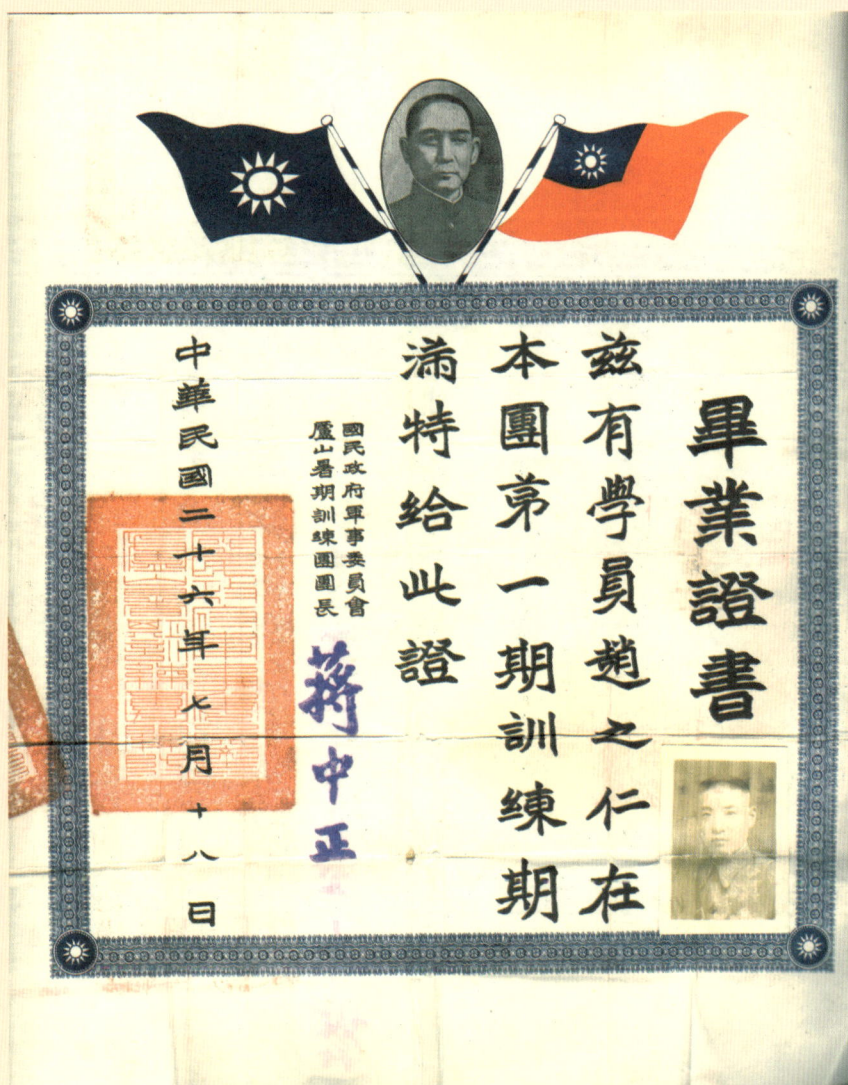

蒋中正1937年7月18日签发的毕业证书

蒋中正1947年10月签发的陆军空军甲种二等奖章的奖章执照

总统府特别出入证

保管单位： 泗阳县档案馆

内容及评价：

　　"总统府特别出入证"系1949年一位名叫"范明镜"的泗阳县人所配用的证件。该证件由两块丝质品组合而成，上方是硬绨白色丝织品，长方形横放，上面印有单位、姓名、职务及配用年度，下方为软绨黄色丝织品，长方形竖放，印有"总统府特别出入证"和"工字第91号"字样。该出入证保存完好，字迹及印章均非常清晰，下方的丝织品仍富有弹性。从"出入证"的内容来看，每个年度都要审查更换，总统府的出入管理是相当严格的。该档案对研究民国总统府管理乃至民国历史都有参考价值。

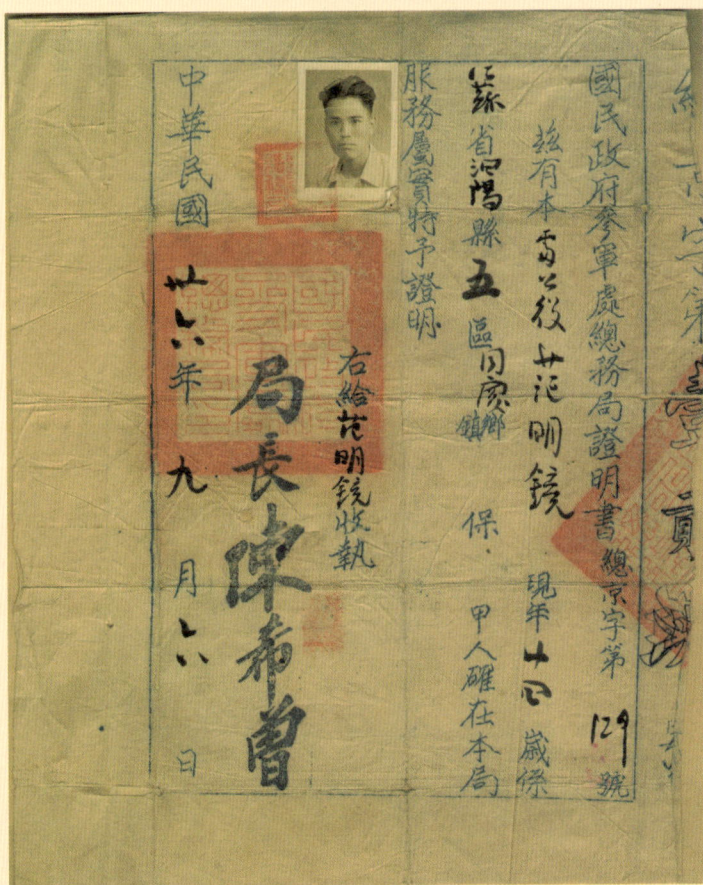

国民政府参军处总务局出具的证明书

范明镜

公役

總統府		
局	六	第

民國三十八年度佩用

統府特別出入證

工字第91號

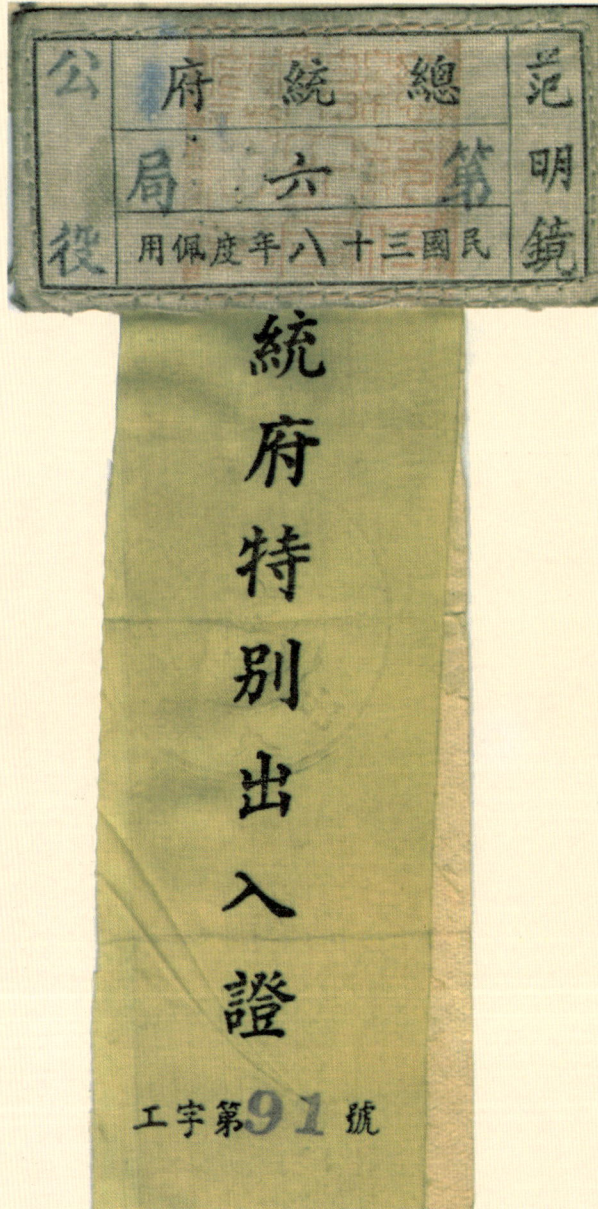

总统府特别出入证

革命历史档案

江上青烈士诗稿

保管单位： 泗洪县档案馆

内容及评价：

江上青烈士诗稿是江上青于20世纪20年代末至30年代初写的诗稿，共10首。江上青（1911～1939），原名江世侯，江苏扬州人，1927年加入中国社会主义青年团，1929年加入中国共产党，因从事学生运动两次被国民党逮捕，出狱后继续从事革命活动。抗战爆发后，组织"江都县文化界救亡协会流动宣传团"北上宣传抗日。1938年11月，受党组织派遣，随国民党安徽省第六行政区专员盛子瑾到皖东北，任专员公署秘书长，并密任中共皖东北特支书记，开展发动群众抗日救国和对盛子瑾的统战工作。1939年7月29日，遭反动地主武装袭击，壮烈牺牲，年仅28岁。中华人民共和国成立六十周年之际，江上青烈士入选全国"双百"人物。江上青自幼受到良好教育，长于写诗著文，所写的诗歌均系对革命斗争现实有感而发，文采瑰丽，感情流露真切、热烈。该档案是研究烈士生平，缅怀烈士丰功伟绩的珍贵史料，也是开展爱国主义教育的生动教材。

注：2009年5月中旬，由中央宣传部、中央组织部、中央统战部等11个部门联合举办的"100位为新中国成立作出突出贡献的英雄模范人物和100位新中国成立以来感动中国人物"评选活动启动，2009年9月10日，江都籍烈士江上青当选为"100位为新中国成立作出突出贡献的英雄模范人物"。

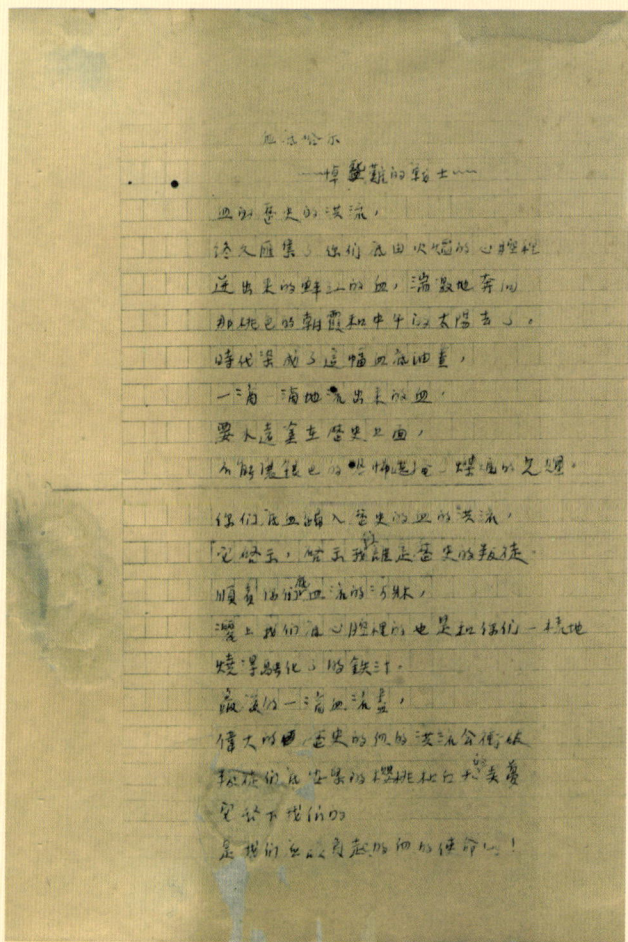

血底启示

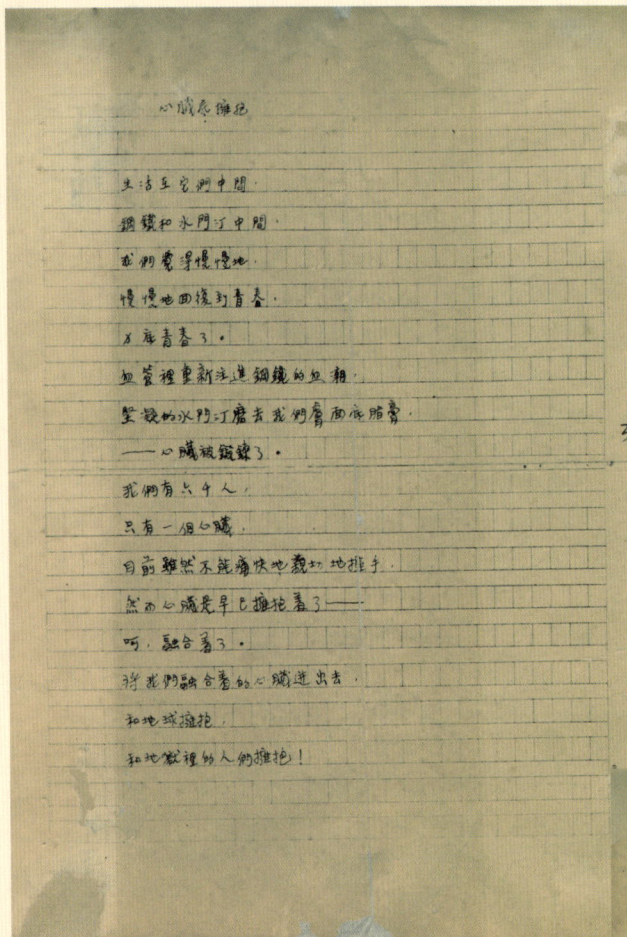

心脏底拥抱

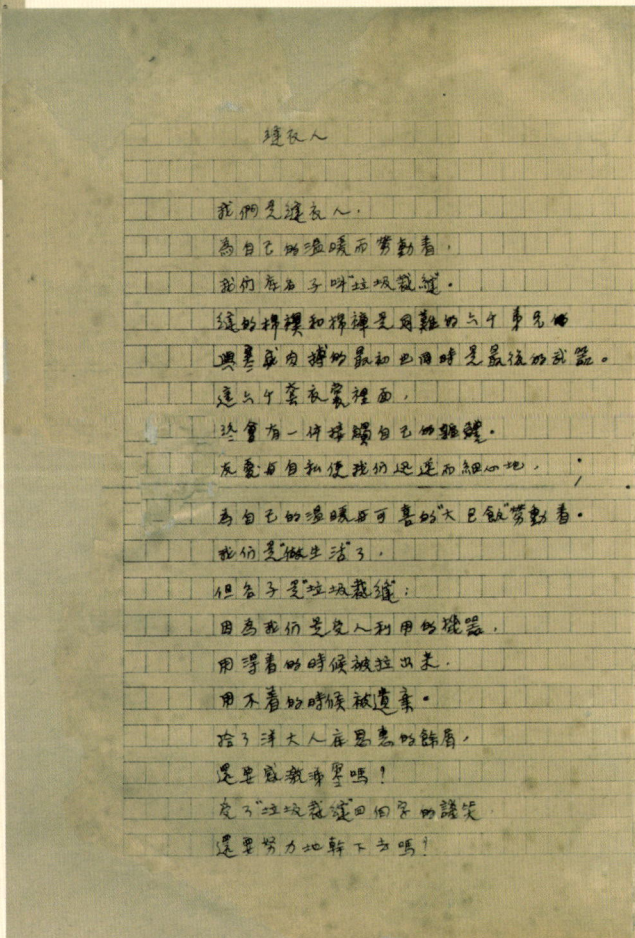

缝衣人

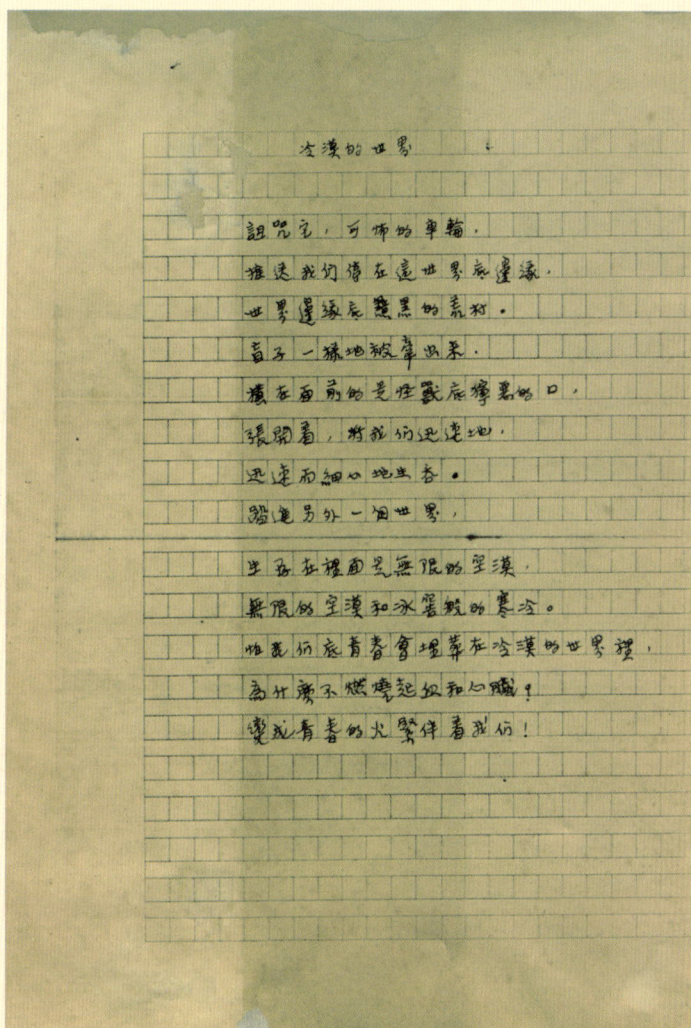

冷漠的世界

新四军档案

（1）彭雪枫、张震在被我军击落的敌机前合影

保管单位： 泗洪县档案馆

内容及评价：

这张新四军四师师长彭雪枫和师参谋长张震在一架被我军击落的敌机前的合影，拍摄于20世纪40年代初，是反映我军战斗功绩的重要史料，对于研究新四军战史、淮北抗日民主根据地发展史具有一定的史料价值。

注：彭雪枫(1907～1944)，河南省镇平县人。彭雪枫是中国工农红军和新四军杰出指挥员、军事家。1941年任新四军第四师师长兼政委，是抗日战争中新四军牺牲的最高将领。投身革命20年，出生入死，南征北战，智勇双全，战功卓著，被毛泽东、朱德誉为"共产党人的好榜样"。

张震，湖南平江人，1914年10月生，1926年投身革命活动，1930年5月加入中国共产主义青年团，同年7月参加工农红军，10月转为中国共产党党员。红军时期，任团宣传队长、连政治委员、营长、团参谋长等职。新中国成立后，历任华东军区参谋长，总参作战部部长，24军代军长兼政委，军事学院副院长、院长，武汉军区副司令员等职。1975年以后，任总后勤部副部长、部长，解放军副总参谋长，国防大学校长、校长兼政委。1992年10月任中央军委副主席。1955年被授予中将军衔，1988年被授予上将军衔。是中共十一届中央候补委员，第十二届、十四届中央委员。1985年、1987年被选为中央顾问委员会委员。

（2）新四军四师拂晓剧团排练节目照片

保管单位：泗洪县档案馆

内容及评价：

拂晓剧团作为《拂晓报》的"孪生姊妹"，是由彭雪枫精心培育起来的，组建于1938年10月。随着游击支队深入敌后，拂晓剧团以舞台为战场，战斗在豫皖苏边区，成为活跃在华中抗日战场上的一支文艺轻骑兵。人们热情称赞拂晓剧团是华中战地艺苑里的一支奇葩，是彭雪枫的"三件宝"（注：彭雪枫的"三件宝"：骑兵团、《拂晓报》和拂晓剧团）之一。剧团的演员除进行文艺演出外，在战斗时还开展护理伤员、运送弹药等工作。抗战胜利后，拂晓剧团与苏中的前线剧团合并，改编为华中军区政治部所属文工团。该照片拍摄的是1941年四师进入皖东北之后拂晓剧团排练节目的场景，是现存屈指可数的几张拂晓剧团照片之一，对于研究新四军的政治工作、宣传工作，特别是拂晓剧团的历史提供了珍贵的实物佐证。

（3）新四军四师骑兵团指战员照片

保管单位：泗洪县档案馆

内容及评价：

　　新四军四师骑兵团成立于1941年8月1日，是彭雪枫师长创建的一支部队。全团共有三个大队，黎同新为首任团长兼政委，不久，周纯麟接任团长，康步云、姚运良相继任政委。骑兵团是四师主力部队之一，抗战时期在淮北平原上打过多场胜仗。1941年冬天，骑兵团到泗阳县界头集进行军事训练。该照片即为参加训练的一部分骑兵集合时的合影，是骑兵团战斗生活的真实记录，是重要的军事档案，对于研究新四军历史和淮北抗日根据地发展史具有重要价值。

（4）彭雪枫师长照片

保管单位：泗洪县档案馆

内容及评价：

1941年1月彭雪枫任新四军四师师长兼政委后，5月，率师进入皖东北驻半城。1944年9月11日在河南夏邑县八里庄战斗中不幸中流弹牺牲殉国，遗体安葬于泗洪县半城雪枫墓园。20世纪80年代末，中央军委确定彭雪枫为中共33位军事家之一。该照片摄于1942年，是纪念彭雪枫将军的珍贵史料。

（5）淮北抗日民主根据地党政军领导人合影照片

保管单位：泗洪县档案馆

内容及评价：

1944年8月，根据中共中央指示，新四军第四师师长彭雪枫率四师主力西征，执行向河南敌后发展，恢复豫皖苏边区的任务，四师政委兼淮北区党委书记邓子恢留守淮北。8月15日，西征部队临出征时，淮北区党政军领导人彭雪枫、邓子恢、淮北行署主任刘瑞龙、四师参谋长张震、四师政治部主任吴芝圃在半城合影留念。该照片是新四军四师和淮北区抗战时期的重要档案，记录了淮北区党政军领导人工作和战斗生活情况，是研究新四军战史和淮北抗日民主根据地发展史的珍贵史料。

自左至右：刘瑞龙、彭雪枫、邓子恢、张震、吴芝圃

《淮海区救国公粮公草征集条例》

保管单位：沭阳县档案馆

内容及评价：

　　抗战时期，淮海区为保证人民军队粮食供给作出了巨大贡献。征收公粮即是这一工作的基础。淮海区公粮征收工作，有一个逐步完善的过程。1940年根据地初步形成后，即开始征收公粮。然而，直到1941年才有《征收救国公粮办法》这一正式条例。1942年重订《淮海区救国公粮公草征集条例》以取代《办法》，借以弥补《办法》不足之处。随着工作的不断深入，经及时总结研究，其后又陆续颁布了《淮海区清查田亩实施纲要》、《淮海区田亩等级厘定细则》，在这个基础上，1943年又颁布了《淮海区厘订征收救国公粮公草暂行条例重订要旨》。这些较之1941年的《办法》和1942年的《条例》，显然更全面、更详细、更专业、更准确。这一系列条例的出台，保证了减租工作在淮海区的顺利进行，为根据地的发展莫定了坚实基础。这份《淮海区救国公粮公草征集条例》，在条例的制定中起着承上启下的作用，具有重要的史料价值。

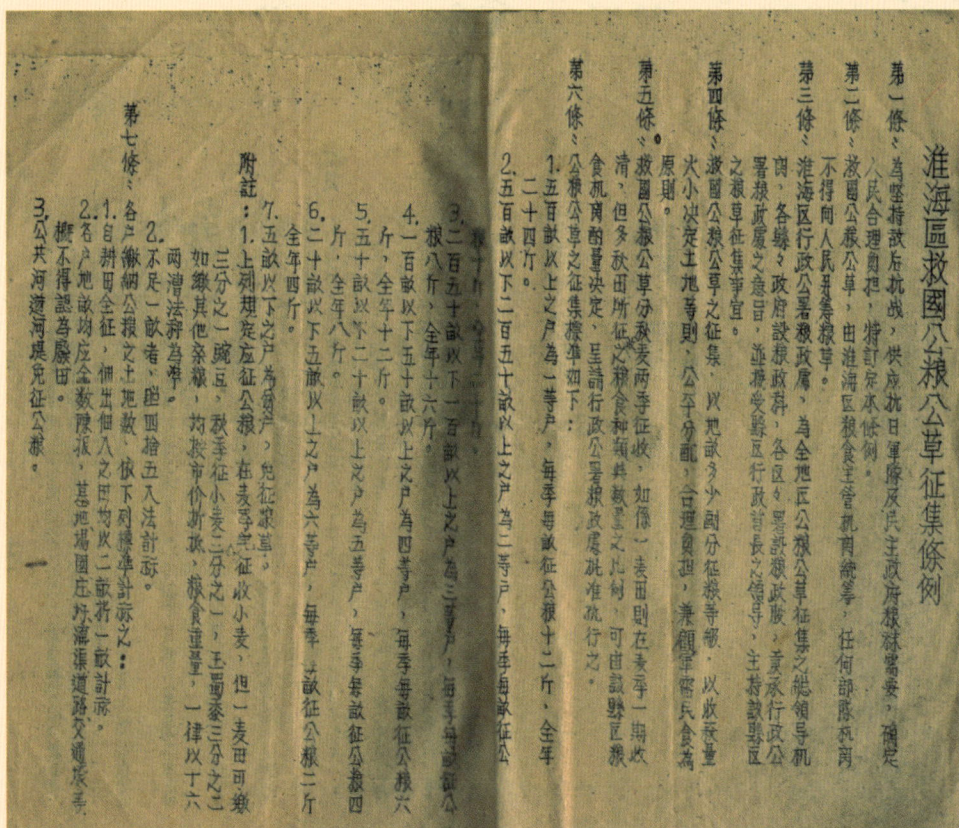

淮海区救国公粮公草征集条例

第十一條：公粮公草一律由鄉鎮公所經征。

第十二條：鄉鎮公所經征公粮公草時，應按照各户土地之收穫量，及每畝公粮之征收率，計算其應繳公粮數額，分別征收并給予收據。

前項收據由行政公署粮政處統一製發，各縣區鄉鎮行政機關不得自行刷發粮草收據，但軍隊在我爭行動中，可由營級以上負責人書給臨時收據，此項臨時收據，必須在一个月内送粮食主管機關换取正式收據。

第十三條：經征鄉鎮公所，遇各户繳納粮草有滷毛得折實計祘，如遇故意攙混滷水得拒絕收受。

第十四條：經征粮食人員有下列違法瀆職行為，人民得向聯區政府告發，查明懲慶之。

　1.浮收粮草意圖貪污，致各户實缴數超過應征粮草者。

　2.用大秤々粮草，致使人民有不應有之浮缴者。

　3.繳納粮草時非法故意留難者。

　如有其他違法瀆職行為者。

第十五條：凡在本縣屬人征收，地在隔鄰屬地征收。

第十六條：本條例有公佈之後，淮海區三十年度征收救國公粮辦法廢止之。

第十七條：本條例經淮海區參議會通過，交由行政公署公佈施行，如

淮海区救国公粮公草征集条例

全文：

淮海区救国公粮公草征集条例

第一条 为坚持敌后抗战，供应抗日军队及民主政府粮食需要，确定人民合理负担，特订立本条例。

第二条 救国公粮公草，由淮海区粮食主管机关统筹，任何部队机关不得向人民另筹粮草。

第三条 淮海区行政公署粮政处，为全地区公粮公草征集之总领导机关，各县县政府设粮政科，各区区署设粮政股，秉承行政公署粮政处之意旨，并接受县区行政首长之领导，主持该县区之粮草征集事宜。

第四条 救国公粮公草之征集，以地亩多少划分征粮等级，以收获量大小决定土地等则，公平分配，合理负担，兼顾军需民食为原则。

第五条 救国公粮公草分秋麦两季征收，如系一麦田则在麦季一期收清，但多秋田所征收之粮食种类与数量之比例，可由该县区粮食机关酌量决定，呈请行政公署粮政处批准执行之。

第六条 公粮公草之征集标准如下：

1、五百亩以上之户为一等户，每季每亩征公粮十二斤，全年二十四斤。

2、五百亩以下二百五十亩以上之户为二等户，每季每亩征公粮十斤，全年二十斤。

3、二百五十亩以下一百亩以上之户为三等户，每季每亩征公粮八斤，全年十六斤。

4、一百亩以下五十亩以上之户为四等户，每季每亩征公粮六斤，全年十二斤。

5、五十亩以下二十亩以上之户为五等户，每季每亩征公粮四斤，全年八斤。

6、二十亩以下五亩以上之户为六等户，每季每亩征公粮二斤，全年四斤。

7、五亩以下之户为贫户，免征粮草。

附注：

1、上列规定应征公粮，在麦季完后征收小麦，但一麦田可缴三分之一豌豆，秋季征小麦三分之一，玉蜀黍三分之二，如缴其他杂粮，均按市价折抵，粮食重量，一律以十六两漕法秤为准。

2、不足一亩者，照四舍五入法计算。

第七条 各户缴纳公粮之土地数，依下列标准计算之：

1、自耕田全征，佃出佃入之田均以二亩折一亩计算。

2、各户地亩均应全数陈报，基地、场圃、庄圩、沟渠、道路、交通壕等，概不得认为废田。

3、公共河道河堤免征公粮。

4、典出田仍应报入原地主田亩总数之内，但公粮应由执业人照原地主等级缴给原地主代缴，不得借故规避或拖延。

第八条 征集公粮等则，依收获量大小决定，其标准如下：

1、每亩每年之收入在一百二十斤以上者为一等田，按公粮公草征集标准全数征收。

2、每亩每年之收入在一百二十斤以下八十斤以上者为二等田，按公粮公草征集标准八折征收。

3、每亩每年之收入在八十斤以下五十斤以上者为三等田，按公粮公征集标准六折征收。

4、每亩每年收入在五十斤以下二十斤以上者为四等田，按公粮公草征集标准四折征收。

5、每亩每年收入不足二十斤者为五等田，免征公粮公草。

附注：

1、为确定土地收获量起见，每年收获时如收获量不足一百二十斤者，必须于收获半月前呈请县府查勘决定，其事先未经查勘者，视为收获量超过一百二十斤，依全额征粮。

2、一麦田麦季决定全年等则，多秋田麦季不决定等则，以全年收获量决定之，两季田等则按每季收获量分别决定之。

第九条　公草依公粮征收等级加倍（即公粮一斤公草二斤）。

第十条　抗日军人家属领有抗属证者，实征亩数在八亩以下免缴公粮公草。

第十一条　公粮公草一律由乡镇公所经征。

第十二条　乡镇公所经征公粮公草时，应按照各户土地数，各户土地之收获量，及每亩公粮之征收率，计算其应缴公粮数额，分别征收并给予收据。

前项收据由行政公署粮政处统一制发，各县区乡镇行政机关不得自行制发粮草收据，但军队在战争行动中，可由营级以上负责人书给临时收据，此项临时收据，必须在一个月内送粮食主管机关换正式收据。

第十三条　经征乡镇公所，遇各户缴纳粮草有潮毛得折实计算，如遇故意羼泥渗（掺）水得拒绝收受。

第十四条　经征粮食人员有下列违法渎职行为，人民得向县区政府告发查明惩处之：

1、浮收粮草意图贪污，致各户实缴数超过应征粮草者。

2、用大秤秤粮食，致使人民有不应有之浮缴者。

3、缴纳粮草时非法故意留难者。

4、有其他违法渎职行为者。

第十五条　地在本县属人征收，地在隔县属地征收。

第十六条　本条例自公布之后，淮海区三十年度征收救国公粮办法废止之。

第十七条　本条例经淮海区参议会通过，交由行政公署公布施行，如有未尽事宜，由参议会修正之。

第十八条　本条例自公布之日起施行。

淮海区《减租减息与生产运动》

保管单位：沭阳县档案馆

内容及评价：

1937年8月，中国共产党在《抗日救国十大纲领》第七条"改良人民生活"中提出七项措施，"减租减息"即为其中一项措施，在提高农民的积极性、发展农业生产、保障军需民粮供给和巩固根据地等方面，起着至关重要的作用。由于实行"二五"减租涉及到地主和农民双方的利益，如何做好抗日统一战线工作、如何发动群众投身抗战，成为我党要解决的新课题，为此，中共中央下发一系列文件，作出重要指示，如1942年1月的《关于土地政策的决定》及三个附件、2月的《关于如何执行土地政策决定的指示》。因为面临的情况各不相同，所以在具体执行过程中，各根据地的做法并非完全一致。淮海区认真贯彻中央指示精神，结合1942年华中局扩大会议作出的有关规定，针对本地区的具体情况，创造性地开展工作，既有原则性又有灵活性，取得显著成效，其成功经验直到今天仍有启迪作用，从这个意义上说，这份材料具有重要的史料价值。

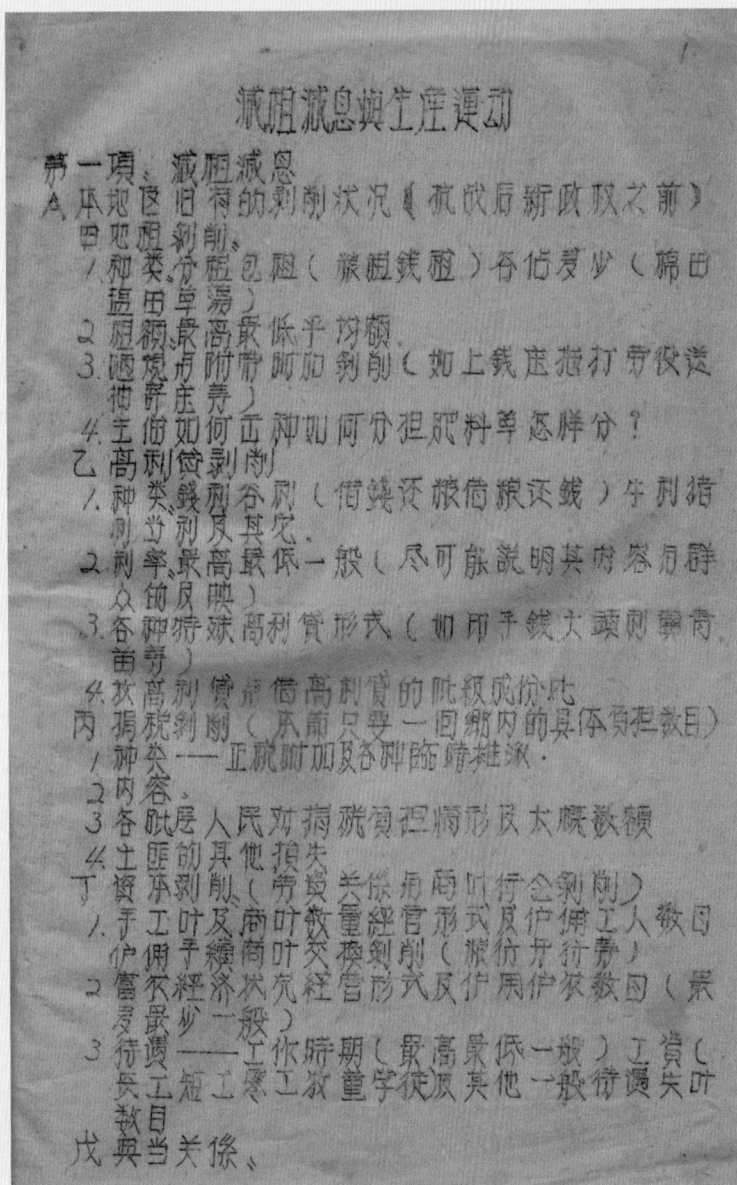

《减租减息与生产运动》

全文：

减租减息与生产运动

第一项：减租减息

A、本地区旧有的剥削状况（抗战后新政权之前）。

甲、地租剥削

1、种类：分租包租（粮租钱租）各占多少（棉田盐田草荡）。

2、租额：最高最低平均额。

3、陋规与附带附加剥削（如上钱庄拖打劳役送神寄庄等）。

4、主佃如何出种如何分担肥料草怎样分？

乙、高利贷剥削

1、种类：钱利谷利（借钱还粮借粮还钱）牛利猪利当利及其它。

2、利率：最高最低一般（尽可能说明其内容与群众的反映）。

3、各种特殊高利贷形式（如印子钱大头利卖青苗等）。

4、放高利贷与借高利贷的阶级成份［分］比。

丙、捐税剥削（本节只要一个乡内的具体负担数目）

1、种类—正税附加及各种临时摊派。

2、内容。

3、各阶层人民对捐税负担情形及大概数额。

4、土匪的其他损失。

丁、资本剥削（劳资关系与商业行会剥削）

1、手工业及商业数量经管形式及从户佃工人数目户佃手续商业交换剥削（粮彷开行等）。

2、富农经济状况经营形式及户用户农数目（最多最少一般）。

3、待遇—工作时期（最高最少一般）工资（长工短工零工牧工童学徒）及其他一般待遇失业数目。

戊、典当关系

1、典当田的形式承当人与出典人的阶级成份［分］。

2、抵押地的各类承押人与出押人的阶级成份［分］。

B、减租减息改善工人待遇生活运动经过及内容说明与各阶层的反映地主士绅公开与秘密的破坏反抗行为如合法与非法斗争的具体检讨。

C、减租减息一般经过那些阶段及各阶级的重要特点与我党及各阶级政治态度演变。

D、改善民生政策的不同形式主要特点各举实例。

E、赎当田押地对各种不同性质采取何种方针办法及各阶级的反映。

F、各种不同地区有何特殊剥削形式（如恩植公司对棉民盐民渔行对渔民——）怎样改善和取消群众斗争经过各阶级反映。

G、在各个时期群众各种不同的斗争如借粮业斗争各阶级的反映与政策检讨。

H、由于改善民生政策结果引起各阶级土地关系经济条件生产政治活动的变化就下列各阶级典型人物具体叙述说明（如地主、富农、中农、贫农、户农手工工人、商人、游民其他如盐民、棉民、渔民等）。

1、有关改善民生文体如各种指示纲领条例决定计划——等文件搜集一份。

第二项：生产运动

A、劳动互助：

1、全区现任多少互助组包括人工牲畜土地多少占总数百分比。

2、发展中一般经过那些步骤有何困难怎样克服。

3、在巩固互助中怎样解决这些问题如：记工工资纪律、吃饭尖头等问题。

4、怎样提高互助组如何与武力结合。

5、怎样教育互助组组员与培养劳动英雄。

6、组织互助中如何与银行合作社贸易局——取得配合及怎样与大家计划代耕优抚民力负担——共同解决和因换工而节余劳力如何支配。

7、模范成功的及垮了台的与垮后而起的互助组各举一实例说明。

8、支部对于互助组怎样领导的。

9、关于发展与巩固提高互助组的经验教训和规律。

10、有关劳动互助文件各要一份。

B、兴家计划：

1、去冬今春共订多少兴家计划，占各该住户数百分比，在复收及秋收中检查有多少按照执行的程度及未能彻底的原因。

2、内容主要包括了那些方面。

3、订计划在干部与群众中做了那些准备工作有何障碍怎样克服。

4、订计划与组织计划的实行一般经过那些阶段。

5、大家计划怎样与一乡一村计划相配合。

6、大家计划有那些偏向怎样解决。

7、订计划怎样与发展合作互助组相配合。

8、将做得最好的最坏的中富贫农各一户举例说明。

9、支部如何领导订计划与组织计划的实行有何经验。

10、有关订大家计划文件的收集。

党与群众工作

第一项：支部工作

1、本地区未建立政权以前党的组织状况（支部及党员数目成份年龄性别百分比）。

2、现在党组织状况（支部数目及党员年龄成份性别党员占人口总数各项百分比）。

3、谈发展党员的方法及建立支部经过，就各种不同地方（如中心区与边区）各举一好坏实例。

4、支部组织支干会组织每支小组多少及其组织系统与小组划分的原则如何？

5、怎样开支部大会活动分子会支干会小组会（各种会各举好坏实例）。

6、怎样订支部工作计划怎样完成日常工作及上级交下级的特殊任务（各举一好坏与一般实例）。

7、支部怎样领导乡政府乡级群众团体及民兵小学合作社等。

8、支部怎样检查工作及方法与制度支部及活动份〔分〕子每月平均参加会议与制度就中心区与边区各举一实例。

9、支部对过去本支部新经过的大的群众运动如减租减息借粮扩军——等是怎样领导的选择运作的一个各举一好坏例子。

10、一般支部有那些不良倾向怎样克服与对党员教育一般采用何种方式。

11、支部与区委的关系及支部小组和党员的关系党员与群众的联系（如党员对支部群众中的进步分子中间分子落后分子怎样团结教育和争取各举一好坏实例）。

12、目前一般支部中困难与乡级干部的困难，及何状如何解决。

13、领导机关对乡级党的干部如何培养提拔略述其经过。

14、整理支部与巩固组织的方式方法及经验教训在整理支部中曾发生那些偏向就各种具体支部（中心区与边区）各举实例说明其规律。

15、对市镇支部的发展改造及现在的组织与经过举一实例。

16、对党员与乡长干部各种教材与建设支部有关的文件各集一份。

第二项：群众工作

一、一般概况

1、政权未建立之前本地区原有那些群众组织（封建迷信的或进步的）及其运动经过简述。

2、叙述发动群众的简史及巩固与建设规律。

3、几年来各种群众几项主要（包括当时情况纲领要求准备动员组织斗争经过与结束）与优缺点的检讨。

4、外来干部与地方干部的作用与关系及培养与教育方法。

5、群众团体与政府的关系怎样，有无代替政府与破坏党的政策及违反法令的地方举实例说明。

二、农救组织与活动

1、边区农运经过及农救成立简史各级领导机关的产生和结构各级理事会下有何种委员会及其作用。

2、现有会员多少在本地区占人口百分比。

3、如何发展与教育会员。

4、如何领导日常工作与特殊工作突击运动等（各举一好坏实例）几年来主要工作叙述与优缺点。

5、在农村中的威信与影响及在乡以下如何与工青妇建立组织上与日工作上的领导。

6、乡农救与劳动互助组的关系怎样举例说明。

7、就上列各节选好坏一般的典型乡范例说明。

三、其他群众团体的组织与活动

1、工青妇儿童各救在边区各有会员多少各占其人口总数百分比。

2、工青妇儿童活动经过简述及其领导机关的产生。

3、如何发展与教育会员如何领导其日常工作与特殊工作及如何解决特殊要求与困难。

4、就市镇与乡的工青妇各救儿童团各举一范例说明其工作方式与发展规律。

5、各种特殊的群众（如商盐垦渔民）有何不同的要求和困难及各种群众运动的经过简述会员多少组织机构及其特殊的发展规律并各举一范例。

四、有关群众工作的文件（指示决定组织条例纲领章则——）搜集一份。

第一项 合作社运动及纺织运动

1、现有合作社资金总额及各年度资金总额之发展情形合作社资金来源分贷款（政府部队群众团体公共资金）群众资金（分别各阶级所占的比例）各占百分比若干社员人数的统计（占人口的比例）。

2、合作社单位有多少合作业务有那几种综合性的合作社有若干（要合作社的章程）。

3、实例：叙述某一典型合作社的发展情形着重叙述从其业务帮助及推动生产吸收群众股本等具体事实并附有关必要的数字党政及群众团体如何帮助及领导的发展过程 中有那些困难 和偏向及如何克服目前在组织领导上采取何种方式（即党政及群众团体对合作社领导的关系及合作社本身领导关系如何）其优缺点如何与银行及贸易局机关的关系在业务上及内部管理上有那些技术上的困难问题及克服的经验教训合作社内部主要生产部门的叙述。

4、特殊业务合作社及其经验介绍（渔业盐业等）以典型例子说明之。

5、现有公私纺纱机织布机总数各若干能产纱量及布量各若干能自给若干成，以前各年度纺织机织布机纱布产量的发展总数目各如何？

6、纺织资金的总数若干来源的情形如何（政府贷款合作社贷款群众资本——最好说明各阶级的比例各佔［占］百分比如何）。

7、有无纺纱合作社，纺纱小组的组织如何，这种组织活动的内容是些什么，组织方式如何，有些什么问题已经解决或尚存在，这些纺纱小组根据目前经验是否有可能发展成为一般的组织，能或不能都说明理由。

8、奖励植棉的办法和方式在开展群众性纺纱运动中运用的各种方式那些是好的那些是坏的，其主要经验教训如何在提高植棉的质量上所采取的方式如何，有何成绩和经验在解决纺与织的问题上发展织布机及织布工资的解决办法和经验教训。

完

并分区委同志：

接地委通知，华中局检查团，最近即来淮海区检查工作，并带来各种检查提纲，兹将党与群众工作部分先行发下，请即派专人负责，搜集材料，详细研究。并盼于本月二十六日写成报告（材料）定要确实具体，不要"臆造"与"想象"或"大概"、"差不多"寄来县委，以便我们进行总的研究。向地委作详细报告。

此一工作，希你们重视之，切勿将它当作一般的调查提纲看待。马马虎虎的敷衍一下，即算了差。此种态度，必须纠正。应该对党负责的精神来完成之。此致

布礼

县委
十月十七日

《淮海区三十二年秋季贷款规定》

保管单位：沭阳县档案馆

内容及评价：

《淮海区三十二年秋季贷款规定》由三份文件组成，另外两份分别是《淮海区三十二年秋耕贷款办法》和《淮海区三十一年度田赋改征实物暂行条例》。因内容相关，性质相近，就合编为一册。1942年和1943年，正是抗战最艰难的阶段，抗日民主政府公布这一系列《条例》，充分体现了对农业生产的高度重视和对合作社工作的大力支持。《条例》中将贷款或田赋改为实物（粮食），既照顾了群众，又适应了战时所需，是特定时期、特定条件下灵活变通的结果。联系1945年淮海军分区政治部专门下达的《关于帮助群众春耕的指示》，可以看出我们党、军队和抗日民主政府对群众的关心、支持是一贯的，不遗余力的。这份文件对于研究抗日战争时期，淮海区农业生产及合作社工作开展等具有很高的史料价值。

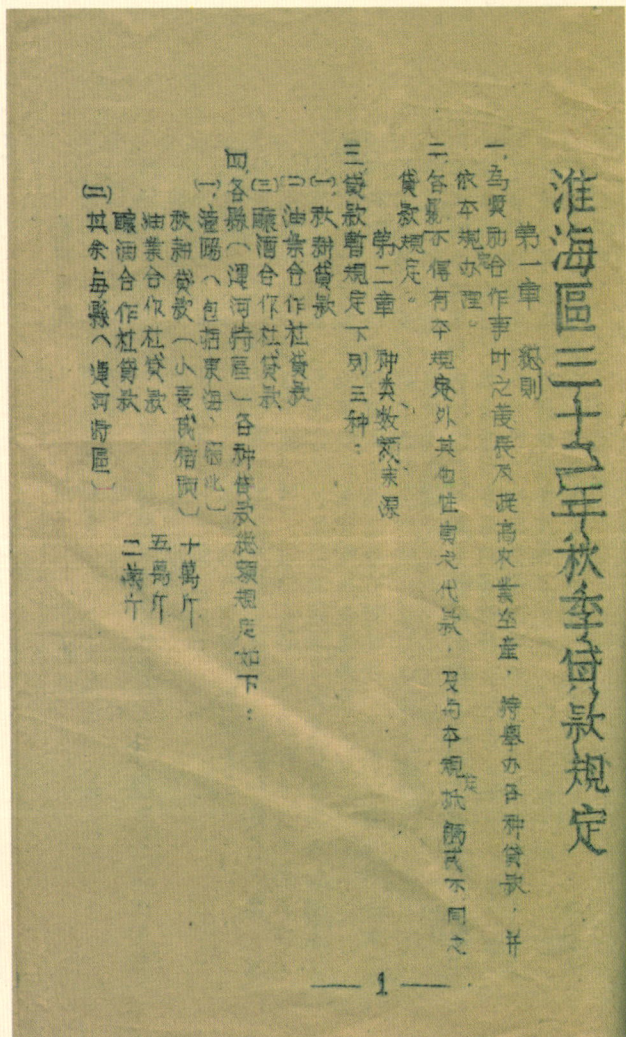

全文:

淮海区三十二年秋季贷款规定

第一章 总则

一、为奖励合作事业之发展及提高农业生产，特举办各种贷款，并依本规定办理。

二、各县不得有本规定外其他性质之贷款，及与本规定抵触或不同之贷款规定。

第二章 种类、数额、来源

三、贷款暂规定下列三种：

（一）秋耕贷款

（二）油业合作社贷款

（三）酿酒合作社贷款

四、各县（运河特区）各种贷款总额规定如下：

（一）潼阳（包括东海、宿北）

秋耕贷款（小麦或稻头）十万斤

油业合作社贷款五万斤

酿酒合作社贷款二万斤

（二）其余每县（运河特区）

秋耕贷款八万斤

油业合作社贷款三万斤

酿酒合作社贷款一万斤

五、贷款以贷给粮食（小麦或稻头）各县贷款均由各县按照本规定第四条规定数目在本县之田赋内借发。

第三章 贷款性质及办法

六、本规定之三种贷款，均为无抵押性质之契约贷款。

七、本规定内之贷款办法，均按照淮海区三十二年秋耕贷款办法、淮海区油业合作社贷款办法、淮海区酿酒合作社贷款办法办理。

八、本规定内贷款之承借人，除存收按照本规定第七条各种贷款办法签订契约之约束外，不受有任何之义务。

九、本规定内之秋耕贷款，凡适合该项贷款办法第二条至七条规定之范围，有优先承借权。

第四章 贷款之组织

十、本规定内各种贷款均由县政府直接办理，不得有私借或委托贷放行为。农救会仅负介绍检查之责。

十一、贷款均由承借人与县政府产生直接关系，不允许有任何中间关系之转折及任何集体借贷行为。

十二、各种贷款之事务（管理贷款、收回、清算检查）均由各县县政府财粮科办理。

十三、各县县政府财粮科内添设借贷股，置股长一人，司前条所规定之事务，必要时得设置会计一人。

十四、各种贷款之申请，必先经过各县所组织之贷款审核委员会审定，再由主任委员盖章负责，再移交县政府与存借人签订契约实行贷款，县政府无单独决定贷款权。

十五、贷款审核委员会对各种贷款之申请人均有对照各种贷款办法核定准否或减低其贷款数目之权。

十六、贷款审核委员会审核各种贷款申请必要时均得委托区乡机关调查，但自申请日起至通知申请人日止，不得超过七天，申请人接得通知至县政府办理契约手续至领得贷款时止，应随到随办，不得超过一天。

十七、各县贷款审核委员会由下列人员组织之：县长、县农会代表二人、政委一人、财粮科长一人，合五人组织之，由政委及县长为正副主任委员。

十八、贷款日期由县政府通知承借人，缴还至本利归还清楚时，应将原订契约退回，债务关系即认为结束。

十九、县政府将各种贷款契约及安家计划，应适当分类，编号保存，以备检查、收回及清贷。

二十、各县各种贷款应三个月清算一次并造具统计表送呈行署审查。

第五章、贷款区域

二十一、本规定内各种贷款举办区域权限各县中心区及中心区边缘地带。

二十二、如于二十一条规定之区域外，有办理之必要时，应由各县审核委员会按照实际情况决定。

第六章 附则

二十三、如中途出现承借人有违反该项贷款办法必须将贷款收回时，应经贷款审核委员会通过。县政府不得自行决定。

二十四、一切申请书及契约均由各县政府自行设备，无价供给。

二十五、各县办理本年度秋季贷款，均列着本年度下半年主要行政工作之一，在行政工作报告内，列为项目，并由行政公署予以考绩。

二十六、本规定自三十二年十月起，由行政公署以命令颁布施行，如有修正，必要时由行政公署以命令行之。

淮海区三十二年秋耕贷款办法

一、为帮助农户从事秋耕，提高生产，规定本贷款办法。

二、秋耕贷款包括肥料贷款及种子贷款两项。

三、秋耕贷款中肥料应占总数百分之七十，种子贷款应占百分之三十。

四、秋耕贷款对象，仅限于无力生产及扩大再生产之中人贫农，期间规定自三十二年十月起同年十二月底止。

五、全部秋耕贷款，贫农应占百分之七十，中农应占百分之三十。

六、凡无土地之雇农及力能进行扩大再生产之富农均不得援引本办法请求贷款。

七、凡在本办法第二条例规定外任何有关从事生产理由，均不行援引本办法请求贷款。

八、凡中贫农缺乏种子或肥料而需要请求贷款者，必先请求农会帮助，按照自家真实经济状况，做出按（安）家计划（即生产计划）并填具贷款申请书，连同按（安）家计划，向当地县政府申请。

九、按（安）家计划还包括下列内容：

（一）全家人口，劳动力。

（二）耕种土地数。（自耕数、佃耕数）土地生产率。

（三）今年全年收入（包括土地收入及其他收入）。

（四）今年全年适当支出、包括下列几项：

甲、缴租还债、缴公粮田赋。

乙、生产工具修理购买种子、肥料及一切进行生产费用。

丙、全家口粮及一切生活费用。

（五）在上列收支情况下，如有计划生产（即个人之生产愿望）。

（六）在上计划下，对贷款之愿望。

（七）农会负责签名盖章。

十、秋耕贷款申请书，应具备下列内容。

（一）户主姓名、人口数、土地亩数（自耕、佃耕）。

（二）请求贷款数目上（即根据第九条第六项填写）。

（三）利率、还期。

十一、无按（安）家计划者，不得填具申请书，援引本办法请求贷款，各级政府应广泛会同农会为需要秋耕贷款者，进行计划。

十二、县政府接得连同按（安）家计划之贷款申请书，应立即移送规定机关审核，决定贷款目，通知申请人，在原申请书上签名盖章，如数贷与（予）之。

十三、贷款申请人之审核，应根据下列原则。

（一）根据本办法第二条、第三条、第四条、第五条、第六条、第七条各条。

（二）确实审核按（安）家计划。

十四、贷款一律贷给粮食（小麦或稻头），每月利率百分之一点二计算，借多还多、借稻头还稻头。（例如本年十月借一百斤，次年五月归还，是八个月本利率为一百二十斤）

十五、每户须同时申请两种贷款但全部还得起过小麦一百五十斤或稻头二百斤。

十六、归还之粮食应与借贷之粮食成色相等。

十七、秋耕贷款一律规定于三十三年七月份内由承借县政府将本利全部收回。

十八、秋耕贷款均属无抵押性质，如届期承借人不予归还时，应由司法机关予以迫缴，并取消其明年之借贷资格。

十九、如确因水旱天灾无力偿还，经县政府查明属实，得延至秋季归还。

二十、承借人届期将本利归还清楚后，需将经签字盖章原申请书抽回，即认为债务关系终结。

二十一、秋耕贷款仅允许承借人与县政府发生直接关系，而不许存任何中间关系之转折，即任何集体借贷行为。

二十二、如秋耕贷款之承借人被发觉有违反本办法第七条之规定而将贷款用于其他事项者，得由县政府立时收回，并按已期每月利率百分之一点五计算利息。不满一月者，以一月计算。

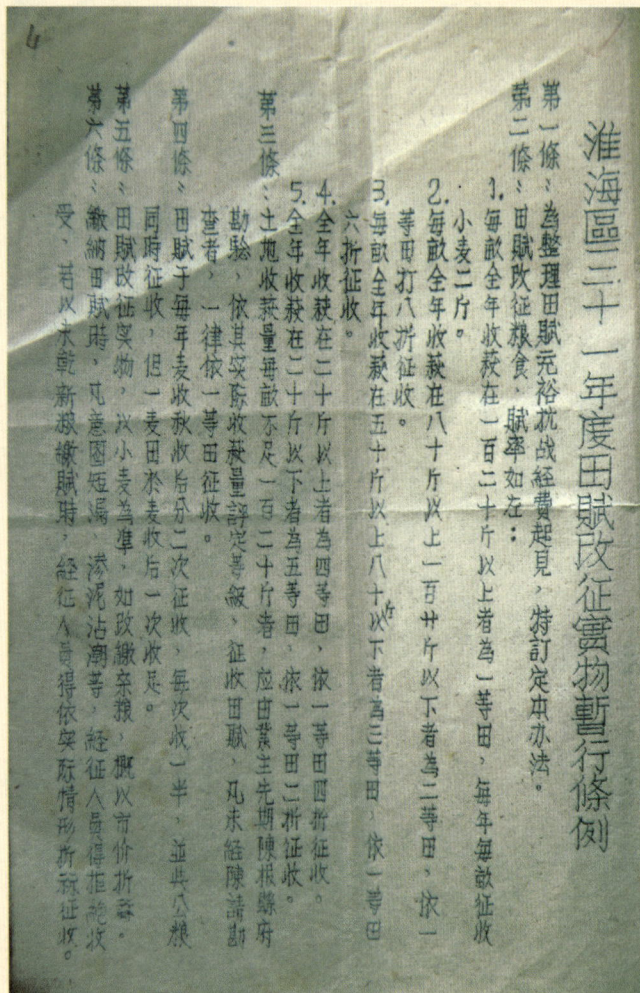

二十三、本办法如有未尽事宜由淮海区行政公署修正。

二十四、本办法由淮海区行政公署颁布自三十二年十月份起实行。

淮海区三十一年度田赋改征实物暂行条例

第一条　为整理田赋充裕抗战经费起见，特订定本办法。

第二条　田赋改征粮食，赋率如左：

1、每亩全年收获在一百二十斤以上者为一等田，每年每亩征收小麦二斤。

2、每亩全年收获在八十斤以上一百二十斤以下者为二等田，依一等田打八折征收。

3、每亩全年收获在五十斤以上八十斤以下者为三等田，依一等田六折征收。

4、全年收获在二十斤以上者为四等田，依一等田四折征收。

5、全年收获在二十斤以下者为五等田，依一等田二折征收。

第三条　土地收获量每亩不足一百二十斤者，应由业主先期陈报县府勘验，依其实际收获量评定等级，征收田赋，凡未经陈请勘查者，一律依一等田征收。

第四条　田赋于每年麦收秋收后分二次征收，每次收一半，并与公粮同时征收，但一麦田于麦收后一次收足。

第五条　田赋改征实物，以小麦为准，如改缴杂粮，概以市价折算。

第六条　缴纳田赋时，凡意图短漏，渗泥沾潮等，经征人员得拒绝收受，若以未干新粮缴赋时，经征人员得依实际情形折算征收。

第七条　田赋由土地所有权人负担之。

第八条　征得田赋与公粮一并保管，政府得随时出售田赋部分之粮食，以充经费。

第九条　征收田赋与公粮合并发给收据。

第十条　田赋改征粮食，一律以十六两漕法秤为准，经征人员不得使用非经核定之衡量，如有任何舞弊行为，一经察觉或经告发查有实据从重惩处。

第十一条　本办法经淮海区参议会通过，交由行政公署公布施行，如有未尽事宜，由参议会随时修正之。

第十二条　本办法自公布之日起施行。

苏皖边区形势图

保管单位： 泗洪县档案馆
内容及评价：

　　抗日战争胜利后，随着革命形势的发展，1945年10月，苏中、苏北、淮南、淮北四个抗日根据地合并为苏皖边区。11月1日，苏皖边区政府在清江市成立。12月，边区政府决定将整个边区划分为八个行政区，分别以第一至第八序号命名。皖北淮北津浦路东第七行政区，是原淮北抗日根据地的主要区域。苏皖边区第七分区行政详图由淮北教育出版社于1946年2月制印。地图标注了城镇和村庄，县界、区界标示分明，记录了苏皖边区第七分区行政区划全貌。1946年7月，边区邮政局为做好工作，绘制了《苏皖边区形势图》。此图显示苏皖边区境域南滨长江，北界陇海铁路，东临黄海，西至商丘、亳县、蒙城、怀远一线。这张地图记录了苏皖边区行政区划全貌。这两张地图对于研究苏皖地区革命斗争史和区划建置沿革具有很高的史料价值。

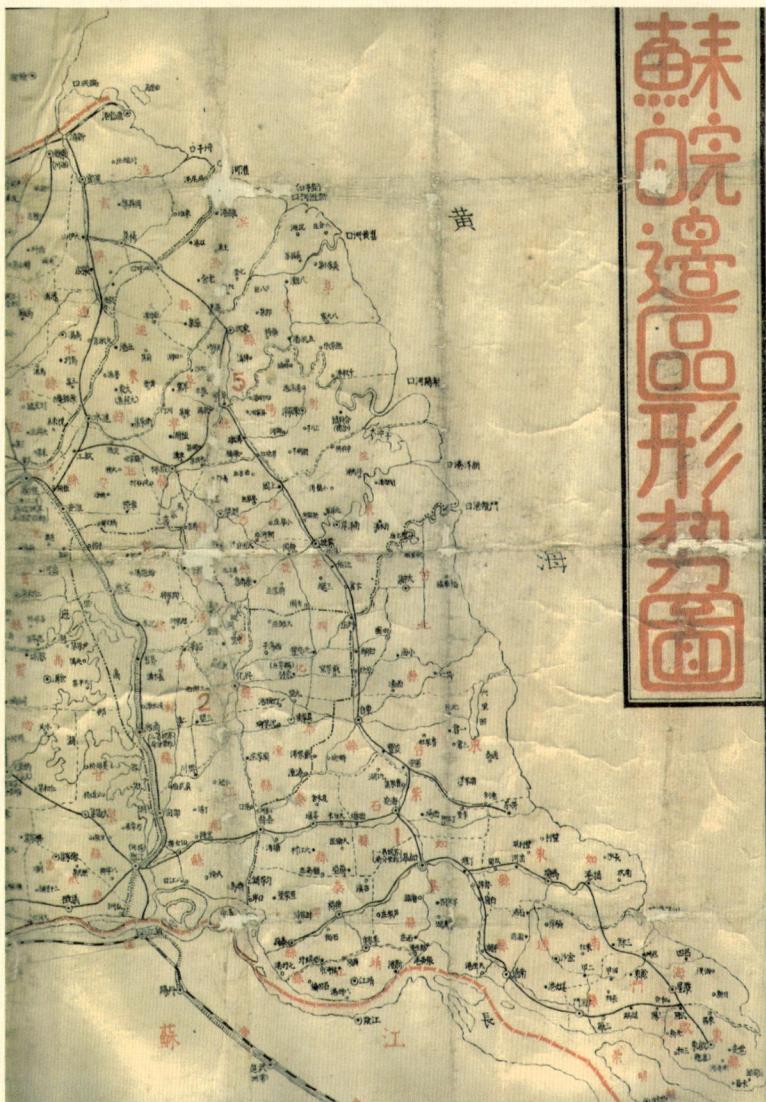

苏皖边区形势图

苏皖边区第七分区行政详图

《沭阳西屏乡是如何对敌斗争的》

保管单位： 沭阳县档案馆

内容及评价：

解放战争初期，我军有计划地北撤之后，沭阳的形势异常严峻，环境十分险恶，斗争更加激烈。陈云龙同志根据第一中心县委（东灌沭）边区调研组提供的材料，撰成此文，全面客观地分析了当时我军面临的新情况、新问题，总结了对敌斗争中的经验和教训，及时提出了对敌斗争新方法和新策略。此文用"解剖麻雀的方法"，对一个乡的斗争情况进行了深入细致的分析研究，不仅对指导当时的革命斗争发挥了重要作用，而且对于研究解放战争时期淮海区及东灌沭的历史具有重要的参考价值。

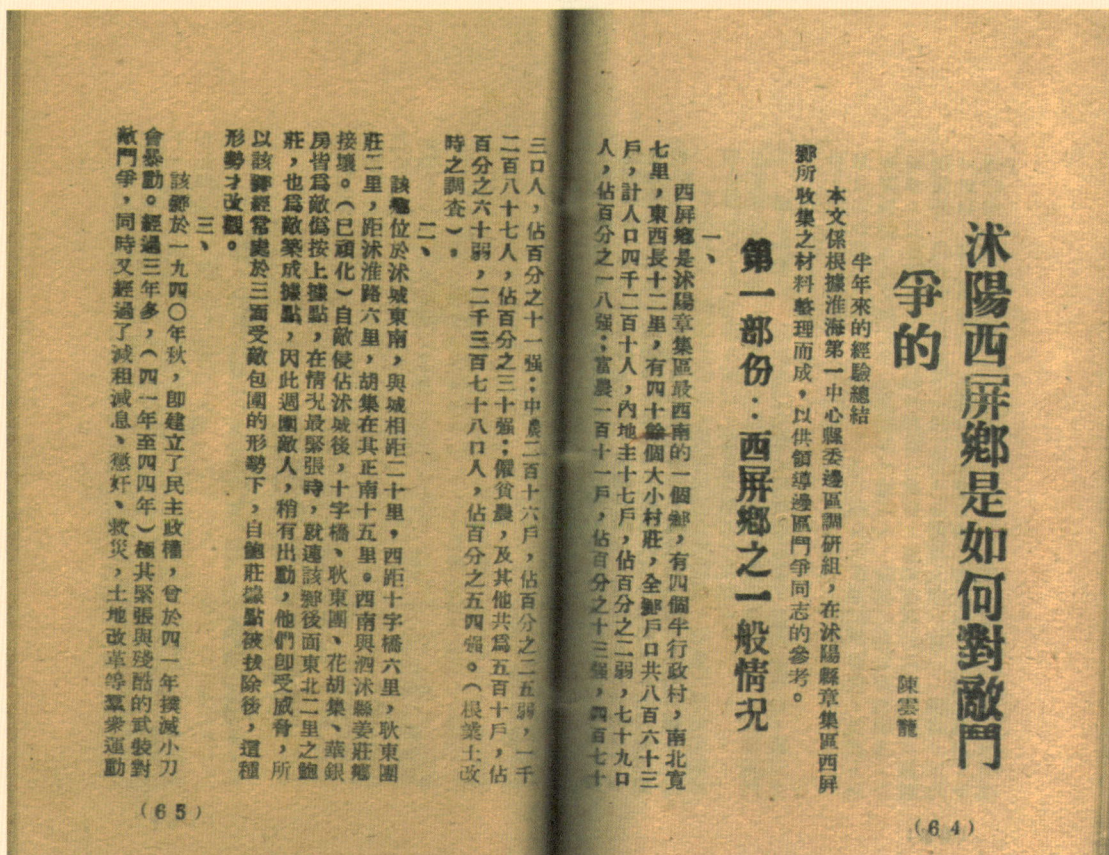

《宿迁县生救工作总结》

保管单位：宿迁市宿豫区档案馆

内容及评价：

　　1945、1946两年，宿迁县连续发生严重水灾，造成秋收麦种失时，农作物大面积失收，全县11个区176000多人严重饥荒，加上宿迁是宿北大战的主战场，人民颠沛流离。针对此情况，宿迁县委积极组织生产自救，由村到县层层建立生产自救总会组织，并把生救工作作为全县中心工作来抓。着立打通干群救灾思想，确定生救方针，紧紧围绕生救工作，充分发挥各部门的主动性。同时，县委、县政府还把急救粮改为救灾贷粮，组织群众挖野菜和从事其他副业生产活动。宿豫区档案馆现存的生产救灾资料包括灾情统计表、救灾方案、救灾工作总结及灾后工作布置等，详尽记载了救灾的过程，为历史留下了宝贵的抗灾自救史料。

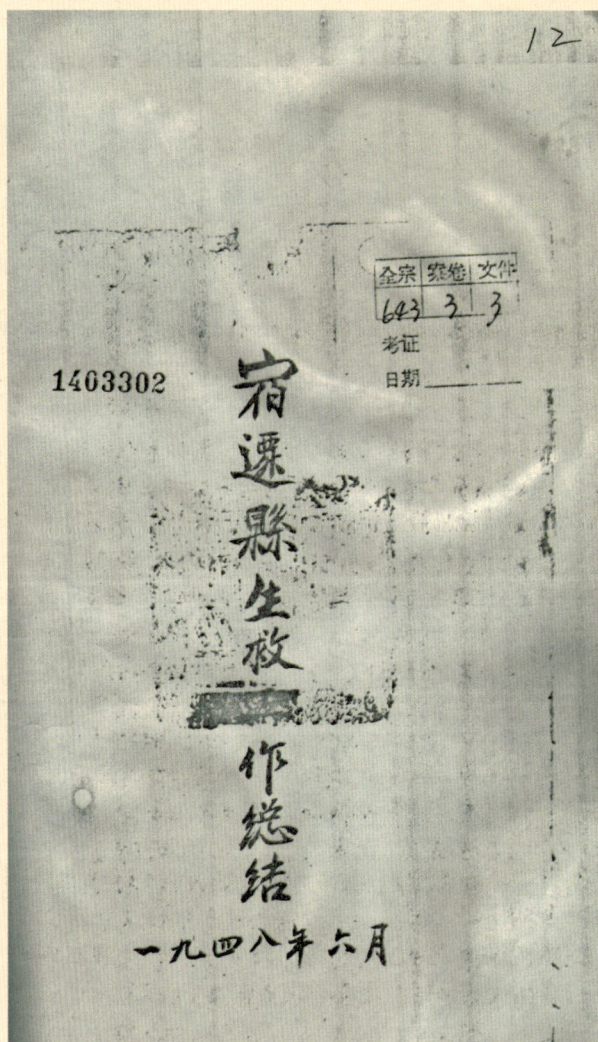

《宿迁县生救工作总结》封面

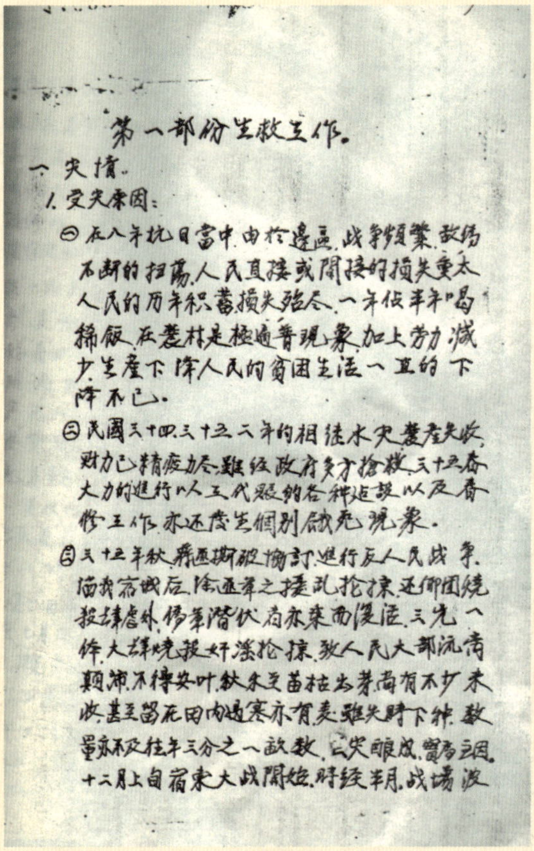

第一部份生救工作。

一、灾情。

1.受灾原因：

㈠在八年抗日当中，由於边区战争频繁，敌伪不断的扫荡，人民直接或间接的损失更大，人民的历年积蓄损失殆尽，一年依靠喝稀饭，在农村是极普遍现象，加上劳力减少，生产下降，人民的贫困生活一直的下降不已。

㈡民国三十四、三十五二年的相继水灾，农产失收，财力已精疲力尽，虽经政府多方抢救，三十五春大力的进行以工代赈的各种建设以及春修工作，亦还发生個别饥荒现象。

㈢三十五年秋，蒋匪撕破协定，进行反人民战争，宿城失陷后，除匪等之扰乱抢掠，还乡团烧杀奸淫外，伪军潜伏者亦乘而复活，[illegible]一阵大肆烧杀奸淫抢掠，致人民大部流离颠沛，不得安生，秋禾豆苗枯出芽者有不少未收，甚至留在田内过寒，亦有麦虽失时下种，数量亦不及往年三分之一亩数，已灾酿成实为主因。十二月上自宿东大战開始，时经半月，战场波

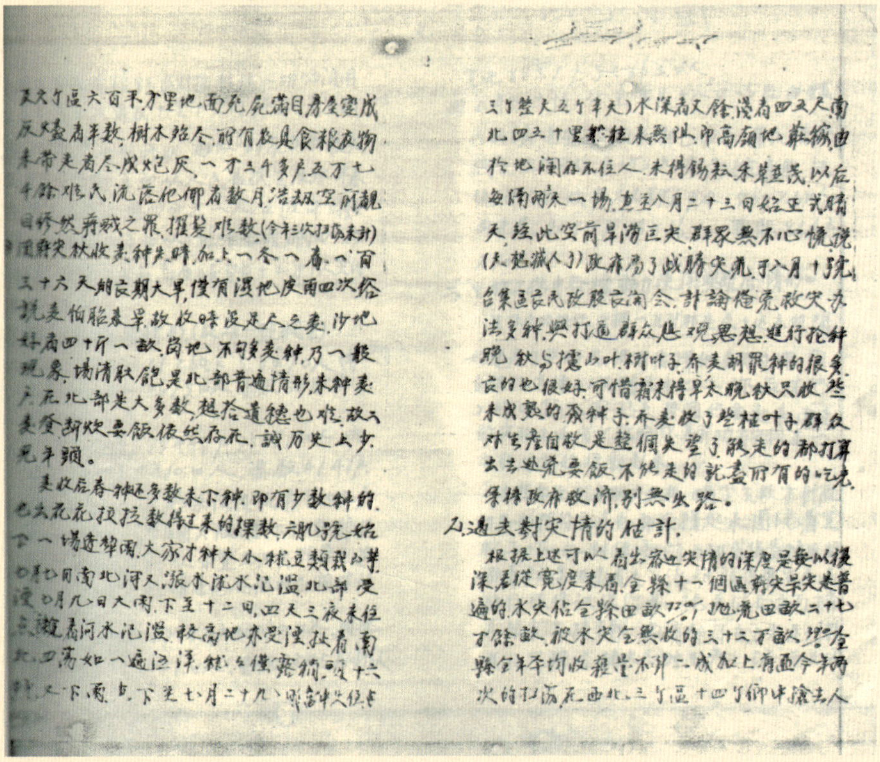

及六个区六百平方里地面，死尸满目，房屋变成灰烬者半数，树木殆尽，所有农具食粮衣物未带走者尽成炮灰，一万二千多户五万七千余难民流落他乡者数月，浩劫空前，触目惨然，奸戕之众，难以数计（今年三次扫荡未计）。因为灾秋收麦种失时，加上一冬一春一百三十六天的长期大旱，仅有湿地庆雨四次，[illegible]春旱，故收时没足尺之麦，沙地好者四十斤一亩，岗地不够麦种，乃一般现象，[illegible]是北部普遍情形，未种麦户在北部是大多数，[illegible]也难，故[illegible]要饭依然存在，诚为历史上少见年头。

麦收后春种还多数未下种，即有少数种的也大都拉拉散散[illegible]的棵数，[illegible]始下一场透犁雨，大家才种大小秫豆类，[illegible]南北河大涨水，洪水泛滥，北部受淹，[illegible]月九日大雨，下至十二日，四天三夜未住，[illegible]各河水泛滥，较高地亦受淹，放眼南北四望如一遍汪洋，秫秫仅露稍，[illegible]十六[illegible]下雨，[illegible]下至七月二十九，[illegible]三个整天五个半天）水深高丈余，浸有四五天，南北四五十里都被淹没，即高岗地庄稼，由於地涝存不住人，未得锄耘，禾草並茂，以后每隔两天一场，直至八月二十三日始正式晴天，经此空前旱涝巨灾，群众无不心慌说（天想灭人了），政府为了战胜灾荒，于八月十号召集区长民政股长开会，讨论发动救灾办法多种，与打通群众悲观思想，进行抢种晚秋与採山叶、树叶子，荞麦胡萝种的很多，长的也很好，可惜霜来得早太晚，秋只收些未成熟的稻种子，荞麦收了些秸叶子，群众对生产自救是整個失望了，能走的都打算出去逃荒要饭，不能走的就尽所有的吃光，等待政府救济，别无出路。

乙、过去对灾情的估计。

根据上述可以看出宿迁灾情的深度是无以复深，若从宽度来看，全县十一個区都灾，是灾是普遍的，水灾佔全县田亩[illegible]，旱荒田亩二十七万余亩，被水灾全无收的三十二万亩，[illegible]全县今年平均收获量不到二成，加上有匪今年两次的扫荡在西北三个区十四个乡中掠去人

宿迁县生救工作总结

宿迁县灾情调查统计表

1949.6.3.填

643-3-7

项目 \ 部别		刘集区	陈集区	邵店区	澜河区	顺河区	大兴区	桃源区	塘湖区	仁顺区	泰山区	合计
总户数		7621	6008	5820	4023	7112	6726	4711	6291	6318	6209	68945
总人口		28621	27637	23918	24365	33252	28929	23063	28177	27222	27769	263394
共有断炊户	卖要孩 户	31	38	131	30	126	52	20	165	375	171	
	人	250	118	523	113	462	208	71	493	1265	570	1326
	卖庶救急 户	520	360	383	368	1021	621	523	1019	468	268	4569
	日 人	1997	2545	3110	1752	3941	2515	2121	4108	1925	906	6351
	卖尽彻交救 户	527	117	389	199	359	105	82	218	673	316	24920
	人	2155	637	1316	678	1510	496	366	480	2708	1146	5985
	共计 户	1265	915	1303	597	1506	228	625	1402	1516	755	11459
	人	4902	3297	4949	2543	6913	3166	2558	5081	5618	2632	40648
灾情严重顶断炊的	户	1057	216	1377	188	663	188	281	2311	1440	448	8166
	人	3998	494	6220	819	2677	222	1507	7852	6230	1712	31778
失庶自救办法	拾草 户	2273	529	1229	188	186	665	207	1832	2920	2430	12509
	人	6139	1358	2543	639	668	1927	1328	7379	4948	4124	31100
	捞粉 户	516	4	46	48	69	9	152	7	17	117	911
	人	2419	13	225	256	235	61	373	33	79	416	4500
	做豆腐 户	129	23	85	12	120	54	11	108	147	62	801
	人	742	100	382	56	435	171	51	418	591	287	3233
	挖野菜 户	2014	92	698	107	142	779	483	1146	1377	1730	8438
	人	7277	288	1840	207	482	2009	1025	4070	3360	3056	23580
	生豆芽 户	212	26	112	41	127	16	20	45	123	69	791
	人	921	65	383	186	485	38	75	188	467	202	3006
	做小买卖 户	367	228	302	177	377	486	347	638	168	125	3000
	别小庶 人	1390	1367	1367	1087	1648	1661	760	2316	580	361	12437
	共计 户	5551	902	2572	579	1021	1979	1520	3776	4200	2202	26735
	人	18888	3147	6660	2431	3943	5910	4062	14908	10025	8446	77916
得济的救资	户	997		494		512			1100	865	1228	5196
	人	3223		2128		1428			3814	3329	4373	18842
	斤	11000		540635		3000			61200	111350	110000	377612.15
得济的救粮	户	591		718	150	984	86	38	1140	1109	600	5315
	人	1295		2659	603	3237	439	166	5293	3770	2007	20429
	斤	9913		10762.5	4927	1658.5	2041	835	8600	19620	17200	89933
病	天有病人数	663	359	953	398	933	201	639	583	1982	925	7036
	已 好	251	105	526	180	218	109	127	164	853	380	2914
灾	禾尽死亡人	103	29	96	47	78	53	56	102	86	152	852
	现有病人	309	175	231	171	637	39	366	316	643	393	3270
备												

宿迁县灾情调查统计表

《宿迁县委关于一年来土复纠偏与水灾秋种的报告》

保管单位： 宿迁市宿豫区档案馆

内容及评价：

1946年5月4日，中共中央发出《关于清算减租和土地问题的指示》，决定将减租减息改为没收地主土地分配给农民。1947年9月，中共宿迁县委根据"五四"指示精神，组织工作组到泰山区永平乡进行土地改革试点，将地主、富农多余的土地分给贫雇农，试点结束后再在全县推开。1948年4月，宿迁县委根据上级指示精神，对已经开展土改运动的地区，进行土改复查纠偏工作，给错划成分的农户重新定成分，退还中农错划出的土地、粮食。政府宣布"中农粮食可以自由买卖，任何人不得干涉"。宿豫区档案馆保存的土改档案，详尽记载了土改复查纠偏的经过、侵犯中农利益的原因、危害和影响，反映了土改复查纠偏中的政府政策走向，具有一定的史料价值。

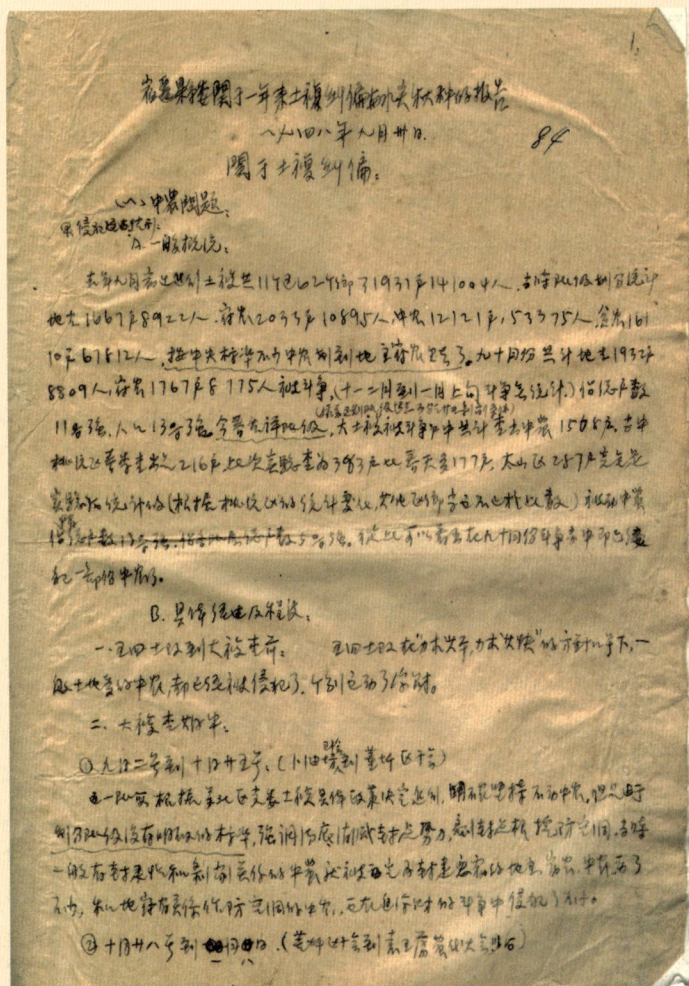

宿迁县委关于一年来土复纠偏与水灾秋种的报告

宿迁县委关于一年来土复纠偏与水灾秋种的报告

沭阳县政府关于传达贯彻"严禁'肉刑'"等指示精神的训令

保管单位： 沭阳县档案馆

内容及评价：

　　1948年8月27日，沭阳县政府发布训令，传达并贯彻落实专署同月下达的指示精神，即严禁"肉刑"（刑讯），规定凡死刑当由专署依法判处，并对"逮捕权"和"看押权"作了详细规定。其目的是强调依法办事，保障人权，"树立新民主主义的法治精神，逐渐走上正规。"这份档案史料对于研究解放战争时期苏北解放区的政治建设、法制建设和司法实践，具有重要的参考价值。

沭阳县政府训令

全文:

沭阳县政府训令

民国三十七年八月二十七日

令各区区长：

案奉专属本年八月十八日 字第 号命令内开：

根据目前形势发展，我党即将在全国取得胜利，我之政策施行尤其在保障人权财权方面已为全国人民所关怀。

为着加速结束蒋匪之垂死命运，确保全国革命胜利的彻底完成，我党我军尤其我各级政府机关应如何在党的统一领导、统一纪律、统一政策的原则下，严格克服过去山头主义、游击作风、乱捕乱罚甚至乱杀等无政府无纪律的严重现象。

必须在我政权所及之处，皆能有巩固良好的革命秩序，以保护人民一切民主利益，树立新民主主义的法治精神，逐渐走上正轨，以迎接这一新的形势到来。

因此，专属今后对于保障人权问题，除严格禁止肉刑与判处死刑权交由专属负责外，特更作如下之决定：

一、逮捕权：除现行犯区乡政府可随时逮捕外，其他直接逮捕案犯权县对一般案犯可以决定逮捕，其较大的政治案件与集团案件必须收集充分材料呈报专属批准方得逮捕。

二、看押权：乡政府根本无看押权，必须随捕随送不得擅自羁留甚至私设小牢暗用肉刑等违规政策行为。区政府看押权一般不能超过24小时以内，即须送县处理，县所接收之案犯更必须抓紧时间予以尽速处理，不得任意施延。

以上两点仰即转饬遵行，切切为要。

若因奉所合亟令，仰该区长遵照，并转饬所属一体遵照为要。

此令。

县　长　江剑农

副县长　陶逸飞

泗阳支前民歌

保管单位：泗阳县档案馆

内容及评价：

泗阳县档案馆馆藏泗阳支前民歌共十九首，主要表达了人民群众对共产党的拥护，对人民解放战争节节胜利的欢欣鼓舞，对支前工作的高涨热情，激励广大人民群众用实际行动支持、配合前线浴血奋战的亲人。其中《一对担架英雄》（泗州调）表现了人民群众不怕困难和危险，踊跃支前的情景和革命英雄主义、革命乐观主义精神。《妇女送面上前方》（纺纱小调.王崇甲）表现了泗阳中扬区妇女们巾帼不让须眉，争先恐后支前的热烈欢快场景。泗阳支前民歌，是研究解放战争时期苏北人民群众的支前工作和群众文化的第一手资料，弥足珍贵。

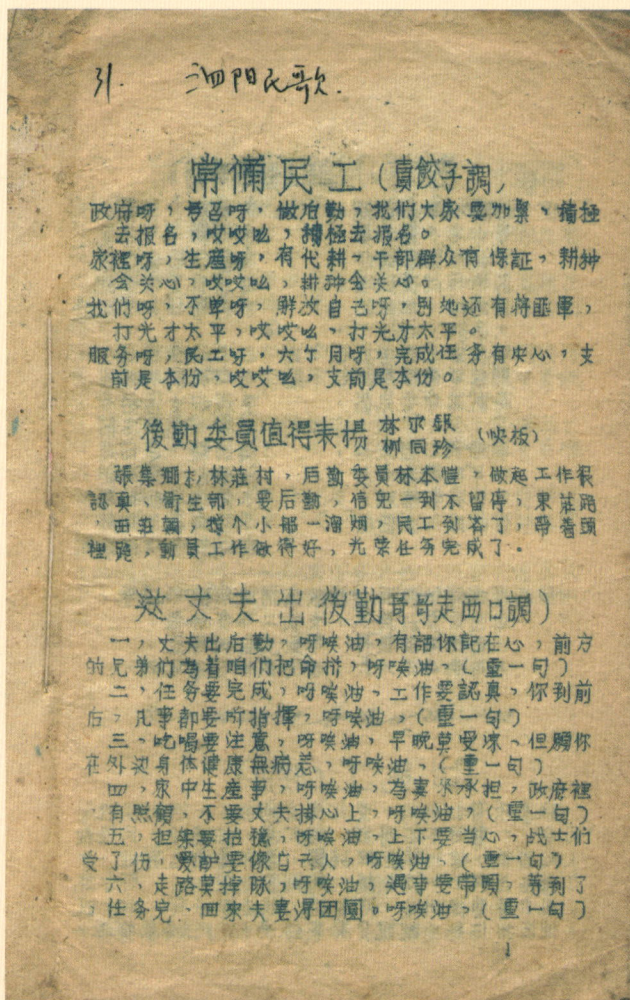

泗阳民歌

全文（节选）：

《一对担架英雄》（泗州调）

海郑公路上大炮响，洋河据点包围上，担架队开上前方，哎呀哎油（哟），担架队开上前方。

泗宿有个卯庄村，九付（副）担架上前线，一个个奋勇当先，哎呀哎油（哟），一个个奋勇当先。

机枪打的乱哄哄，恼了好汉郭友忠，一股劲直往上冲，哎呀哎油（哟），一股劲直往上冲。

冲到最前线伤员背，上去一回又一回，背伤员整整一对，哎呀哎油（哟），背伤员整整一对。

担架英雄邱士良，抢救伤员真大胆，他不怕大炮机枪，哎呀哎油（哟），他不怕大炮机枪。

两个好汉配一双，弄的浑身血衣裳，军事首长满口夸奖，哎呀哎油（哟），军事首长满口夸奖。

拿过新衣来换上，首长请他去吃饭，赏大洋整一百万，哎呀哎油（哟），赏大洋整一百万。

九付（副）担架都光荣，一个一个要立功，下决心任务完成，哎呀哎油（哟），下决心任务完成。

拿下洋河转回家，大家一路笑哈哈，这一蹚（趟）吃酒戴花，哎呀哎油（哟），这一蹚（趟）吃酒戴花。

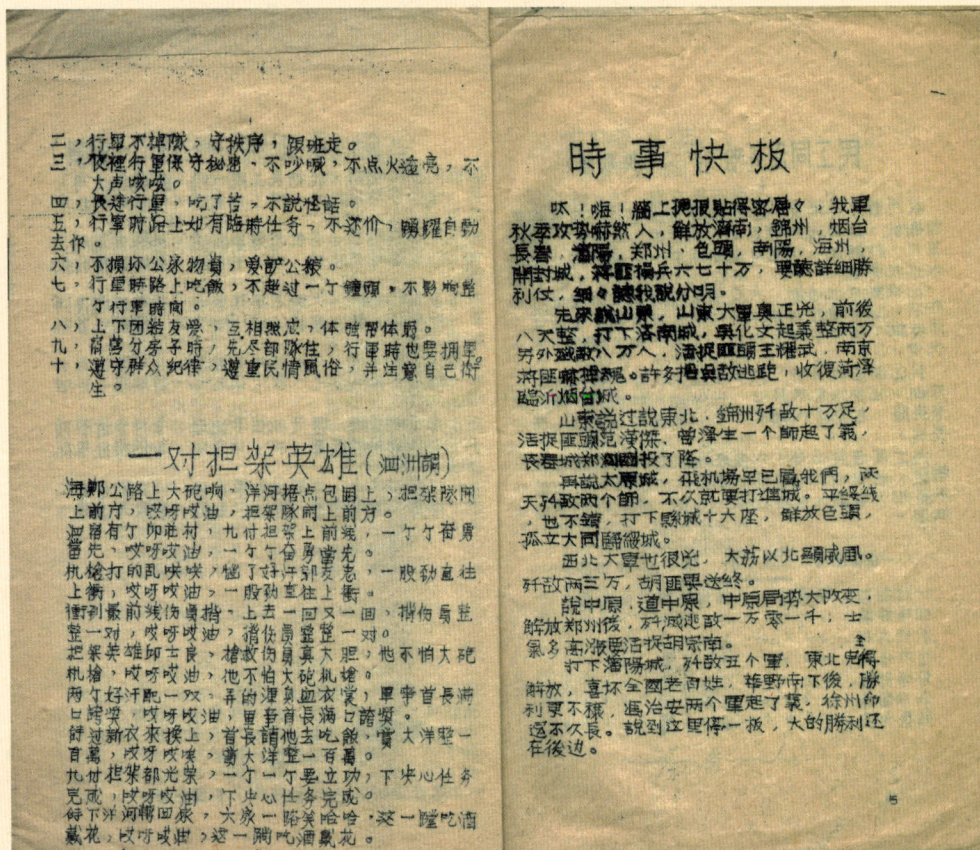

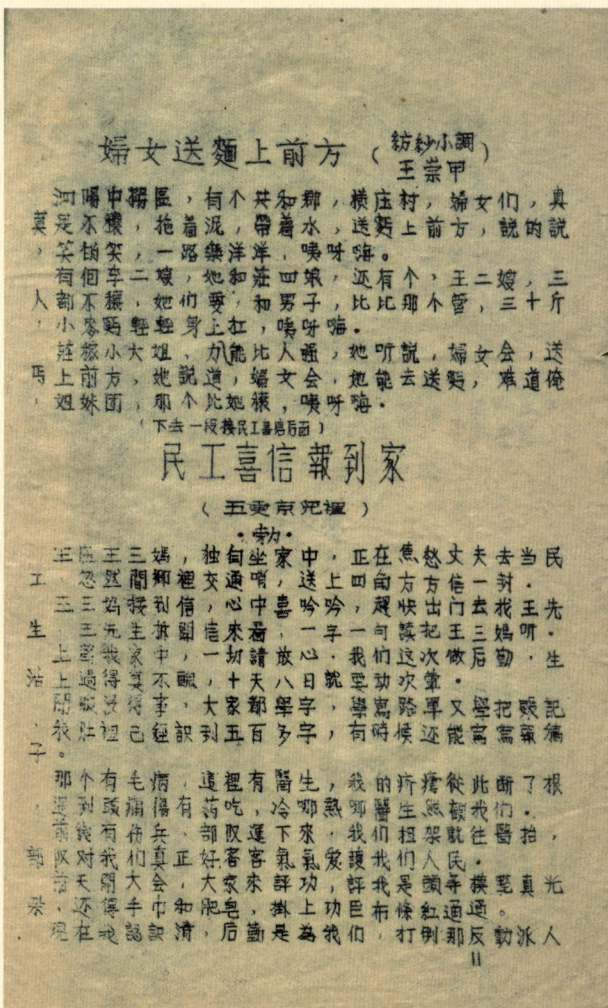

《妇女送面上前方》（纺纱小调.王崇甲）

泗阳中扬区，有个共和乡，横庄村，妇女们，真真是不穰，拖着泥，带着水，送面上前方，说的说，一路乐洋洋，咦呀嗨。

有个李二嫂，她和庄四娘，还有个，王二嫂，三人都不穰，她们要，和男子，比比那（哪）个管，三十斤，小麦面轻轻身上扛，咦呀嗨。

庄稼小大姐，能力比人强，她听说，妇女会，送面上前方，她说道，妇女会，她能去送面，难道俺，姐妹团，那个比她穰，咦呀嗨。

二十八斤面，拾起身上背，她要和，妇女会，大家比一回，去的早，回的早，一路在头里，横庄村，姐妹团，人人夸一回，咦呀嗨。

《民工陈小海》（五更京儿里调）

一、月儿渐渐高，挂在柳树梢，陈小海当民工心中光发焦，为只为自己出来两个月，家中的田地恐怕要荒抛。

二、夜静更又深，偷偷往家奔，连夜开小差转回家门，回到了，家里一整天，躲在房里不敢出门。

三、嘟嘟一条声，各处忙秋耕，王村长带了五个人，就到那陈小海家里去，帮助他家秋种与秋耕。

四、没有两天整，麦子种完成，陈小海躲在房中难过万分，只说是，自家田地没人问，谁知道干部热心照顾我们。

五、越想越懊悔，开小差太丢人，共产党帮助我们大翻身，出后勤本是当然是，悔不该偷偷脱离民工营。

六、第二天天刚亮，又回到原地方，承认自己开小差不应当，从此后坚决干到底，任务不完成不回家乡。

淮海战役苏北支前档案

保管单位：宿迁市宿豫区档案馆

内容及评价：

1948年10月，解放战争中的重要一役——淮海战役开始。宿迁接近前线，成为解放大军的兵马走廊；京杭运河及海郑公路、宿新公路在宿迁交汇，又使宿迁成为战役后勤运输通道，因此宿迁支前任务尤为繁重：既要做好前线的物资运输供应工作，又要保证伤病员的抬运救治，还承担外地物资的接运、转运、囤存及行军、驻军和后方机关、医院等后勤保障。宿豫区档案馆现保存的淮海支前档案，详尽记载了支前方案、支前工作初步总结、今后支前任务的布置及支前人员奖惩条例等，生动地再现了宿迁人民积极投身支援前线战争的火热场面，具有重要的史料价值。

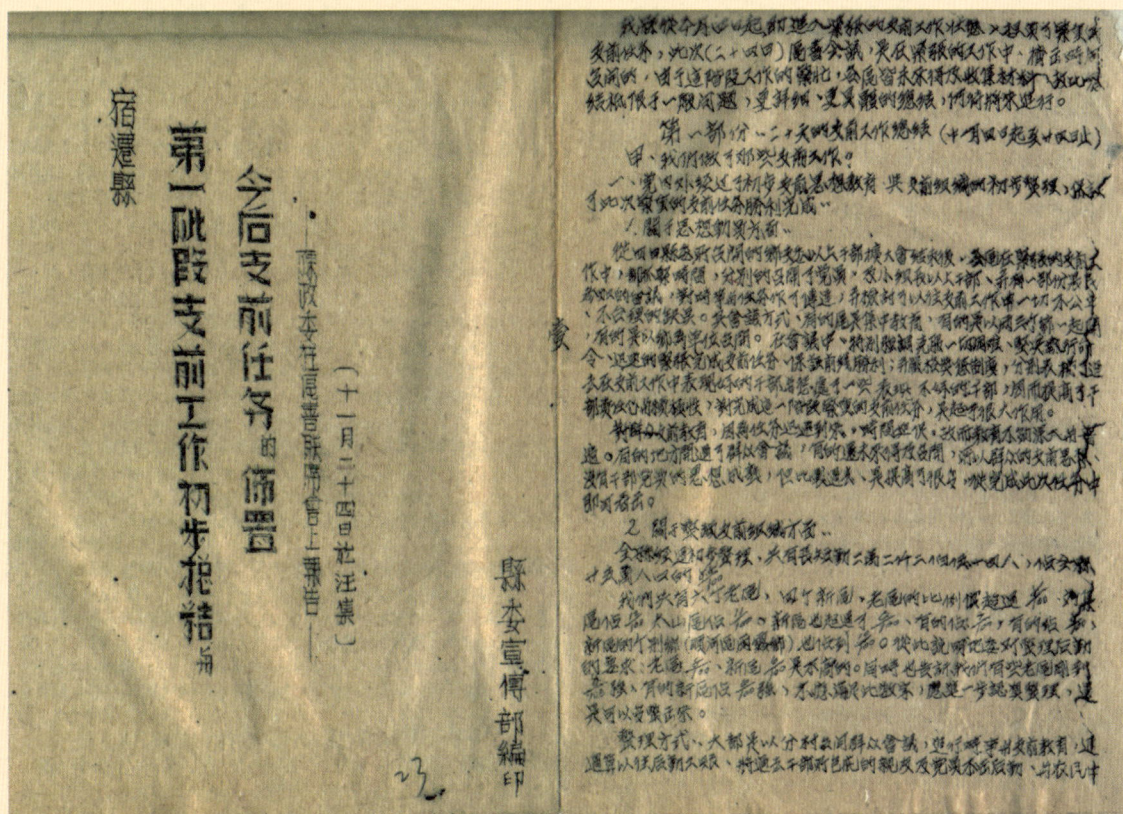

宿迁县第一阶段支前工作初步总结与今后支前任务的布置

全文：

宿迁县第一阶段支前工作初步总结
与今后支前任务的布置
—— 陈政委在区委联席会上报告

（十一月二十四日于汪集）

我县从本月四日起，即进入紧张的支前工作状态，担负了繁重的支前任务，此次（二十四日）区会议，是在紧张的工作中，挤出时间召开的，由于这阶段工作的繁忙，各区皆未来得及收集材料，故此总结只限于一般问题，更详细、更具体的总结，仍待将来进行。

第一部分　二十天的支前工作总结（十一月四日起至二十四日止）

甲、我们做了哪些支前工作？

一、党内外经过了初步支前思想教育，与支前组织的初步整理，保证了此次繁重的支前任务胜利完成。

1、关于思想动员方面

从四日县委所召开的乡支委以上干部扩大会结束后，各区在紧张的支前工作中，都抓紧时间，分别开了党员及小组长以上干部，并有一部分农民参加的会议，对时事与任务作了传达，并检讨了以往支前工作中一切不公平、不合理的缺点。其会议方式，有的区是集中教育，有的是以两三个乡一起开，有的是以乡为单位召开。在会议中"特别强调克服一切困难，坚决执行命令、迅速的紧张完成支前任务，保证前线胜利；并严格奖惩制度，分别表扬了过去在支前工作中表现好的干部与惩处一些表现不好的干部，因而提高了干部责任心的积极性，对完成这一阶段繁重的支前任务，是起了很大作用。

对群众支前教育，因为任务迅速到来，时间仓促，故而教育不够深入与普遍。有的地方开过了群众会议，有的还未来得及召开，所以群众的支前思想没有干部党员的思想成熟，但比较过去，是提高了很多，从完成此次任务中即可看出。

2、关于整顿支前组织方面

全县经过初步整理，共有长短勤二万二仟二佰伍十四人，占全县二十五万人口的8.8%。

我们共有六个老区，四个新区，老区的比例已超过8%，刘集区占12%，太山区占11%。新区也超过6%，有的占7%，有的占8%，新区的个别乡（顺河区雨露乡）也占到10%。从此说明地委对整理后勤的要求：老区8%、新区6%是不高的。同时也告诉我们有些老区刚到8%、有的新区占6%强，不应满足此数字，应进一步认真整理，还是可以多整出来。

整理方式：大都是以分村召开群众会议，进行时事与支部教育，通过算以往后勤工帐，将过去干部所包庇的亲友及党员不出后勤、与农民中的尖头、一贯躲避后勤的清算出来；又采取自报反评，也有以干部提名、群众通过。但干部提名、群众通过的办法，一般的适用于老区。事先在研究时，即应公平合理、不能有丝毫包庇行为，如有，则群众会以附和态度、或以不开口来抵抗，结果仍然是不公平不合理。新区则不适合，因新区基层干部毛病多、会包庇、而群众觉悟差，又不敢提意见，若以此办法进行事理，这自然是不合理的。

整理后勤的基本关键：（一）首先要深入的打通干部、党员、群众支前思想。（二）公平合理（谁应出、谁不应出）的办法，应广泛宣传，使群众皆了解。（三）干部党员必须真正起到带头作用，切实纠正特权思想。（四）展开对过去后勤中表现好的加以表扬，对尖头一贯躲避后勤者予以批评、令其补工。

一般的说，此次后勤整理，不公平、不合理与干部包庇的现象得到很大纠正。群众反映此次"见青天了"，积极热情也比过去高，然而值得我们注意的，干部包庇与不公平、不合理现象仍未彻底消减。如涧河区仰化乡村书朱学志、因人送他礼帽、洋袜子，一人就包庇三四个，明明派出长勤的，就被他改为短勤了。

二、我们担负了异常繁重与艰巨的支前任务，且亦比较紧张与迅速的完成，其具体完成的任务是：

1、组织了第二期六个月的三百四十八常备民工出征。

2、动员了八百付担架四仟五百人参加淮海战役；同时亦集中三百辆小车做转运之用。

3、修桥、道路：全县修了一条汽车路，两条大车路及其它小路，据不完全统计有二百一十七里，造了七座桥，内中有能通过三万斤重的大桥。共动用二千一百五十三根树木（长一丈二、一丈、八尺）每根平均以二百斤计（最重二十人抬不吃力）共四十三万零六百斤，以修桥造路共需用人力六万四十一百七十人搞一天（修路每里二百人，砍、伐、运、送树木、每人以五十斤计）若以七日计算，每日需九千一百多人，若以二十天计，每天就需三千二百零八人。

4、我们担负了繁重的供给任务，共磨秸面二百零五万五仟五百斤，调剂供给九十六万九千斤，接收大米一百八十一万斤，调剂供给五十九万七千斤，送窑湾四十九万斤，送睢宁二十二万伍千三百多斤。共消耗人力：磨面每人每日以二十五斤计：共需八万二千八百人磨一天。调剂供给秸面每人每日以九十斤计，需人力一万七千九百九十七人运一天，接收大米，每人每日以接收八百计，需人力二千二百五十人，连窑湾四十九万斤米，每人每日以一百斤计，四天合一天共需一万九千六百人，送睢宁二十万五千三百多斤米，每人每日以一百斤计，五天合一天，共需一万一千二百五十五人。调剂供给大米五十九万七千斤，每人每日以九十斤计，需一万三千二百六十人。以上合计消耗人力十四万六千五百六十八人搞一天，若以十天计，平均每日为七千三百二十八人。

5、设立米、丐站共十五个，需用干部三百二十四人，杂务人员一百零八人。

以上所有任务与需用之人力以二十天计，平均每日需一万七千多人（这里包括第一期三百人长备民工，与送几千付门板及其他部门需用之人数），占全县二十五万总人口7%，其中有一个多星期（从十三号至十日）是任务最多最紧张且又是突击任务（修路、造桥、磨丐、送米丐、担架……）平均计算每日需动员二万七千五百多人，占人口11%。

这一阶段支前任务，的确是繁重与艰巨的，而且是几个紧急任务摆在同一时期，皆是要连夜动员迅速完成；故而命令接着命令，同时军事时期，任务多发，一个命令发出，忽而又要更改，但是我们全体干部在前线，第一，一切服从前方需要的基础上，各人俱皆发扬了高度的积极性，责任心，顽强的克服一切困难，努力完成任务。在紧张的一个多星期中，区乡机关、无法留人，区级机关中的通讯员、炊事员皆变成干部到各乡去检查与督促。

这一阶段的支前任务，基本上已收到了全民动手、男女老少，俱皆参加修路、造桥、磨面、运送米丐、担架……等，特别是妇女起了很大作用，二百多万斤秸丐全部是妇女磨的。妇女不仅磨面，而且也担任运输，另方面我们也做到全党动手下，所有干部皆日以继夜的努力工作，仅出去带担架小车的区级干部占1/2，乡干1/2，党员缺四个区占1/3，小学教师大部分集中米丐站工作。

宿迁县第一阶段支前工作初步总结与今后支前任务的布置

今达绸服，发都版到运打届对苍火拓，还速救成制本。又派十九日下午收，官商命令给他们这连级状小型运廿万斤大米来紧运，候十八日发到，撒率天情贵四门尾绸民人救菜完成收入而存作。

乙、完成繁重收割的原因：

（一）发齐扩大会火围激引地会的发雨第，一々刷服收雨戒，预备搜灭雨绸败制时打斗，统一全党意志，明确他的关于免服，一々问题，只天救时价合，还连紧张对完成农面收费，保致前到时割的收雨，可欲、取以后的时间争发到所原则、特别误误准绝收段间嫉，救人解嫉茅究领菌等，新聚连处理缎收，因此更职救客号不轻、群火围速到收心，均率状嫩救，我师成面分之九大夫以上不轻嫉菌收菜的收利对击一个收好。

（二）救收依父作年救所于地处，适用皮臂对击，升极改免对学临人对，阻厅的人临方法，首批故免完成批，即收割时报导洋临带人收收费，丸火八日臂中夫西所状菜，义期又懂天收时所收集时、可十夷厅，汤围巫击违走限，捲有又洋硬连口十八万斤大米人员丸入录，其他收莽料菜及洪临中起所投强状机，围址继续收菜制的时新一齐完成救时因素，同时庭溯围又振取实菜分化收升，不豁遍临费，这也尤败收有嫌菜哟的一个大依方法。

（三）爱激收爱制度，因皮版到时坏会川，家豁评明，适丢依救时时完成收费的贵参大作方法，批烂图农丢故报人即将费抽评，起了恼大作用，但丢丢没有所领的一个收率制度，今俊愿普会了贵激。

丙、遗留那些缺爱：

（一）发奋各载莒会所绸递通评源入烟肉救俊对一批么毫收依紧到汶嫉汇喃购，风丢收临临嫉，救入区通，欠临职嫉……看流临一滴小夷哟气义，一有的武郑罕围用影米（以从春南火临保收临里荫收菜兑郑队只到抗圆国，首行不衣欢收瓶、这武干火勿用盛临，完职气遵过大临、把民天义用菌收，把百火状菜对各狗用救收的收源。大火圆遮每郑收状寄毫救时宾割到集、飞刷戏份条，围市市所救者洋丸不属故起收，豁毫臀豁人村收知可湖调、陡菜庄细织投盛时，救状划到临临碎状，国方野目己朗围既研，揄凤顺交中郑村收收汝化火，官己就各春加第二期审情靶工，天玉菜启牧，自己用临沿制对情，（乙刷除党籍）新庭育少数牧々村啊啊收队围不凤

部除民工居，大臂府演郑况许取以抓绸藏免菜，本给民工居，本绘军夷加上民工妑妑太升，同灰收带毁嫉中嫉，茵尤互恼打定未、总未以菜贵了刷版小尤毫救机火、毫民工给听拓丢投火火饼，一断临丢一两酒の从上逃夷问中数明状况反员外汇，其收以分茵菜里、雨同意临，不支溥入对服，但丢有临未郑不毫未能火炅一切盈臨、退用戒背，用工俊甲终给教育，因丢这才构成很木妈，救有意见上逼状菜。

（二）友齐继拔取听临九天，同丢蕭莒负收蕭府、诛取顺早入不晰晰一故会需免，不会义复根火关道、围郑向公夸茵轻嫩嫩，经部版版即城一起夫。

（三）运围取名爱字临众所投状菜，连织中达措免弑的教闻，速趣大奖群収发觉遇会、戊聚乱临为培奉日绸队绸刷的抓未、之战岳功向这褪毫未未繁爱戏，加上不刷救泽菜，戏刷曲收繁合围围、喃小盖。

第二部份：今后任务：

甲、方针任务第一——保贱世莒绸晰需菜，迅围迁整，求临淮备入汶圆土，探待完成状农自扫绸什务，修廷绸县路划；苇状菜一切盈臨，组组丰臂功均遵得各刷守州时用实臨，遭到以状奉夫，以诚情荒。

乙、劳临俱体工作：

一、伏状到车辅工状：
1 连途三百叼子国爪未聚多收菜、展投十二厞会临逸到，丛临拔备如下天奧、抚臨、陡菜各大、十刷所、润酒临丁廓所。天八、刘装、郑庄上发各云十厞升。

各庭绞依臨被收务，戏羑不同肉尾小爪、野、莼軍尊、妑叼喃绸细戏起夫分围绸成送陡大队。鄱鄱苁收干淅，加贵绸嗎。

鸟荟坨离武弑大寺收尊，处应入人单报实尊少收郑、早入軍弑围屏寺弟仿式刷听，间时灭际入贵状色荟剂（第一部帅衣弄弄、丁箴県三刷绕运制勤民工夷喃，妑根莒主收、绕刷倾等尽未失尊尊（伏臨顺临集未艇各人萬）
2、薝娧耰二雨厞所，（又厫状字乇疒宇氏哟）收菜橄到（一依绯夫

异常繁重的支前任务，我们是胜利的完成了，而且完成的并不慢，如修筑井儿头的大桥须用很多木头，同时两个地方先后一齐下命令要，因此木头多要两倍，且又更改两次尺寸，改变成四倍。然而几次命令连下达到乡后，各乡俱到处打着灯笼火把，迅速砍伐树木。又如十七日下半夜，分区命令我们迅速组织小车送二十万斤大米至窑湾，限十八日夜要到，仅半天动员四个区的民工于当晚完成二十万多斤。

乙、完成繁重任务的原因

（一）县委扩大会上贯彻了地委的支前第一，一切服从前线，需要保证前线胜利的方针，统一了全党意志，明确树立了克服一切困难，坚决执行命令，迅速紧张的完成支前任务，保证前线胜利的战争观念。加上各战场秋季攻势的胜利，特别是淮海战役刚开始，敌人即从新安镇西窜，部队连夜追击，因此更加鼓励了干部、群众的胜利信心，更增强了干部的责任心与积极性，故而我百分之九十五以上干部俱皆日以继夜、废寝忘食、克服一切困难、迅速紧张的完成上级所交给的每一个任务。

（二）我们在工作中执行了地委、边用边整的方针，并采取充分准备人力、物力的工作方法，首批任务完成后，即主动的准备接受第二次任务到来，如八日集中五百付担架，立即又准备三百付，待命集中。四十万斤米刚突击运走后，接着又准备运四十八万斤大米人力与工具，其他任务亦然。在准备中进行整理组织，因此能够在紧张的时期一齐完成许多任务。同时塘湖区又采取重点分配任务，不普遍布置，这也是在任务繁重时的一个工作方法。

（三）贯彻奖惩制度，开始做到好坏分开，赏罚严明，这是保证按时完成任务的重要工作方法，桃源区在黑板报上即时表扬批评，起了很大作用，但这还没有形成一个经常制度，今后应当全力贯彻。

丙、还有哪些缺点

（一）支前思想教育不够广泛与深入，因而表现第一批三百付担架到江淮地区服务，因飞机扫射，敌人突围、失掉联系……等原因，开小差三分之一，有的是干部带着跑回来（如上岭区大队付衡中前天带民工到宿城西，自己不去巩固教育，还在民工面前干咕哝，说满期了，竟然不通过上级，把民工私带回家。大兴区逸奇乡动员担架是侧重动员逃亡回来分子，因而影响基本群众不愿出后勤，认为有罪人才出满勤。塘湖、顺河、陆集在组织担架时，发现个别落后群众，用力将自己脚指砍掉，桃源区全中乡村会长梁兆华，自己报名参加第二期常备民工，反至集合时，自己用枪将脚打伤（已开除党籍）。新区有少数村干怕麻烦不见部队民工面，大路两旁部分群众把锅藏起来，不给民工用，不给草烧，加上民工纪律不好，因而时常发生冲突，甚至互相打起来，在太山集有个别做小生意投机，要民工给二斤秫丐换二斤尖（煎）饼，一斤秫丐换一两油。从上述实例中说明我们教育不深入。虽然任务繁重，时间迫促，不及深入动员，但另方面，干部未能抓紧一切空隙，进行教育，在工作中结合教育，由于这方面做得不够，故而产生上述缺点。

（二）支前总队部刚开始几天，因为需要，分成两处，故在领导上不够统一，任务紧急，下命令互相不知道，因而命令多有些混乱，然而很快即统一起来。

（三）没有在已集中起来的担架队、运输队中进行系统的教育，提高本党群的支前观念，没有把他成为培养与训练干部的机关。立功运动在这里，也未抓紧贯彻，加上干部配备差，故而形成担架不巩固、开小差。

第二部分　今后任务

甲、方针：当前一切服从前线需要，边用边整，充分准备人力物力，按时完成供应与运输任务，保证前线服务；并抓紧一切空隙，组织半劳动力进行冬耕与副业生产，做到以战养民，以战备荒。

乙、几个具体工作

一、供应与运输工作

1、运送三百四十万斤米面至睢宁，限于十二月底全部送到，各区任务如下：

大兴、桃源、陆集各六十万斤，涧河四十万斤。太山、刘集、邵店、上岭各三十万斤。

各区根据具体任务，应将本区所有小车、驴、马车等，具（俱）动员与组织起来分别编成运粮大队，配备坚强干部，加强领导。

为着提前完成运米丐任务，规定双人车，载重最少贰佰斤，单人车载重最少壹佰贰拾斤。同时应深入宣传包运制（每一百斤米丐推一里，工资是三两秸头，动员民工多推、快推多苦工资，保证明春不致挨饿。（在县境内送米面无工资）。

2、磨秸米差二百万斤（各区任务已有命令略），保证做到（一）秸□要干，能保存两个月不坏（二）不许掺假（三）皮与嘴要去干净，为此必须：

①加强妇女的拥军教育。②说明磨秸□与备荒结合。每百斤秸头，交秸□七十五斤。③严格法纪，按级负责，如发现掺假、使水、不干净者，面站可拒绝接收。同时根据具体情节按法律惩办。④真正做到合乎标准并表现好，当于（予）表扬奖励。

3、征购公草六百万斤，各区任务分配：

桃源、大兴各购买六十万斤。唐湖、陆集、顺河、涧河各购买八十万斤。邵店、太山各购买五十万斤。上岭购买四十万斤。刘集购买二十万斤。

此火草为供给部队、民工之用，因此最好是荒草、秋秸，如柴草缺乏，木柴也行（湿木柴照折），但须配搭燃火草，其比例每百斤应为木柴六十斤，草（荒草、秋秸）三十斤，马草十斤。

此项火草，一律以现钱购买，规定每担伍仟元，各区于领取草货金后，立即全部发到群众手中，严格禁止任何人将贷金扣留不发，或私自挪用与贪污行为；如发现者，定按法律惩处，严重者枪毙。

为着便利民工支援，沿大路两旁之村庄，俱存放火草（其办法另订之）。

二、护路工作

为着更好保证运输率提高，凡我县初步修好之公路、大路（牛车路）必须组织半劳动力进一步加修，达到公路原来路基一样宽阔，其高低不平处应填平补齐。（新土应用石滚压平），火路保证二辆小车能并排前进，过河处应建立两道船桥（一走重车，一走空车其余小路亦应略加修理。同时在大路与公路上每隔五里，与几条路的交叉口，应设路标，写明往何处去，有多少里）。

为着经常保持公路、大路、桥梁之完好，沿公路之顺河、唐湖、上岭各级干部区增设护路区员一人，沿公路之村庄，组织护路小组，每一桥梁处应组织护桥小组，专门负责保护与修理公路桥梁。（办法是专署十一月十七日关于护路通知），沿大路之村庄，亦应分段负责，进行对大路之修补。

三、宣慰工作

宿迁是处于大分区的最西部，前线的后方；两个野战医院，有伤病员上万，常期驻此，且为五六分区民工往前线去之总道口，故每日有数万民工经过此间，故此宣慰工作在宿迁支前工作中，亦是一个非常重要之任务。因此必须做好……

1、在医院所在地，必须将妇女儿童组娱宣慰小组，轮流进行精神慰问，如演戏、花船、杂耍……等。

2、在公路与大路两旁，动员群众，每家应主动的让出一部分房子，铺好草席（无草席者应迅速赶做），让民工有安宿之处并将锅、碗、筷、盆洗好，借给民工用。民工到时，村、组干部应主动迎上去；帮助民工支配宿营地，帮助除草，说明发粮地点，告诉此间风俗与制度。倘如有个别民工违反群众纪律事发生，应立即主动的向带民工干部建议，便于纠正。同时应说服群众不要吵骂，严格禁止干部见民工到时怕麻烦、不见面，不给民工以食宿之便，民工与群众发生纠纷时，干部如不主动去说服解释，或故意扩大纠纷者，定于（予）严惩。

3、在集镇上与公路大路两旁，船桥、渡口及较大之村庄，粮店……等地，根据具体情况，设立广播台与黑板报，即时广播与报道前线胜利消息与民工中模范人物、英雄事迹、民工常识与建议民工应注意事项。同时在上述地点，应多写墙字、标语、漫画……等，如民工驻下二日，即组织宣慰小组，前往出演小戏，杂耍……等通过各种形式，来鼓励与提高民工情绪，使其更好服务前线。

4、加强支前报道，宣传部出刊《支前快报》，各区乡应组织在家之干部，一件工作完成即应将其经过与典型（好坏）写成稿件送来总组，出发带担架运输队之干部，亦应指定专人负责，各区每次汇报与总结时，应将通讯工作列入为汇报内容之一，在区委中应指定专人负责领导通讯工作，各乡将通讯小组恢复起来。

宣慰工作中的一、二、三项应作为有关区目前的突出工作。

四、后方治安工作

自从淮海战役开始已（以）来，已有很多土顽及流亡份（分）子纷纷回来，不向政府登记，潜伏于他之亲友处及干部家；这些人当中，有一部分固然觉悟到再与蒋匪一起作恶，是一条死路，只有回家才是生路，但因过去作了恶，加上对我政策不够完全了解，故而暂时潜伏，但是其中也有一部分是蒋匪派遣回来，进行秘密活动，寻机扰乱我后方治安，因此前一时期，运河线上发现打枪冒充军人，于夜间找

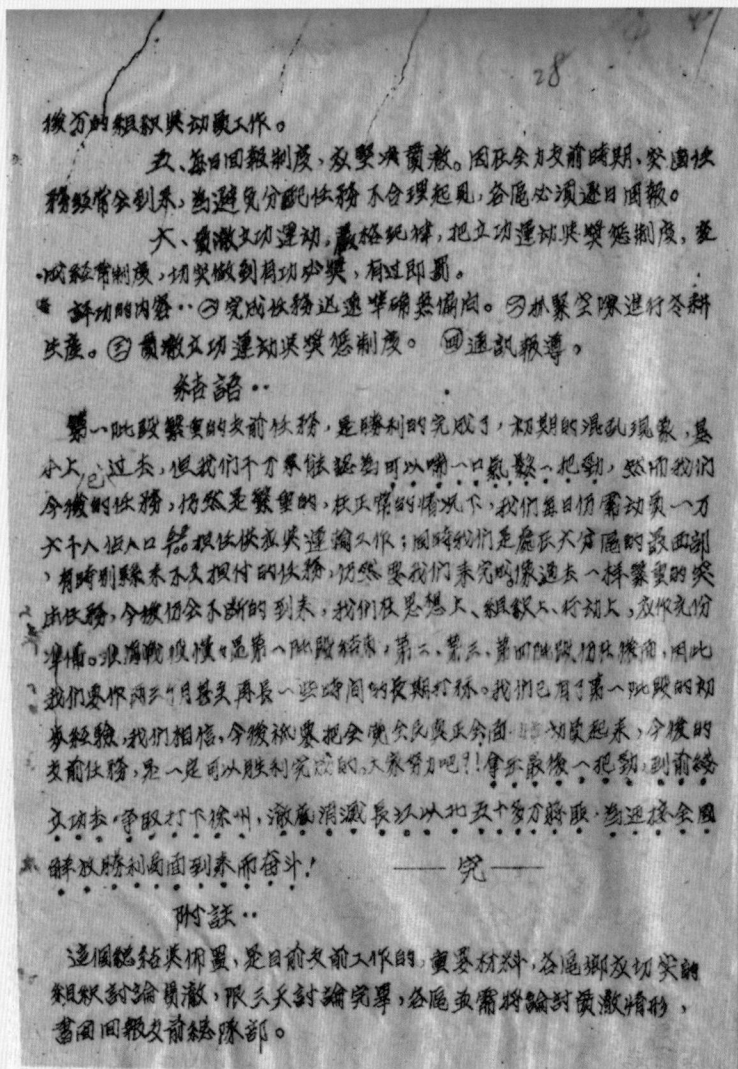

我干部，在陆集区清查户口中捕获敌人之情报组长，同时近两月来，各区不断发生偷窃干部与出发民工家中之锅、犁、衣服……等。

在支前任务繁重之际，大部分男子出发前线，后方所剩者，俱是老弱妇孺，因此后方治安工作，应极端重视，不能疏忽。

目前治安工作的任务：是巩固民工，维持后方治安，肃清潜伏敌特，保护公路、桥梁、面站、仓库等不受损害。为此必须：

1、对干、党、群必须进行锄保教育，提高干、党、群的阶级警惕性，发动全党全民动手检举与清查敌特，凡是发生小偷之地，应限期破案。党员干部如隐藏包庇敌特、坏人不检举者，根据具体情况，予以惩处，重则开除党籍。

2、广泛宣传党的宽大政策，要回归份（分）子立即向政府登记自新，否则逮捕交政府按法办理。

3、查获有国民党之进□，一律送县公安局，区乡无权释放。淮海战役跑回之曾干武装的土顽，如已自新者，说服他去公安总局受训，未自新者一律查送县公安局处理。

4、订（定）期的有重点的进行户口检查。

为着保证上述任务实现，各乡需要配备治安委员一人，结合每村一个治安委员，组成乡治安委员会，村建立治安小组，但男同志俱出发前线，治安工作可由妇女担任。

五、生产工作

过去二十天来，由于支前任务繁重，所有干部具皆集中力量进行支前，因而很自然的将生产工作放松了；但是有些少数区乡在整个支前中，他所担负的任务，并不像南边与西边的区乡重，然而由于干部在思想上，即认为"支前第一，生产不能搞，支前风头过去，再生产不迟。"在这错误的认识下，也就不去抓紧时间领导生产，他们没有认识到消减江北五十多万的蒋匪，不是半月一月所能办到，而是代（待）有比较长的一个时间，才能澈（彻）底消减，解放全华中；所以支前工作，也是较长时间的。同时也没有认识到，愈是在大规模的战争，全力支前的情况下，愈要抓紧一切空隙，组织未出发民工与回来民工的劳动力及半劳动力，进行生产，打下长期支持战争的基础。

根据报告，目前还有不少麦田未种，如刘集区有一百顷，太山区二十五顷，邵店区四顷，上岭区一部分，这些麦田，因为开始有水，后来天干地硬，缺乏牛力人力等原因，致使未能种下；在沙地还有个别鳏寡及回归分子缺乏籽种与劳力而未种，桃源区还有少数花生未筛。同时冬耕仅有个别地方开始，但大部分地方还未着手进行。另方面也有不少副业停顿，有些地方的副业坚持还好，如桃源区德高乡原有一百八十辆纺纱车，在大后勤中还有一百四十辆日夜纺纱。又如桃源乡三刘村的拐粉也未减多少。

根据上述情况，生产工作任务是：抓紧一切空隙，组织未出发之劳力与出发回来之民工及妇女、老头、儿童，进行冬耕与副业生产。必须做到：

1、麦子未种完地区，继续组织抢种，在原有的计划下，保证不抛一亩麦田，同时切实帮助解决缺乏籽种及鳏寡户的困难。

2、在今年冬季要将所有熟田冬耕一次。

3、各区乡在冬季应开熟荒（土改后抛的荒）五分之一，以便在明年春耕、夏耕、冬耕三个时期中全部消减熟荒。

4、开展副业生产，各区应很好运用单贷金作资本，组织半劳动力与生产困难户，进行拐粉、生豆芽、做豆腐、贩卖青菜、油盐……等，实行军民两利，以战备荒；特别是在公路与大路两旁更应很好组织，以解决民工吃菜之便。同时政府并抽出三百万元贷给顺河、唐湖、陆集三区（每区一百万元）靠近大路与野战医院驻地的生产困难户做资本。

5、保证今冬不卖一条牛，应切实保护牛草与动员儿童割荒草，解决牛草困难。

欲使生产工作贯彻下去，各区乡村，应最少留一头领导生产。同时应在自愿、等价的原则下，将劳动互助组组织起来。并在"歇人不歇牛"的口号下，充分运用牛力；但应爱护耕牛，不能过分使用，使牛力得到适当的休息，另方面应尽可能少用耕牛出后勤，便于从事冬耕。

冬耕生产是当前工作的组成部分，区乡领导同志须很好掌握，应切实组织留在家中的劳动力与刚出发回来之民工，特别是妇女劳动大军，在支前空隙中抓紧从事冬耕生产，我们既要保证百分之百完成支前任务，同时亦不能放松生产工作的领导。只有在支前任务特别繁重时，才能将他（它）暂时放弃一下；然而当该区乡的支前任务稍缓时，则又需迅速的领导生产，这就是我们解决支前与生产发生矛盾的方法。

丙、在繁重的支前任务中必须贯彻的几个问题：

一、进一步的贯彻支前思想教育，把思想教育变成经常性的渗透在每一个任务中结合进行，只有如此，才能使干、党、群的支前热情得以巩固与提高，因此必须：

1、回去应召开干部会议，进行时事教育，说明一年左右即可以，说明淮海战役我们有把握打下徐州，消灭徐蚌地区之五十多万蒋匪军，不仅解放全江北，而且也是解放全中国的主要关键；并把这一阶段的支前任务作以总结，并应进行表扬与批评；在这些基础上研究今后任务。

2、抓紧空隙，召开乡、村、庄群众会议，进行时事教育与表扬和批评，在支前中表现好与坏的民工。发动群众对此次所出民工、是否公平合理提出意见，号召群众出最后一把劲，踊跃支前，到前线去立功。

二、切实做到边用边整，充分准备人力物力、消灭不公平、不合理、干部包庇现象，这对完成繁重艰巨的支前任务，是有决定意义的。为此：

1、首批任务出发后，应立即的将留在家中的担架、小车、驴，分别编成小组、分队、中队，配备好干部；并将应出发之党员编成小组，以便迎接第二批任务。

2、完成任务复员回家之民工，应即进行评功检过（应侧重群纪方面）表扬模范，纠止缺点，以此巩固民工情绪，并号召他们准备继续到前线去，争取再做英雄、再立功。

3、在干部中进行思想教育，纠正特权思想，说明包庇、循情、放纵；是既违反政府法令，又违反党纪，是一个可耻的行为，是要受到法令与党纪两方面制裁，必须迅速纠正。

4、向群众进行广泛与深入、公平合理之宣传教育。

5、严格纪律，干部经教育不改，仍然包庇、徇情、受私者，应受处分；群众中如有尖头、一贯躲避后勤、经教育不改者，亦同时受到处分。

三、把已集中起来的担架队、运输队，真正变为农民大学、干部训练班，有系统进行时事、支前、阶级、群纪、□□等教育，经常性的进行评功检过，通过教育与评功检过的进行，有计划的发现与培养干部，和大量的发展党员，发展新民主主义青年团员。因此担架与运输队的干部要坚强。同时应组织支部，凡是参加担架与运输队的党员，应过起党的生活，支部除应保证上述任务的实现外，还应号召党员，关心与照顾民工生活，发扬吃苦在前、享福在后的精神。以此巩固与团结民工，保证按时完成任务。

四、保持必要的干部，掌握支前与生产工作。具体规定，区级正副区书正副区长各留一人，民运科长一人，及掌握民工情况、粮食的各留一人；同时每区还要各留三个区干，在家掌握整个支前与生产工作，不能调光，以防影响任务完成。乡级脱产生产之三个干部中，财粮委员不能调动，乡长与支书应留一个，如脱离生产中有一人出外，应立即配备起来，同时各级应配三套干部，特别要大胆提拔妇女干部，担任后方的组织与动员工作。

五、每日回报制度，应坚决贯彻。因在全力支前前期，突击任务经常会到来，为避免分配任务不合理起见，各区必须逐日回报。

六、贯彻立功运动，严格纪律，把立功运动与奖惩制度变成经常制度，切实做到有功必奖，有过即罚。

评功的内容：

一、完成任务迅速准确无偏向。

二、抓紧空隙进行冬耕生产。

三、贯彻立功运动与奖惩制度。

四、通讯报道。

结语：

第一阶段繁重的支前任务，是胜利的完成了，初期的混乱现象，基本已经过去，但我们千万不能认为可以喘一口气松一把劲，然而我们今后的任务，仍然是繁重的，在正常的情况下，我们每日仍需动员一万六千人担任供应与运输工作；同时我们是处在大分区的最西部，有时别县来不及担负的任务，仍然要我们来完成。像过去一样繁重的突击任务，今后仍会不断地到来，我们在思想上、组织上、行动上，应充分准备。淮海战役仅仅是第一阶段结束，第二、第三、第四阶段仍在后面，因此我们要作两三个月甚至再长一些时间的长期打算。我们已有了第一阶段的初步经验，我们相信，今后只要把全党全民真正动员起来，今后的支前任务，是一定可以胜利完成的。大家努力吧！拿出最后一把劲，到前线立功去，争取打下徐州，彻底消灭长江以北五十多万蒋匪，为迎接全国解放胜利局面到来而奋斗。

苏北支前司令部通令

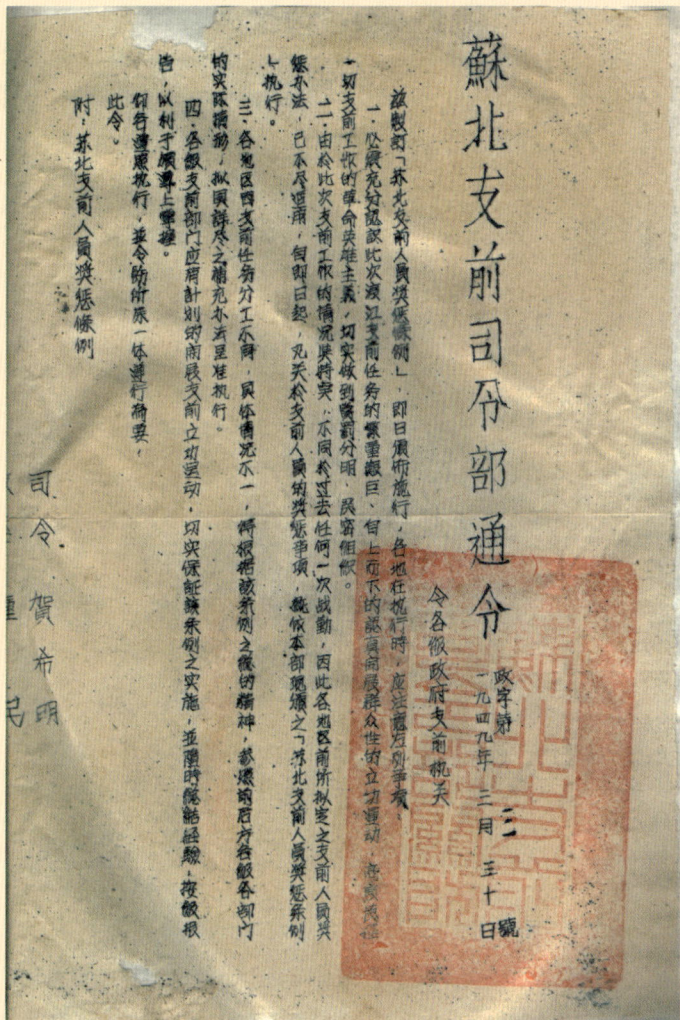

全文：

苏北支前司令部通令

政字第三号

一九四九年三月三十日

令各级政府支前机关：

　　兹制订《苏北支前人员奖惩条例》，即日颁布施行，各地在执行时，应注意左（下）列事项：

　　一、必须充分认识此次渡江支前任务的繁重艰巨，自上而下的认真开展群众性的立功运动，高度发扬一切支前工作的革命英雄主义，切实做到奖罚分明，严密组织。

　　二、由于此次支前工作的情况与特点，不同于过去任何一次战勤，因此各地区前所拟定之支前人员奖惩办法，已不尽适用，自即日起，凡关于支前人员的奖惩事项，概依本部现颁之《苏北支前人员奖惩条例》执行。

　　三、各地区因支前任务分工不同，具体情况不一，得依据该条例之总的精神，参照前后方各级各部门的实际情形，拟具详尽之补充办法呈准执行。

　　四、各级支前部门应有计划的开展支前立功运动，切实保证该条例之实施，并随时总结经验，按级报告，以利于领导上掌握。

　　此令。

　　附：苏北支前人员奖惩条例

司令　贺希明

政委　钟　民

蘇北支前人員獎懲條例

第一條：為全面動員人力物力支援前綫，鞏固支前組織，高度發揮前后方一切支前人員的羣众积极主義，堅决保証一切支前任务之完成，特訂定本條例。

第二條：凡我苏北各級各部门支前人員，不論其在前方或后方，不論干部與群众，个人或团体，在此次支前运动中，有功者，應依本条例評功奖励；犯过者，亦依本条例惩处之。其有關奖惩事項，應依本條例之規定处理之。

第三條：一切支前人員有下列条件之一者，均得分别進行評功：

甲．幹部方面：

一．对支前工作，一貫積極，勇於負責，坚决完成任务者。

二．正确执行上級政策與指示，能充分完成既決而好者。

三．以身作則，帶頭模範，团結羣众有成績者。

四．机智勇敢，不避艱險，于緊急情况下，能完成特殊任务者。

61 1

五．全心全意，克服困難，在工作中有所發明與創造者。

六．组织群众生產互助，拥軍参戰，切实做好后方動勤者。

七．动員時細緻深入，动員後耐心教育，干群關係打成一片，與有良好之作風者。

八．在工作中注意防奸反特，揭破謠言，查獲奸細，对維持治安有成績者。

乙．民工方面：

一．服從政府法令，自动参加支前，積極完成任务者。

二．吃苦耐劳，克服困難，团結推动別人，起骨干帶头作用者。

三．胆大机智，緊急情况中，能坚决服從命令，听指揮者。

四．認真执行政策，遵守紀律，得到駐地群众好評者。

五．爱護伤員、公粮、公物，在緊急关頭，未遭損失者。

六．揭穿謠言，查奸細，捉俘虜或繳獲歸公等有功者。

丙．集体方面：

一．支前期中民工無逃亡，或逃亡最少，民工鞏固者。

2

二．干群团結一致，發揮集体力量，及時完成任务有成績者。

三．遵守紀律政策與执行制度更為模範者。

四．在緊要关头，能自动積極完成緊急重要任务者。

五．立功人員最多，或立有某項特殊功勞者。

六．在後方能做到耕戰結合，確有成績者。

第四條：根据上列條件，各地各級支前机关及党、政，群众团体，應依據实际情况，由上而下，組織評功委員会，拟定具体办法，進行評功。

一．不論团体或个人，功分特等，一等、二等、三等四种。積四个三等功可評升為一個二等功；積三个二等功，可評升為一个一等功；積三个一等功，可評升為一个特等功。

二．評功時間，可各按具体情况決定之，一般可在某一任务告一段落或任務任务完成之后，進行評功與總結。

三．功不論大小須經群众評議，由下而上按級評定，特等功者，应呈云条件，呈报苏北支前司令部批准；一、二、三等功，按云條件，由前後方团，縣級机关評定，呈报

3

分支批准。

四．凡集体立功或个人立功，未按級評議，可向上級領导机关申請补核記功。

第五條：按功績大小，應当採用下列奖励办法：

一．当众表揚。

二．登报表揚，通令嘉奖。

三．獎日用品或奖旗，奖章、奖状等。

晉 四．晉級提升。

第六條：上列奖励办法，其第一項办法，可由領导評功会議之負責干部当场处理之、其第二項由区以上領导机关处理之；第三項之奖励由縣以上机关处理之；第四項办法、須按人事任免办法之規定处理之。

第七條：一切支前人員，犯有下列情形之一者，視其情節輕重，分别予以懲处：

甲．民工方面：

一．陰謀破坏，造謠惑众，煽动或带领逃跑者。

二．畏難脫逃，或中途开小差，致妨害战斗任务者。

三．不服從命令，不听指揮，有意違抗或動者。

四．損送公粮、公物马匹等，致遭損失或私自竊取者。

五．践踏伤病，故意拖宕，影响伤員治疗者。

4

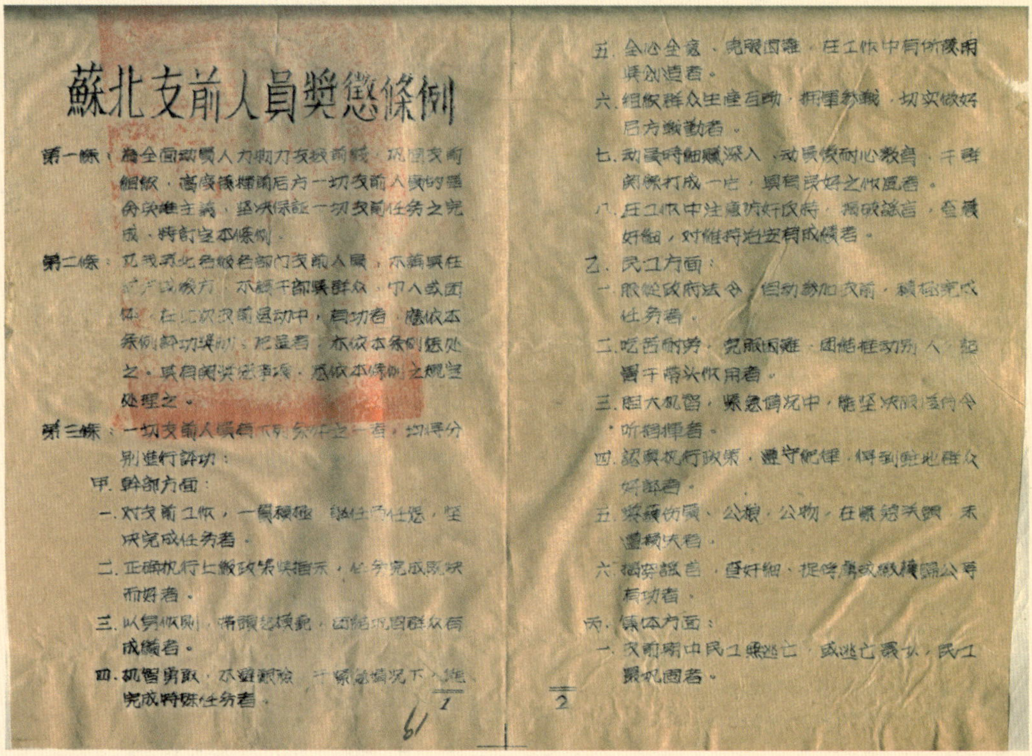

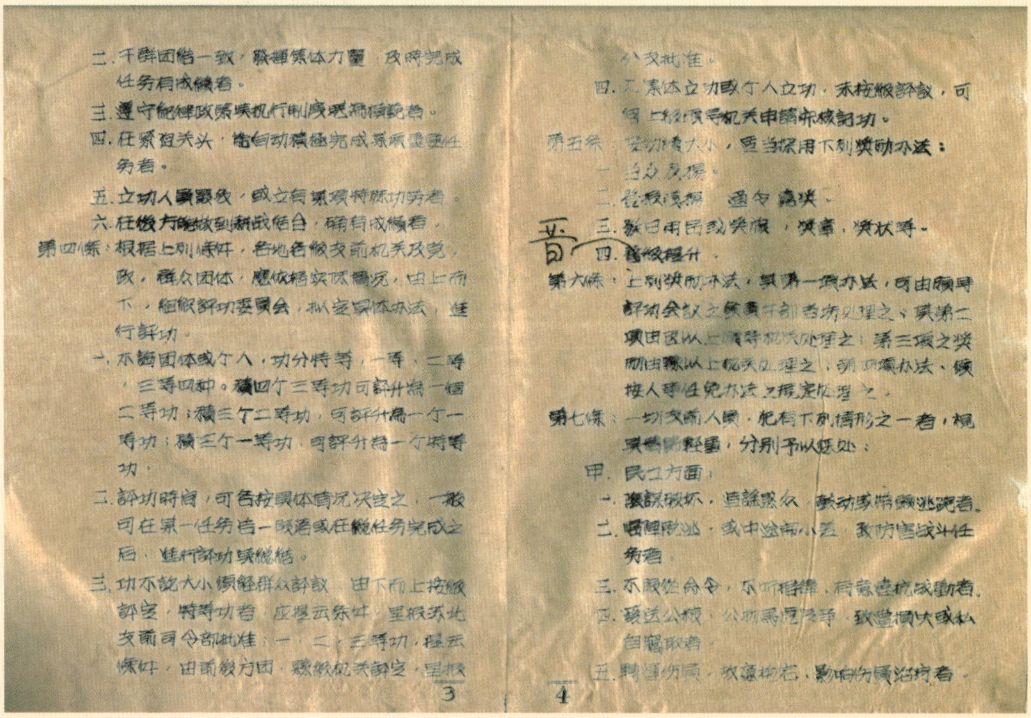

苏北支前人员奖惩条例

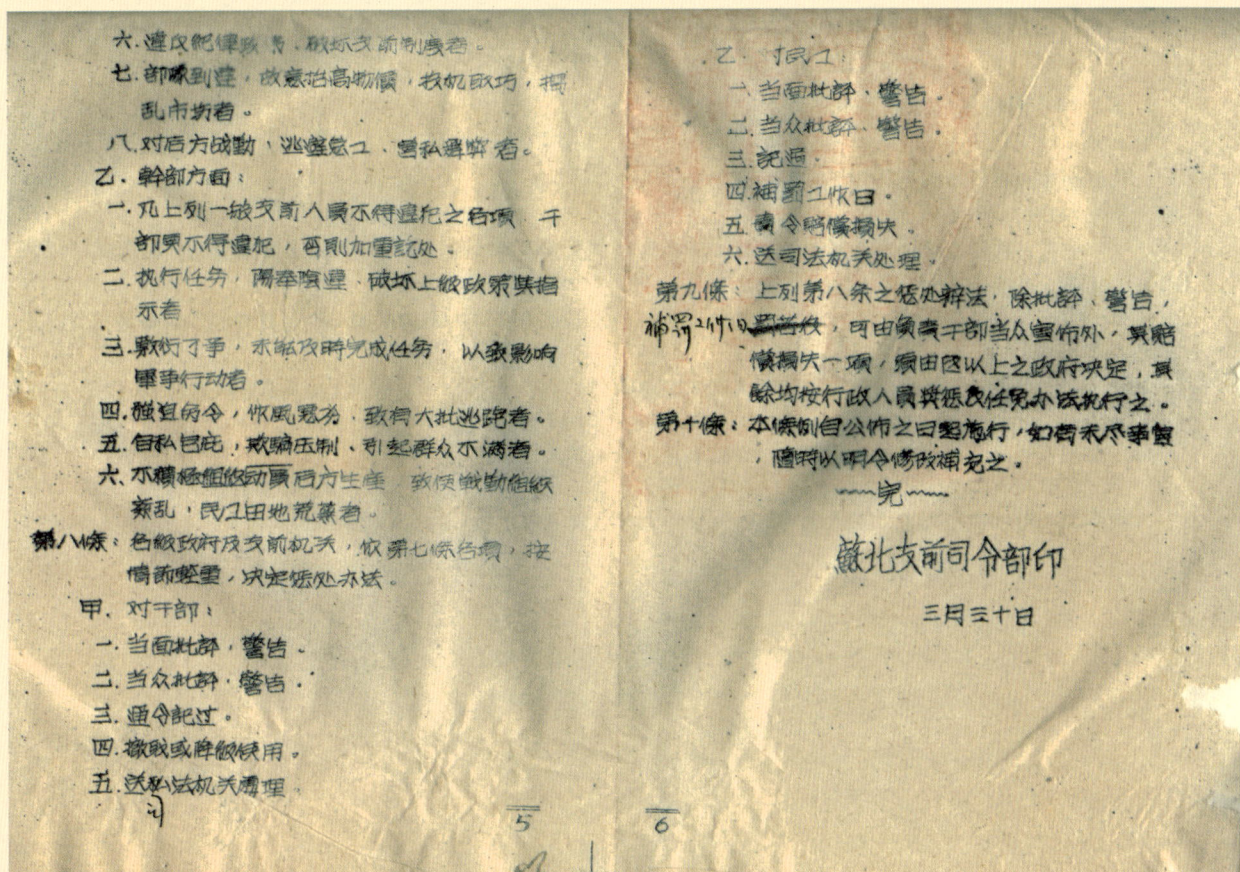

苏北支前人员奖惩条例

全文:

苏北支前人员奖惩条例

第一条 为全面动员人力物力支援前方，巩固支前组织，高度发挥前后方一切支前人员的革命英雄主义，坚决保证一切支前任务之完成，特订定本条例。

第二条 凡我苏北各级各部门支前人员，不论其在前方后方，不论干部和群众，个人或团体，在此次支前运动中，有功者，应依本条例评功奖励，违纪者，应依本条例惩处之。

第三条 一切积极参与支前工作的，均得分别进行评功。

甲、干部方面

一、对支前工作，一贯积极，能任劳任怨，坚决完成任务者。

二、正确执行上级政策和指示，任务完成既快而好者。

三、以身作则，带头起模范，团结巩固群众有成绩者。

四、机智勇敢，不避艰险，紧急情况下能完成特殊任务者。

五、全心全意、克服困难，在工作中有所发明与创造者。

六、组织群众生产互助，拥军参战，切实做好后方战勤者。

七、动员时细腻深入，动员后耐心教育，干群关系打成一片，具有良好之作风者。

八、在工作中注意防奸反特，揭破谣言，查获奸细，对维持治安有成绩者。

乙、民工方面

一、服从政府法令，自动参加支前，积极完成任务者。

二、吃苦耐劳，克服困难，团结推动别人，起骨干带头作用者。

三、胆大机智，紧急情况中，能坚决服从命令，听指挥者。

四、认真执行政策，遵守纪律，得到驻地群众好评者。

五、爱护伤员、公粮、公物，在紧急关头，未遭损失者。

六、揭穿谣言，查奸细，捉俘虏或缴械归公等有功者。

丙、集体方面

一、支前期中民工无逃亡，或逃亡最少，民工最巩固者。

二、干群团结一致，发挥集体力量，及时完成任务有成绩者。

三、遵守纪律政策，与执行制度成为模范者。

四、在紧迫关头，能自动积极完成某项重要任务者。

五、立功人员最多，或立有某项特殊功劳者。

六、在后方能做到耕战结合，确有成绩者。

第四条　根据上列条件，各地各级支前机关及党政，群众团体，应依据实际情况，由上而下，组织评功委员会，拟定具体办法，进行评功。

一、不论团体或个人，功分特等，一等，二等，三等四种。积四个三等功可评升为一个二等功；积三个二等功，可评升为一个一等功；积三个一等功，可评升为一个特等功。

二、评功时间，可各按具体情况决定之，一般可在某一任务告一段落或在总任务完成之后，进行评功总结。

三、功不论大小须经群众评议，由下而上按级评定，特等功者，应提出条件，呈报苏北支前司令部批准；一、二、三等功，提出条件，由前后方团、县级机关评定，呈报分支批准。

四、凡集体立功或个人立功，未按级评议，可向上级领导机关申请审核记功。

第五条　按功绩大小，适当采用下列奖励办法：

一、当众表扬。

二、登报表扬，通令嘉奖。

三、发日用品或奖旗，奖章，奖状等。

四、晋级提升。

第六条　上列奖励办法，其第一项办法，可由领导评功会议之负责干部当场处理之：其第二项由区以上领导机关处理之；第三项之奖励由县以上机关处理之；第四项办法，须按人事任免办法之规定处理之。

第七条 一切支前人员，把有下列情形之一者，视具情节轻重，分别予以惩处。

甲、民工方面

一、阴谋破坏，造谣惑众，鼓动或带头逃跑者。

二、临阵脱逃，或中途开小差，致防（妨）害战斗任务者。

三、不服从命令，不听指挥，有意违抗战勤者。

四、护送公粮、公物马虎从事，致遭损失或私自窃取者。

五、转运伤员，故意拖延，影响伤员治疗者。

六、违反纪律政策，破坏支前制度者。

七、部队到达，故意抬高物价，投机取巧，扰乱市场者。

八、对后方战勤，逃避怠工，营私舞弊者。

乙、干部方面

一、凡上列一般支前人员不得违犯之各项，干部员工不得违反，否则加重论处。

二、执行任务，阳奉阴违，破坏上级政策与指示者。

三、敷衍了事，未能及时完成任务，以致影响军事行动者。

四、强迫命令，作风恶劣，致有大批逃跑者。

五、自私包庇，欺骗压制，引起群众不满者。

六、不积极动员组织后方生产，致使战勤组织紊乱，民工田地荒芜者。

第八条 各级政府及支前机关，依第七条各项，按情节轻重，决定惩处办法。

甲、对干部：

一、当面批评、警告

二、当众批评、警告

三、通令记过

四、撤职或降级使用

五、送司法机关处理

乙、对民工：

一、当面批评、警告

二、当众批评、警告

三、记过

四、补罚工作日

五、责令赔偿损失

六、送司法机关处理

第九条 上列第八条之惩处办法，除批评、警告，补罚工作日，可由负责干部当众宣布外，其赔偿损失一项，须由区以上之政府决定，其余均按行政人员奖惩及任免办法执行之。

第十条 本条例自公布之日起施行，如有未尽事宜，随时以明令修改补充之。

完

苏北支前司令部（印）

三月三十日

淮海全党全民总动员支前方案

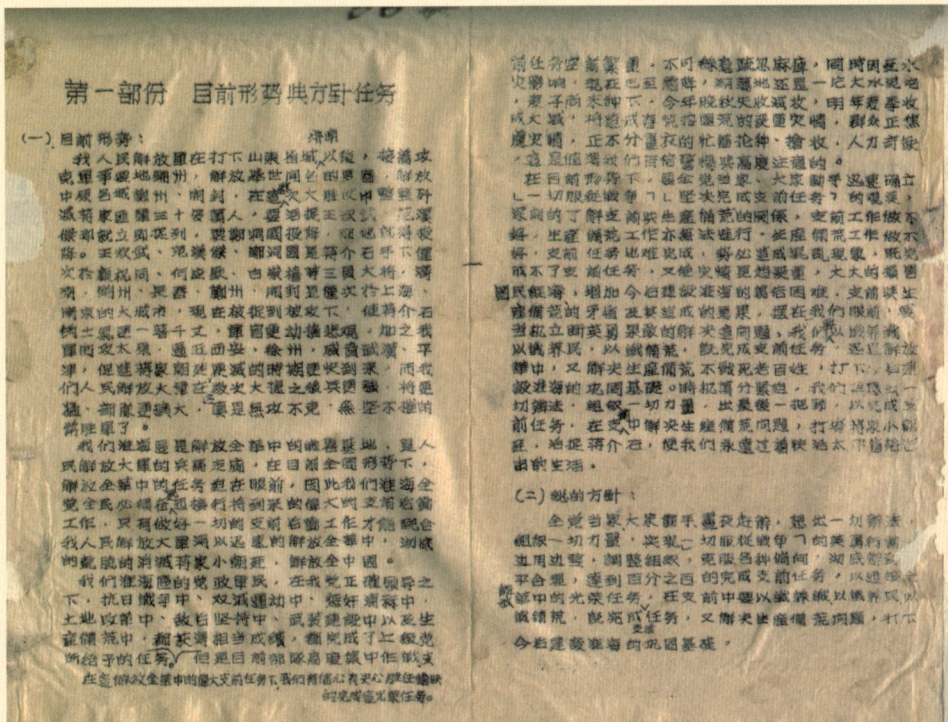

淮海全党全民总动员支前方案

全文:

淮海全党全民总动员支前方案

第一部分 目前形势与方针任务

（一）目前形势：

我人民解放军在打下山东省城济南以后，接着攻克军事要地锦州，解放举世闻名的长春，解放中原名城郑州、开封，在这数次大胜仗中整整歼灭蒋家匪军三十多万人，要活捉王耀武、范汉杰那就立即捉到，要郑洞国投降，那他就得投降。王耀武、范汉杰、郑洞国是蒋介石手下仅次于顾祝同、何应钦、白崇禧等三员大将，济南、锦州、长春、郑州、开封是仅次于上海、南京的大城市，现在被捉到被攻下，使蒋介石的士气更一落千丈，军官更动摇悲观，加之我军围攻太原，逼近西安、徐州，威胁武汉、平津，促进蒋家朝廷覆灭的时期更快到来，而我们人民解放大军在这数次大捷之后兵更强、将更猛、部队更壮大，真是无攻不克，无坚不摧的常胜军了。

我们淮海区是解放全华中的战略基地，是人民解放大军的兵马走廊，在目前全国形势下，解放全华中的任务迫在眼前，因此我们淮海全党全民必须奋起迎接即将到来的伟大的支前后勤工作，只有做好一切的支前后勤工作才能配合我人民解放大军得以迅速的解放全华中，彻底的干脆的消灭蒋家小朝廷，解放全中国。

我们淮海区的党政军民，在我党正确领导之下，抗日战争中、双减运动中、惩奸清算中、土地改革中、敌后坚持中、武装建设中以及生产备荒中，都获得了相当成绩，都完成了上级党所给予的任务。在这解放全华中的伟大支前任务下，我们有信心有决心胜任愉快的完成这光荣任务。但是目前部队高度集中作战支前任务空前繁重，不可丝毫疏忽麻痹，同时因受水灾影响，现在已至霜降，湖荡地还是一片大水泥沱，麦子尚未种下，今年晚秋失收减收，明年麦季收成大减，将造成春荒接夏荒的严重灾情，群众正焦虑灾情，正不分昼夜的忙着□种、抢收，人力奇缺，这是值得我们百倍警惕与高度注意的。

在目前形势下，要全党当家，大家动手迅速确立"一切服从战争"、"坚决完成支前任务"的观点，深刻的了解支前与生产备荒的关系，支前工作做不好，生产备荒工作亦无法进行，生产备荒工作做不好，支前任务也难完成，势必造成混乱现象，既完成不了支前任务，又使灾情更趋沉重，大大的损害国民经济，增加今后建设淮海的万倍困难，支前与生产备荒的矛盾及其造成的恶果，摆在我们眼前，要当机立断英勇果敢的解决这问题，我们要以战养战，以战养民，以战备荒，既完成支前任务，迅速解放华中，又解决生产备荒不饿死老百姓，打下今后建设淮海的巩固基础。时机（间）万分紧迫，我们要想出一切办法，组织一切力量，出最后一把劲，以完成支前任务，在支前中解决生产备荒问题，打垮蒋家小朝廷，活捉蒋介石，使我们永远过着快活太平富裕自由的生活。

（二）总的方针：

全党当家大家动手，昼夜赶办，想出一切办法，组织一切力量，实现"一切服从战争"的英勇行动，边用边整，调整组织，克服各种偏向，彻底办到【公】平合理，达到百分之百的完成支前任务，以迎接解放全华中的光荣任务，在支前中要以战养战以战养民以战备荒，既完成支前任务，又解决生产备荒问题，打下今后建设淮海的巩固基础。

（三）任务：

1、目前许多干群党员厌倦疲沓，基层组织散漫松懈，针对着这些偏向，进行目前形势教育，以鼓舞干群党员革命热情，参加支前各种工作，将本地区所有男的女的老的小的教师学生青年儿童以及各行各业均鼓舞起来按其能力，自觉自发的担任一定的支前工作，尤其党员干部要带头出工。与民工同艰苦共患难深入群众宣传教育，以实际行动影响群众，掀起全地区为解放全华中而英勇奋斗的热潮。

2、全党动手起来，昼夜整理后勤清算工作，克服包庇徇情现象，挤出民工，达到组织全面力量，出长短民工占人口数的比例：在老解放区要达到百分之八以上，新解放区要达到百分之五，做到全面动员，减轻老解放区负担。同时边用边学，随时发现问题随时处理，随时教育从实际（□□）问题中反复教育，使基本群众基层干部深刻了解"为谁作战"、"为谁出后勤"，达到诚心诚意爱护部队，解决困难，保证部队供给，保证驻军后勤做好，鼓励战士情绪，发挥高度作战效力，对公路桥梁大道均应修筑好，以便部队行动迅速，粮食弹药遵期送达。

3、彻底解决支前与生产矛盾，支前工作是为着生产备荒，而生产备荒又是支前的物质基础，支前工作搞不好，生产备荒工作亦垮台，生产备荒做不好，支前任务也难完成。我们要既完成支前任务又解决生产备荒工作，缩小灾情，减轻灾情，打下解放全华中后我淮海大生产建设的巩固基础。

4、发现党政军民组织中及各级干部中有英勇事迹，典型经验，及时表扬奖励，发现偏向及时教育处理纠正，做到赏罚分明，必要时进行调整组织调整干部，将干群政治认识工作效力提高一步。

5、在战时的工作作风上要做到英勇奋斗、克服困难、敏捷准确、完成任务、少说空话、多做工作、深入细致、依靠群众，发扬积极性、创造性，不浪费时间，不耽误事情，充分准备灵活调度，在被动中争取主动，坚决反对打骂欺骗强迫拖沓的恶劣习气。

第二部分 怎样克服困难完成任务的几个具体问题

（一）怎样克服干群思想上的毛病：

1、干群思想上有些怕吃苦、怕耽误生产、怕飞机、怕上前线、怕不按期用兵。有些干部将支前与生产备荒分裂开来看，有的看成支前完全是行政上事，还有存在着功臣思想，认为干多少年代工作出后勤不上算，怕恼人在审干时惹祸，怕工作积极会机动，有的认为出过大后勤没问题思想麻痹放松，不积极整理，有些群众藉做生意找工作做，不归家躲后勤、多报岁数、装病、一人住两处（两个家）两头滑不出后勤，还有一种民主过度的无政府思想。

2、要纠正干群思想毛病，必须以大会号召，小会讨论，个别漫谈，打通为谁作战，为谁出后勤，培养典型带头，由党内到党外反复检讨，通过实际问题，耐心进行教育，并树立支前立功最光荣，开小差躲后勤最可耻的观点。

（二）组织全面力量，健全战时各级支前组织：

1、分区、县、区、乡、村按组成立"支前生产备荒委员会"以党政军及群众团体各主要负责人共五至十三人组成之，分区支前生产备荒委员会以地委书记当主任委员，副书记及专员为副主任委员，组织部部长为动员部部长，民政局局长为副部长。宣传部部长为宣慰部部长，文教处处长为副部长，财经处

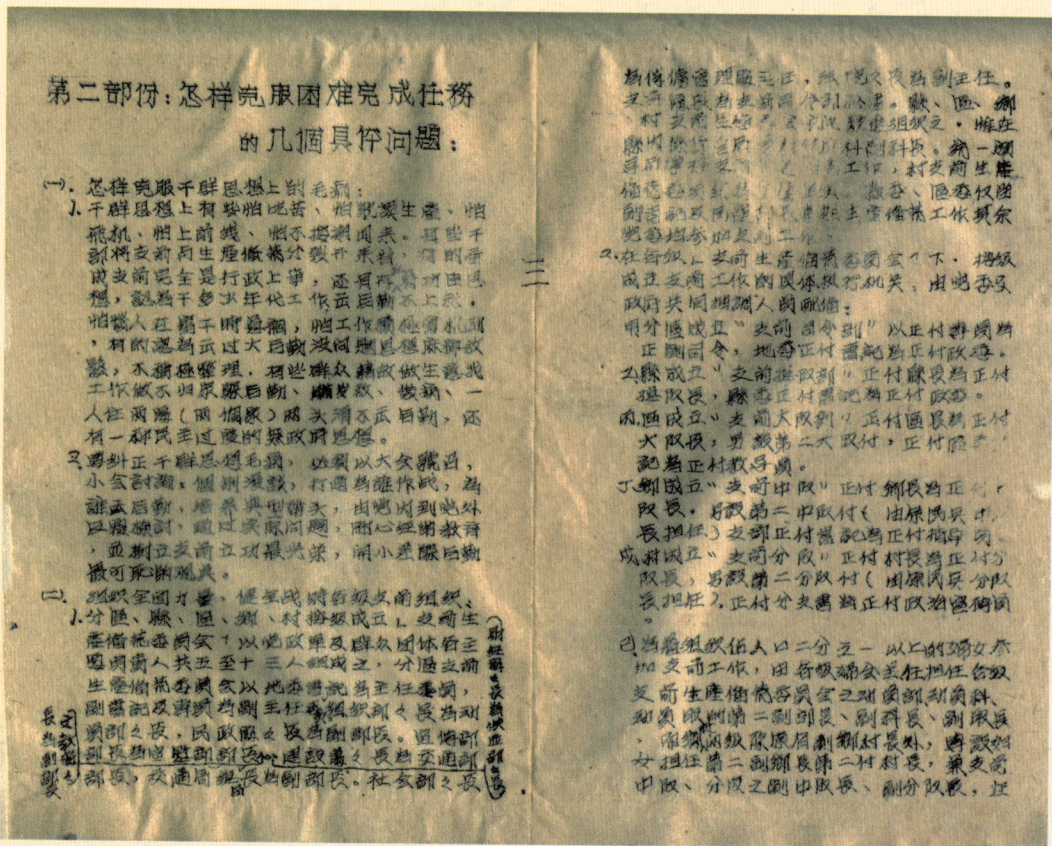

处长为供应部部长，建设处处长为交通部部长，交通局局长为副部长。社会部部长为俘虏管理处主任，法院院长为副主任。支前部部长为支前司令部司令员。

2、在各级"支前生产备荒委员会"下，按级成立支前工作的具体执行机关，由党委及政府共同抽调人员配备：

甲、分区成立"支前司令部"以正副专员为正副司令，地委正副书记为正副政委。

乙、县成立"支前总队部"正副县长为正副总队长，县委正副书记为正副政委。

丙、区成立"支前大队部"正副区长为正副大队长，另设第二大队副，正副区委书记为正副教导员。

丁、乡成立"支前中队"正副乡长为正副中队长，另设第二中队副（由原民兵中队长担任）支部正副书记为正副指导员。

戊、村成立"支前分队"正副村长为正副分队长，另设第二分队副（由原民兵分队长担任），正副分支书为正副政治宣传员。

己、为着组织占人口二分之一以上的妇女参加支前工作，由各级妇会主任担任各级支前生产备荒委员会之动员部、动员科、动员队的第二副部长、副科长、副队长，而乡村两级除原有副乡村长外，专设妇女担任第二副乡长第二副村长，兼支前中队、分队之副中队长、副分队长。在乡村要单独组织妇女支前中队、分队，由女副乡村长兼任妇女支前中队长、分队长，原有乡村妇会主任兼任副中队长、副分队长，在行政小组内专设妇女为行政组组长。

庚、推动各级组织系统具体分配后勤工作，新民主主义青年团、青联会、儿童团、各学校教师、学生，专门负责慰问工作及其才能胜任的其他支前工作。

辛、充分准备几期民工、几套带队干部，作为机动力量，准备好担架、小车、牛车、口粮，一切待命迅速集中出发，利用一切空隙及时休整整理工具以适应军事上的要求。

3、各级支前机关除受同级党委领导外，并直接受上级支前机关领导，今后凡三个以上党员出发支前时立即成立党的小组，教育团结民工，保证任务完成。

附：各级支前机构组织系统表：

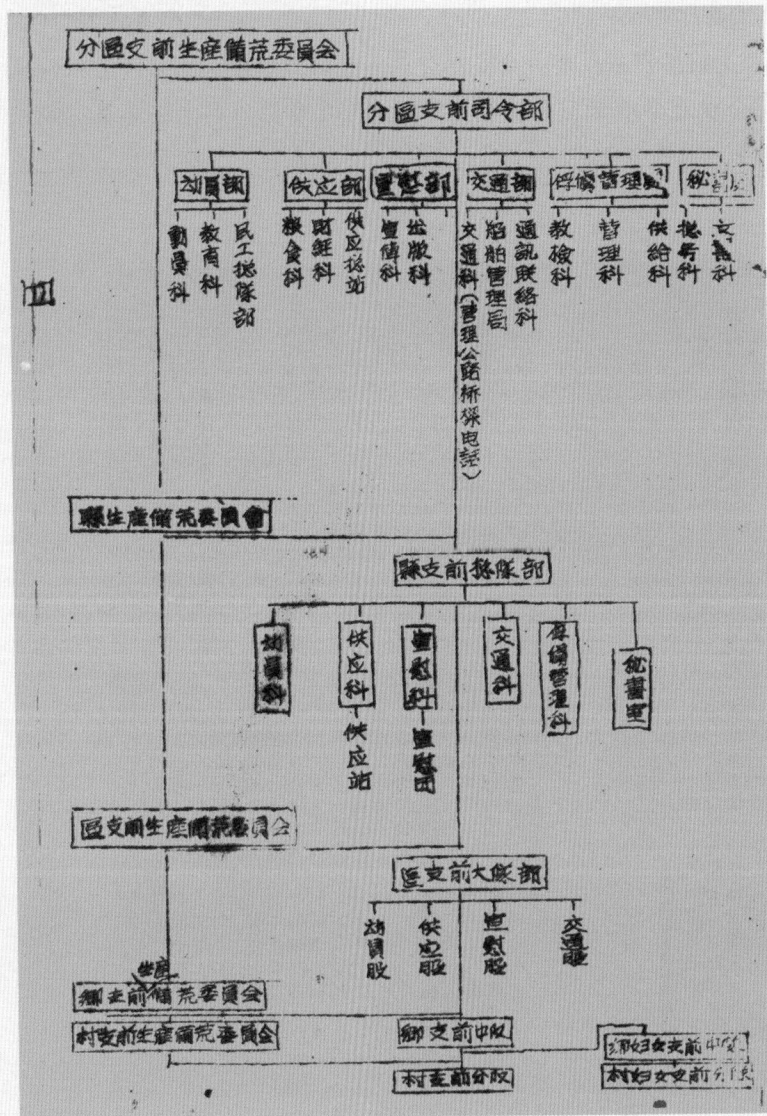

（二）严格执行制度节省民力，做到公平合理：

1、严格执行六大制度：

"三快制度"：是传达命令快、民工集合到达快、完成任务快。

"计工制度"：分区、县、区专人记工，即时公布，乡村组的记工员由不摊后勤的军荣列属或其他正直无私的人担任，做整天后勤计一个工，做半天后勤计半天工，每个民工自备记功证明示后勤天数，（最好有请工机关负责人证明服务几天）每十天就结算一次工帐在行政小组会上报告，并在黑板报上公布。

"汇报制度"：按期向上级汇报工作。

"奖惩制度"：由下至上的民主评功做到赏罚严明鼓励士气。

"供给制度"：

a、确保前方供给，磨面由专人负责，要求又白又细不潮不毛不坏，推得多、送得快，运送时村组要称之每辆车斤数，干部亲自深入检查民工保证不偷不吃过秤后要收据。

b、民工经常保持三天预备口粮，出证到县集合后由民兵支队部或大队部统一领取发还，以免遗漏不还，以少报多，或挨饿等现象产生。

"支请民工制度"：

①凡主力部队作战行动所需之民工，必须经驻地指挥机关之批准，统一确定任务，由分区支前机关统一负责调度支援；

②分区主力作战所需之民工也经分区支前机关统一调度支援。

③凡主力部队后方机关（医院、仓库、供给部）及驻在本地区域内之各级兵站友邻地区之物资转运等所需用民工，均须经主要负责人之介绍，（一般应经县团以上机关之介绍，但仍用空白之介绍信应一概拒绝）方得按如下规定支前民工：

a、五十个以内可向区动员。

b、五十个至一百个应经县批准动员。

c、一百个以上应经分区支前机关批准动员。

④本地区各直属机关所须用之民工，分区一级（包括地委、专署、分区、各直属机关，如卫生部、供给部、工厂、医院等）均需经分区支前机关批准动员，县署机关均需经县支前机关批准动员。

⑤凡比较固定之机关如分区卫生部、工厂、淮海医院、荣营局等及住在本地区域内之各级兵站，均应按月造报预算，经分区后勤机关留核（县署机关向县支前机关造报预算），采取如下办法解决：

a、根据需要固定划给一定区乡范围直接支援，但需掌握负担情况，经常调换，并在战勤任务紧张时，批准机关随时可通知停止直接支援（凡各机关未经批准自行控制之区乡，应即担乡支援）。

b、报备需要由批准机关按期动员一定数量之常备民工，（可以缩短期限）轮流服务。

2、实行包工运输公私两利，使用牛驴等畜力及船只运输，节省人力，深入检查，克服浪费现象，加强政治教育及时评功检过，鼓励情绪增加工作效力。

3、在打通思想酝酿成熟后，在行政小组会上自报互比谁摊"常工"、"短工"、"免工"，民主评定出榜公布后经上级批准，即行决定。对躲后勤者，必须再三说服其家庭、本人、出民工，凡撤职开小差的干部毫不例外一律去后勤。对开小差的民工除酌情惩罚外还需纳工。工少的先出补足工数做到公平合理。

（四）彻底解决支前与生产备荒的矛盾：

1、民工互助生产有几种形式：

①常互常、短互短、长短代军属。②自助结合成互助小组，在家民工警示后勤者互助生产。③由全村或全行政组、轮流分工替出发家庭解决生产。④由出发民工交代生产任务给村长、组长；缺什么互什么；⑤支民工代耕，替出发民工生产的人记工帐抵后勤工帐，这些形式内容都可实行。但必须"贯彻"保证当收即收，当种即种，生产不荒芜，今后在农闲季节在副业上互助，采取由出发的民工家庭出资本给人生产分红，或帮助其家庭副业生产。

2、大军到达时，需要大批食物及日用必需品，要组织群众大量磨面、拐粉、磨豆腐、生豆芽、贩蔬菜、打油运盐、随军做小生意、这些生产销路必畅，有利可图，而且又做到平抑物价，保证供给，真是公私两利，以战养民，以战救灾。

3、实行包运制：规定服役运输及救灾运输的起码工资，在战勤运输中获得利润。

4、组织妇女老弱从事农业及副业生产，尤其是妇女要学会耕田、掳麦、撒种及其他农业生产主要技术。

5、使用大车、牛、驴、船只运输节省人力。

6、因土质不同，地势高洼不同，农忙季节亦不同，掌握农业忙闲的季节调剂民力照顾生产。

7、服务民工帮助住地群众生产，解决人、物的缺乏。

8、多打木柴，多拾烧草，公草储存，每家打够睡一个班人铺的草毡子，以保护牛草。

9、由专人替贫苦的老、弱、残、独及极穷的人家订生产计划督促生产自给，不要救济。

10、在乡村干部能力薄弱、支前任务繁重而生产备荒不可疏忽的条件下，乡村干部中专门指定负责生产的干部一人掌握生产工作，解决支前再生产的矛盾，组织妇女老弱及在家未出发之民工做生产备荒工作。

（五）加强驻军后勤工作：

1、各村组织尽量挤出好房子、好桌椅、床铺留着部队用。

2、部队进住宿营干部需迅即迎上去（不准躲）主动联系，解决看房子，借用具体困难，发动妇女儿童慰问烧茶、烧洗脚水、缝洗和组织欢迎会、欢送会等。

3、部队行军中要负责带路，设茶水站、扎松门窗标语、组织秧歌队慰问，如其实在累了实在万分困难时民众主动提出送一程等。

4、区、乡、村政府在要道上设办公处，门口挂牌子，以解决行军中的临时困难。

（六）新收复区支前工作：加强目前形势教育，通过倒苦水、复仇以激励其阶级觉悟，启发其支前热情，确立为谁出战思想，把支前再生产备荒结合进行，通过后勤教育群众，开展党群组织，打下工作初步基础。

（七）熟读支前手册、立功条例、惩处条件，什么人应出后勤及其他有关支前之条例法令等，精通业务以便贯彻执行。

（八）所有牛车、小车均应修理好，并利用农闲将所有大车路修理好，尤其交通沟的缺口要铲坡以便牛车、小车、炮通过，每乡要有合乎规定的十五付担架床，有损坏的要修好，缺少数字要新打补齐。

地委

1948.10.27

加强目前形势教育，通过倒苦水、役优以
激励其阶级觉悟，启发其支前热情，确立
拥护武侠思想，把支前内生产恢复结合进
行，通过后勤教育群众，开展党群组织。打
下工作初步基础。

七．熟读支前手册、立功条例、慰劳条件，什
么人应武区勤及其他有关支前之条例法令
等，精通业务以便贯澈执行。

八．所有牛车、小车均应修理好，并利用农闲
将所有大车路修理好，尤其交通河断缺口
等剧坡以便牛车、小车、炮通过。每然区
有会委规定的十五村担架床，相损坏的要
修好，缺少数字要新打补齐。

七

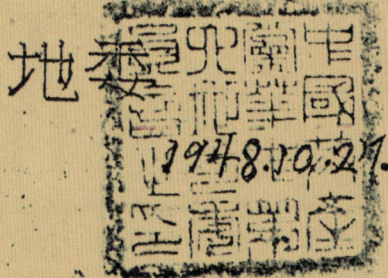

淮海全党全民总动员支前方案

《渡江战役苏北支前工作总结》

保管单位：泗阳县档案馆

内容及评价：

　　该档案总结了苏北支前工作面临的困难和问题，总结了淮海战役支前的经验以及如何发动群众做好渡江战役的粮草供应、道路修筑、通讯保障等工作的情况。对研究淮海战役、渡江战役前后苏北支前工作具有宝贵的史料价值，同时也是进行革命历史教育和爱国主义教育的鲜活教材。

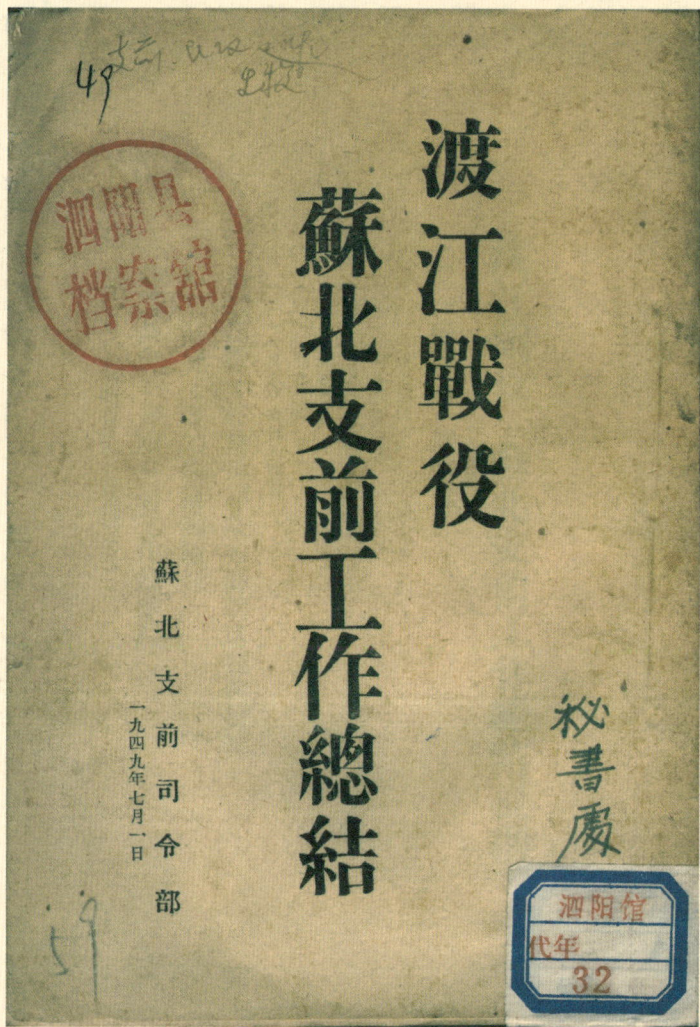

渡江战役苏北支前工作总结

渡江戰役—蘇北支前工作總結提綱

第一部份：一般概況
（一）民力動員
（二）糧草油鹽供應
（三）支前經費支出
（四）船船動員
（五）交通建設
（六）其他主要器材物資

第二部份：組織領導及方針的掌握與貫澈
第三部份：總的收獲與檢討
第四部份：幾項具體工作的經驗
（一）民力動員工作中的幾個問題

渡江战役苏北支前工作总结提纲

—2—

的，就是在這次任務中，除一般民力與物力動員外，更增加一項新的而且也是較為困難的關於渡江船的的動員與組織任務，這在我們所負擔的全部任務中，也是主要的。由於在淮海戰役中，北部淮（陰）鹽（城）專區負擔過重，人力物力，異常疲乏與枯竭，且因地理形勢不保。但我們的整子是以南部泰（州）、揚（州）、南（通）三專區行為重點。供我軍中糧食供應，各分區的負擔比重，一般還比較不勻，開始在兩淮地區負擔以鹽（城）專區為主。而後在後來接近渡江前的一個時期，部隊雲集這些地區，則是由揚、泰、通及長江工委各地區界位，民工動員則以鹽（城）專區為主。而靠近接近渡江前的一個時期，部隊雲集江邊，所有臨時徵發的一切任務，尤其是器材供應等，另南通專區也負擔一部份。...不少困難。

一次渡江支前中是比較更易聚臨艱鉅的。在這次渡江支前的整個過程中，輕鬆我們是具備了若干有利條件：主要的如戰爭形勢的完全主動...大部新區的收復與開展，新增了地厚的人力與物力資源；同時也比較的精彩了若干次尤其是淮海戰役常中的支前經驗。但另一方面，常時也還存在若干新與舊情況：首先就是大批幹部的機動、調出，領導機構的改組，幹部情緒波動，一時向未穩定。其次，由於北部淮（陰）鹽（城）專區及南部的部份地區奔宪的威脅，與日俱增，再如北部淮（陰）鹽（城）專區多數...一切接收接收領導幹部多數是新提拔的，向在積極活動破壞，加之這些地區幹部多數是新提拔的，缺乏經驗。所有這些，都增加了我們對這次支前任務的，過去尚沒有租像這樣子的支前任務。

—3—

此次支前工作的各項統計：

（一）民力動員
甲、隨軍渡江的：一、服務半年為期的隨軍常備民工，計10,500人，內擔架1,500付，挑子73,000付。二、臨時民工（原動員是服務四個月）計52,704人，內擔架七四三付，小車四、一五二輛。三、渡江船工計四、一五一○人。四、渡江幹部約一九、○○○人，內郷以上幹部約6000人。...人員共計一二三、七一四人。

乙、二線服務民力（即由聲支或分區轉運任務的）一、臨時民工二、○○○人，內擔架一、二○○付，小車五、九○○輛，挑子四、五○○付。二、船工計四、五○○人，內郷以上幹部約四、五○○人。綜上二線幹郷民工共計人員為七七、三○○人。

丙、後方修路修橋及短途運糧等，前後參加的人數為一、四六四、○○○人，（內中有的做一天有的做三五天，有的做十天半月，詳細工數未能統計出來）。

（二）糧草油鹽供應
甲、糧食供應（從兩淮供應時期起算）一、就地供應糧三、○八萬斤。二、運途上海的三、六○○萬斤。三、運送過江的糧四、二六○萬斤。綜上共消耗糧食總數為三二、七四八萬斤。（折加工糧二、八○○萬斤）四、鄭糧工替糧一、八○○萬斤。

乙、草的供應：三二、六○○萬斤。

《淮海担运团第六营于京沪杭战役服务期中的工作全面总结》

保管单位：泗阳县档案馆

内容及评价：

该档案共47页，小楷毛笔书写。总结了淮海担运团第六营在解放军渡江南下的前中后期，支前工作在思想动员、组织分配、分工落实、党员干部模范作用、政工教育、立功受奖等方面的情况，并用统计表格的形式详细记录了支前的物资、服务伤员的人数、次数等，真实地还原了支前工作的全过程，具有重要的史料价值。

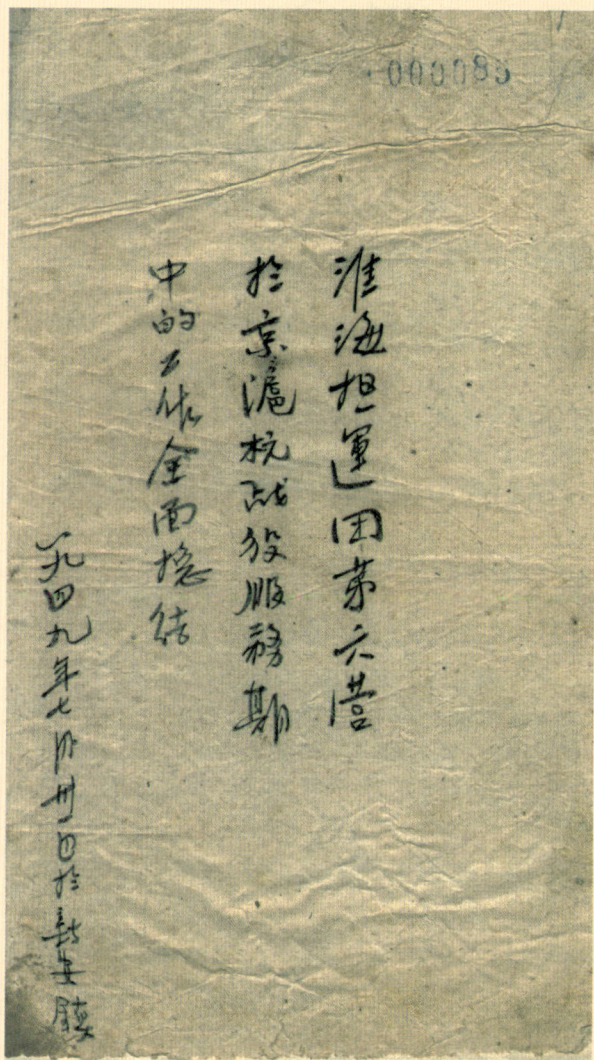

苏北第六行政区专员公署档案

（1）苏北第六行政区专员公署关于推进知识青年到新区工作的通令

保管单位：沭阳县档案馆

内容及评价：

　　按照党中央和中共华中工委的指示，中共华中六地委要求各县抽调一部分县区乡干部，以配合渡江大军解放江南各地区后，及时接管新建立的民主政权。各县委积极响应上级号召，迅速组织干部到地委报到集中培训。与此同时，各县中学动员知识青年参加新区工作的进程却滞后，1949年3月18日，苏皖边区第六行政区专员公署为此下发通令，批评有关中学，要求他们做好检讨，提高政治认识，更快推进知识青年到新区工作。该通令充分反映了苏北第六行政区专员公署的施政特点，具有重要的史料和研究价值。

苏北第六行政区专员公署通令

　　注：陈亚昌，时任苏皖边区第六行政区公署专员，兼任第六分区支前司令。

全文：

苏北第六行政区专员公署通令

中华民国三十八年三月十八日

令各县县政府、中学：

　　查动员知识青年参加新区工作，乃为适应当前革命形势需要之任务，其政治意义至为重大；即在贯彻新型正规化的教育方针上亦为其基本内容，应当有足够重视和高度负责精神来完成这一任务，即有困难亦须加意（以）克服，尽一切努力，期收应有成效，关于动员的方式、口号虽经明确提出、其宣传动员认真深入的固然不少，而采取办公事的态度、轻视、敷衍马马虎虎视为"莫须"的亦很多，因之时间一再蹉延，而完成任务之数目却相差甚大，在执行这一政治任务上，应深刻检讨，纠正思想认识和工作作风中的不良倾向。

　　关于各县、各中学具体完成数字如下：

部门	涟水	沭阳	泗阳	淮阴	东海	灌云	宿迁	潼阳	宿北	淮中	一中	二中	六中	七中	灌中	合计
原分配数字	60	50	40	40	30	40	30	10	30	8	20	8	8	6	10	390
完成数字	30	27	7	4	5	29	8	2	7	1	20	6	4	0	0	150
完成任务百分比	50%	54%	17.5%	10%	16.7%	72.5%	26.7%	20%	23.4%	12.5%	100%	75%	50%	0%	0%	

　　根据以上材料，第一中学全面完成任务，在校公开动员集体报到，全校同学热情欢送所起教育作用至为重大。该校能迅速完成任务，应予表扬。第二中学灌云、沭阳、涟水及第六中学尚能完成二分之一以上任务，其余各单位均寥寥无几，足征重视不够，特别七中、灌中一人没有，淮中虽有一人，原是要求去合肥之干部家属，以上三校，□未反映困难情况，亦未有人参加，对此任务亟为轻视，表现为无组织、无纪律现象，除通令批评外，应深自检讨，提高政治认识，以利今后工作开展为要。

　　此令。

专员　陈亚昌

（2）苏北第六行政区专员公署关于建立运河北段工程处的训令

保管单位：沭阳县档案馆

内容及评价：

此档案为1949年3月28日苏北第六行政区专员公署令泗沭县长的公文。其主要内容是：在大军南进，全国即将胜利的时候，为保证大生产运动胜利进展，响应华东局整治黄运沂沭之号召，华中特建立运河北段工程处，并决定张一平、仲淑明为工程处正副主任专司该河整治之责，各县今后务与该处密切配合，以完成整治运河之伟大任务。此档案是研究刚解放的淮北地区新政权兴修水利、整治黄运沂沭的第一手资料。

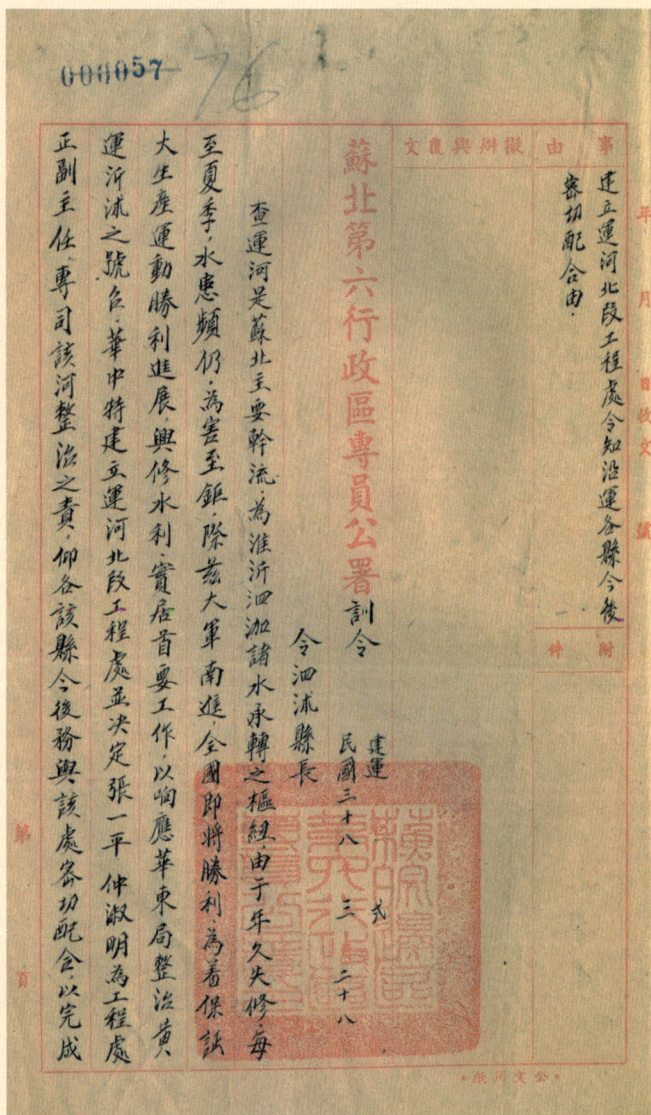

全文：

苏北第六行政区专员公署训令

建运 字 第 贰 号

民国三十八年三月二十八日

令泗沭县长：

查运河是苏北主要干流，为淮、沂、泗、沭诸水承转之枢纽，由于年久失修，每至夏季，水患频仍，为害至钜（巨）。际兹大军南进，全国即将胜利，为着保证大生产运动胜利进展，兴修水利，实居首要工作，以响应华东局整治黄运沂沭之号召，华中特建立运河北段工程处，并决定张一平、仲淑明为工程处正副主任，专司该河整治之责，仰各县今后务与该处密切配合，以完成整治运河之伟大任务为要。

此令。

专员 陈亚昌

苏北第六行政区专员公署训令

（3）苏北第六行政区专员公署关于行政区划调整的训令

保管单位： 沭阳县档案馆

内容及评价：

该公文为正反面毛笔书写，上有一枚方形阳文印迹。主要内容是关于行政区划调整：一是将宿迁市所辖各区并入宿迁县，建制名为宿迁县，原宿迁市府撤销；二是将泗阳县之吴集区、顺河区并入淮阴县建制；三是泗沭县与泗阳县合并，名为泗阳县。该公文是研究原淮阴县、泗阳县、沭阳县、宿迁县区划演变机构调整的重要历史资料。

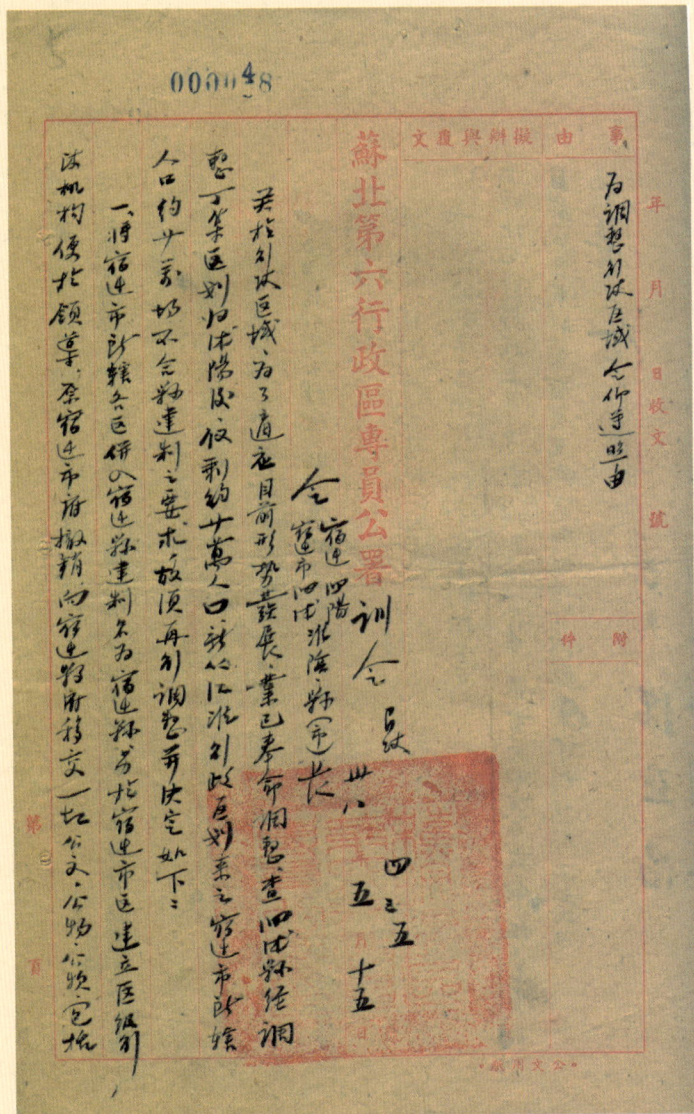

苏北第六行政区专员公署训令

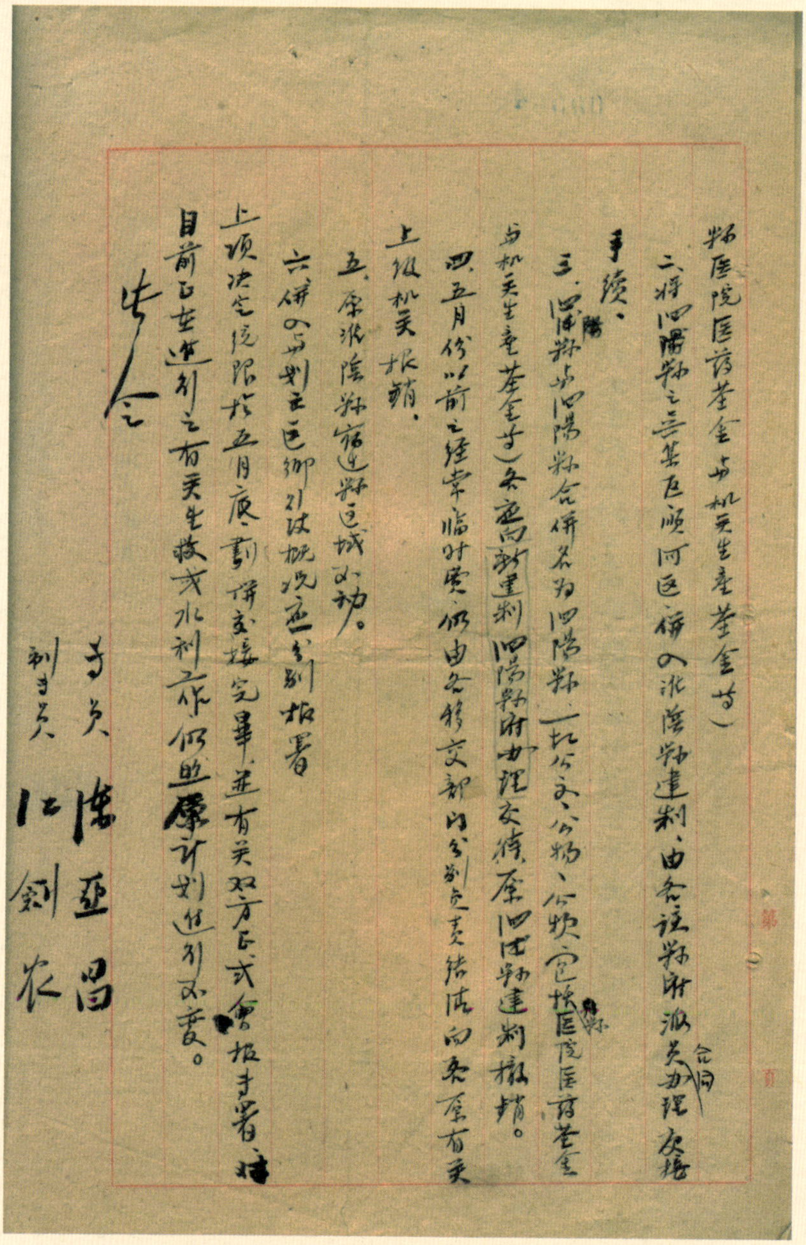

苏北第六行政区专员公署训令

《苏北支前工作人员优待抚恤暂行办法》

保管单位：沭阳县档案馆

内容及评价：

1949年4月20日，国共和谈破裂后，解放军对国民党军队发起总攻，支前的任务更加艰巨。为切实优待优抚广大支前干部、民工及其家属，1949年4月22日，苏北支前司令部、苏北支前政治部、华中行政办事处联合通令所属各级政府、各级支前机关，切实做好支前优抚工作并详细规定了有关优待抚恤工作的内容。

1949年4月21日，苏北行政公署成立（贺希明任行署主任兼支前司令部司令），同时撤销华中行政办事处。可能因为战争原因，组织更替的政令不能及时传达，故仍在通令中保留了华中行政办事处，这也是这份档案的珍贵之处。

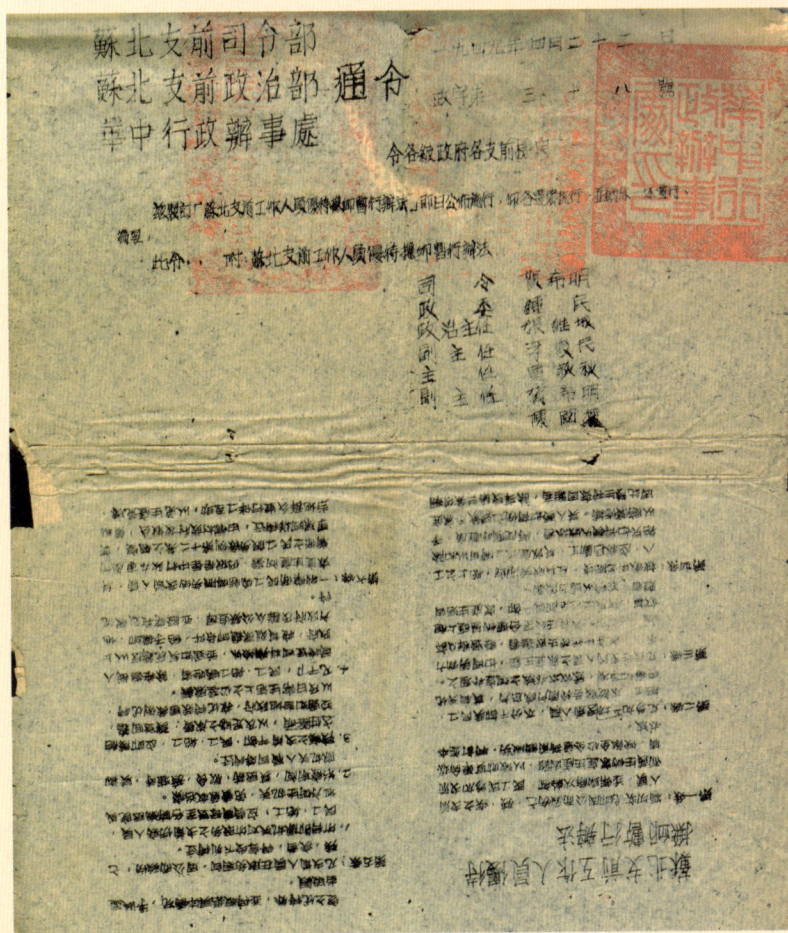

苏北支前司令部、苏北支前政治部、华中行政办事处通令

全文：

苏北支前司令部

苏北支前政治部　　　　通令

华中行政办事处

一九四九年四月二十二日

政字第三十八号

令各级政府各支前机关：

　　兹制订苏北支前工作人员优待抚恤暂行办法，即日公布施行，仰各遵照执行，并饬属一体遵行为要！

　　此令。

　　附：苏北支前工作人员优待抚恤暂行办法。

司　　　令　贺希明

政　　　委　钟　民

政治主任　张继城

副 主 任　李俊民

主　　　任　曹荻秋

副 主 任　贺希明

陈国栋

苏北支前工作人员优待抚恤暂行办法

　　第一条：为切实优抚因公而致伤亡、残、疾之支前人员，并帮助解决干部、民工因参见支前而发生的家庭生活困难，以激励其革命热情，使能全心全意为前线服务，特订定本办法。

　　第二条：凡参加支前一切人员，不分干部与民工、船工，不论服务与前方或后方，其有关优抚抚恤事项，悉依本办法之规定办理之。

　　第三条：凡出征支前人员之家庭生产，如因劳动力不足，家庭生产发生困难者，经过群众评议，经当地政府在公平合理的基础上，组织□□其土地全部或一部，家庭生活困难者，并给予适当照顾。

　　第四条：被征用之船只，在其服务期间，船上之工人，应算后勤工，其家庭出工时可以扣除，船只如有损失破坏者，得按损坏程度，予以赔偿修补。其人员如有伤、亡、残、疾而家庭因此发生特殊困难者，除享受第三条例规定之优待外，并得根据具体情况予以适当照顾。

第五条：凡支前人员在服务期间，因公而致伤、亡、残、疾者，得享受下列待遇。

1、所有部队机关对所服务之支前伤病人员，民工、船工，应负责保送至各野战医院或地方卫生机关，免费急救治疗。

2、治疗期间，其医药、饮食、护理等，与部队机关人员同等待遇。

3、残疾之支前干部、民工、船工，应即发给证明文件，以及足够之旅费，护送回籍，并通知当地政府，按优待荣军条例优待，以及日常生活上之必要照顾。

4、凡干部、民工、船工牺牲者，除按指战人员待遇同样殡殓外，并通知其原籍区以上政府，按其烈属抚恤条件给予抚恤。地方政府及群众公祭追悼，并经常按烈属优待。

第六条：一般常备或临时服务的支前人员，其家庭生活问题，仍根据华中办事处所颁布之民工服务条例第十二条之规定，与军属同样待遇，由乡村政府及农会，发动当地群众进行伴工互助，以免生产荒废。

关于规范苏北长途电话使用的军地联合通令

保管单位：泗阳县档案馆

内容及评价：

1949年4月15日，第三野战军十兵团司令部、苏北军区司令部和苏北支前司令部联合发布关于规范苏北长途电话使用的通令，共两页纸，字迹为蜡纸刻写印刷。通令主要内容：为使苏北长途电话有效地服务于人民解放军渡江作战，"对目前苏北长途电话之统一领导、架设任务、行政管理制度、业务规则等"作出一致决议。署名并加盖一枚篆刻有"苏北支前司令部"的方形印章。"军地联合通令"对于研究解放战争的后勤保障工作、电信管理历史等具有一定的历史参考价值。

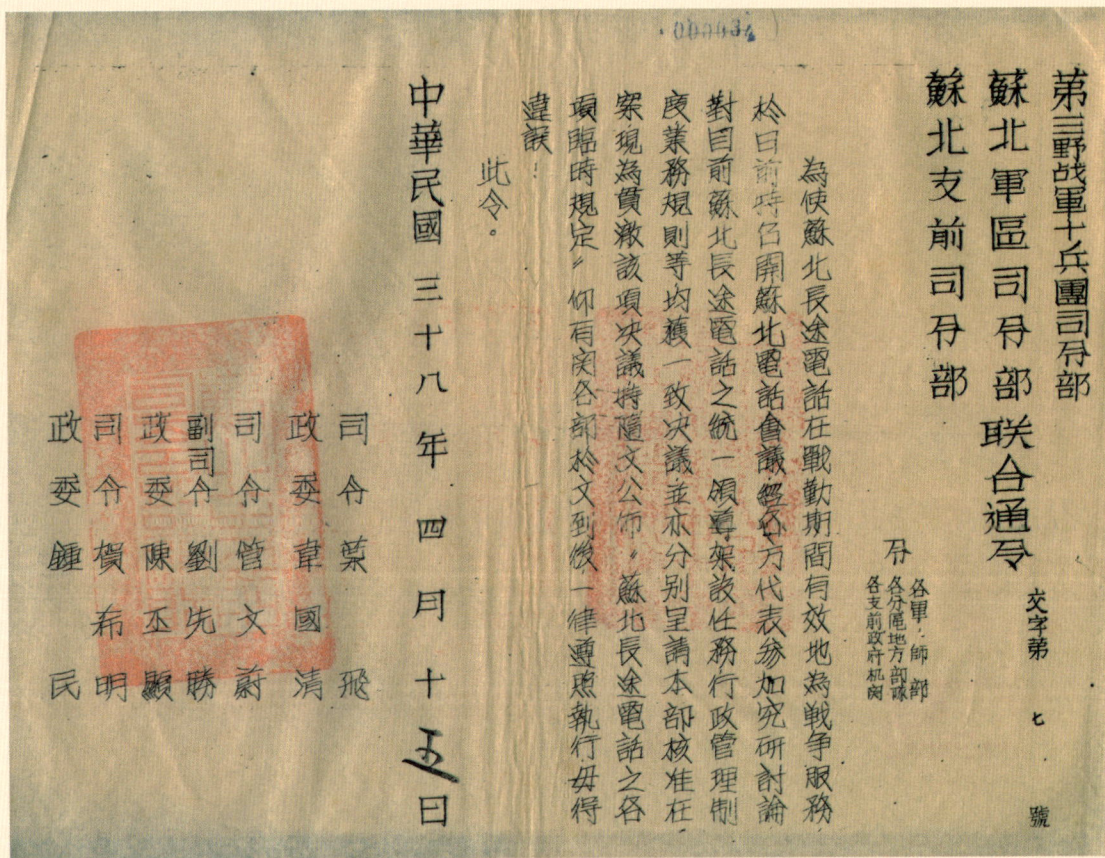

第三野战军十兵团司令部、苏北军区司令部、苏北支前司令部联合通令

苏北行政公署档案
（1）关于成立苏北行政公署的通令

保管单位：沭阳县档案馆

内容及评价：

1949年4月29日，苏北行政公署发布通令，告知苏北各级政府，奉华中行政办事处训令"本处自即日起撤销，另成立苏北行政公署，管辖原苏皖边区一、二、五、六、九等行政区，并委贺希明为该署主任"。文字为印刷体，上面有一枚仿宋字体方形印迹，内容完整。该通令与苏北行政公署的其他文件，是研究苏北行政公署期间组织机构沿革、区划调整、人事任免等施政情况的第一手资料。

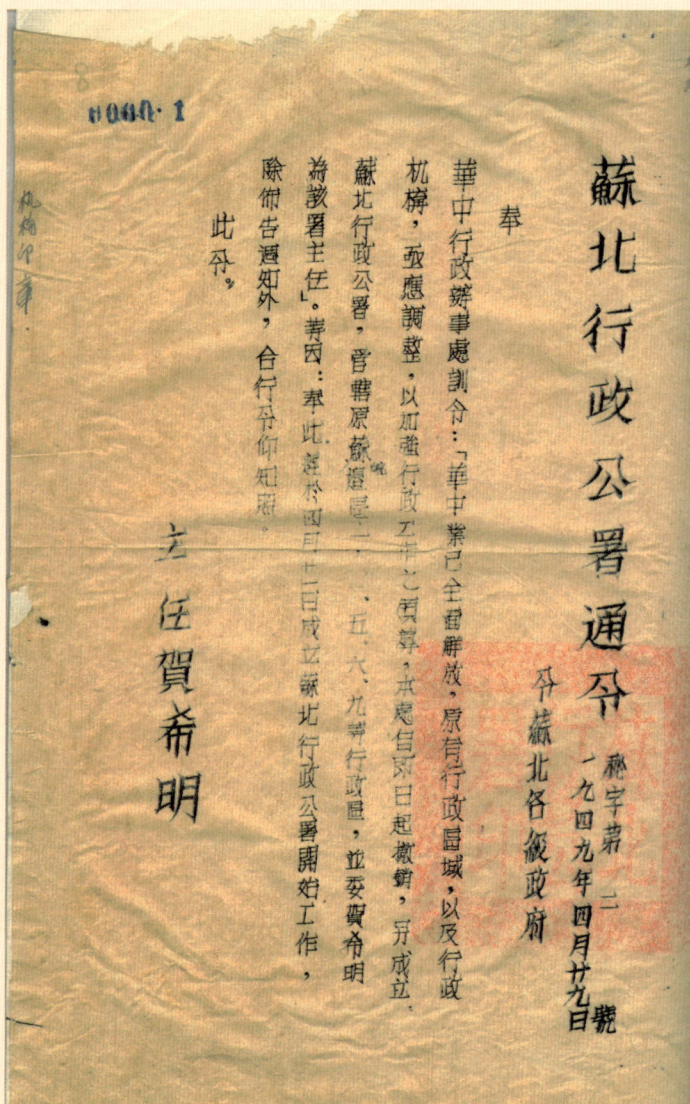

苏北行政公署通令

（2）苏北行政公署印

保管单位：泗阳县档案馆
内容及评价：

1949年4月29日，苏北行政公署制发公文，文字为印刷体，上面有四枚印章，均为阳文印，仿宋字体。告知苏北各级政府，苏北行政公署印信已镌就，大印为"苏北行政公署印"，小印为"苏北行政公署"和"苏北行政公署主任"，此三枚印信"自四月二十五日起正式启用，兹特随令附颁印模三种仰各一体知照"。"苏北行政公署印"的启用，标志着一个新的历史阶段的开始，成为1953年1月1日由苏北、苏南行政区和南京市合并为江苏省的重要过渡期。对研究苏北区划调整、行政机构演变、行政公署印信有重要的历史价值。

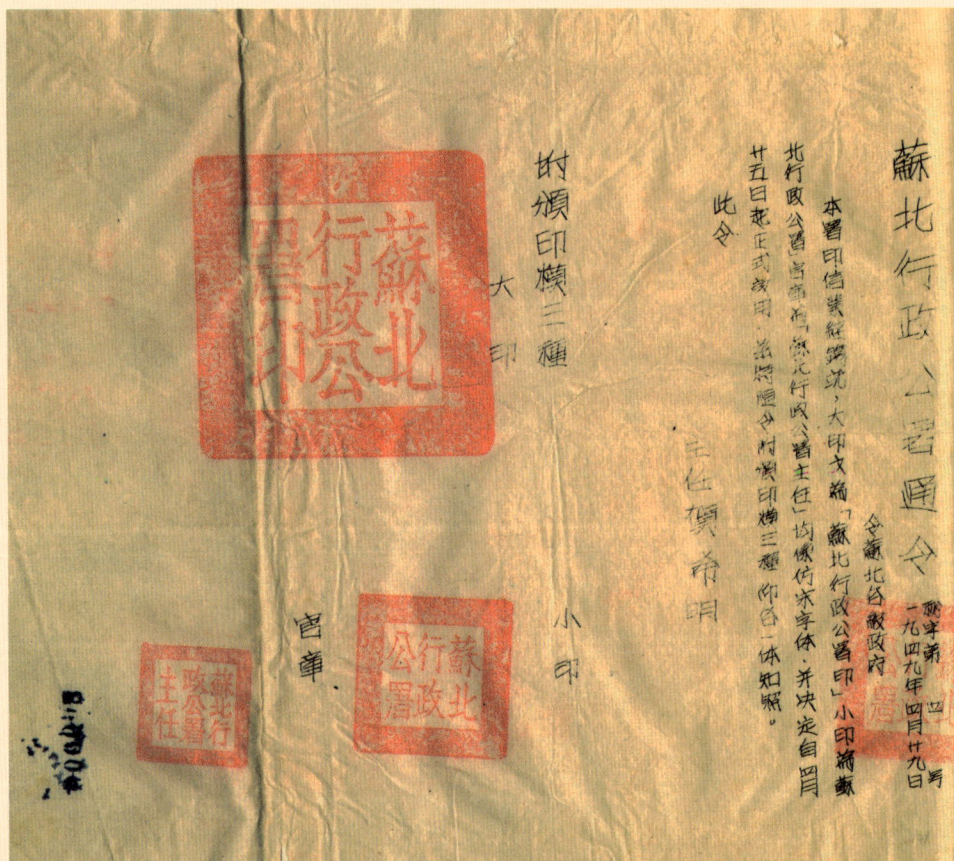

苏北行政公署印

（3）苏北行政公署关于规定本区本位币及辅助币的训令

保管单位：泗阳县档案馆

内容及评价：

为了全国币制的统一及便利物资交流，发展生产，1949年5月1日苏北行政公署下发"财银字第二号"训令，规定本区统一以中国人民银行所发行之人民币为本位币，同时并以华中币、北海币为辅币。自6月1日起，一律改以人民币为计算本位。此训令是研究苏北行政公署期间货币发行、海通乃至金融、财税等情况的重要资料。

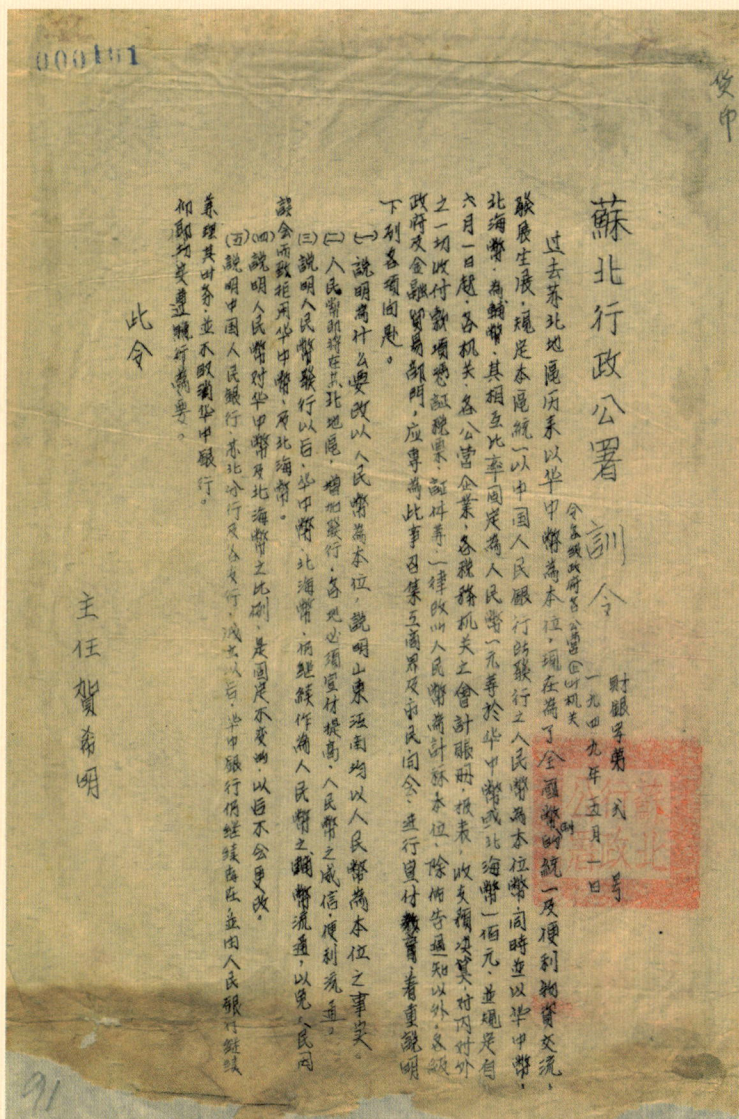

苏北行政公署训令

（4）关于"一律取消半价乘坐"的军地联合公文

保管单位： 泗阳县档案馆

内容及评价：

该通令于1949年8月12日由苏北行政公署与苏北军区司令部联合发布，印有两枚方印：一枚为"苏北行政公署印"，另一枚为"中国人民解放军苏北军区关防"。通令称"苏北航运交通，自恢复通航以来，军政公教人员优待半票搭乘者，为数颇多"，"为照顾各公私营轮船之营业及发展船运事业起见，特决定从本月五日起，凡我军政公教人员，一律取消半价乘坐"。此档案是研究新生的人民政权与地方驻军为取消军政公教人员特权，恢复民生事业，发展地方经济的重要历史资料。

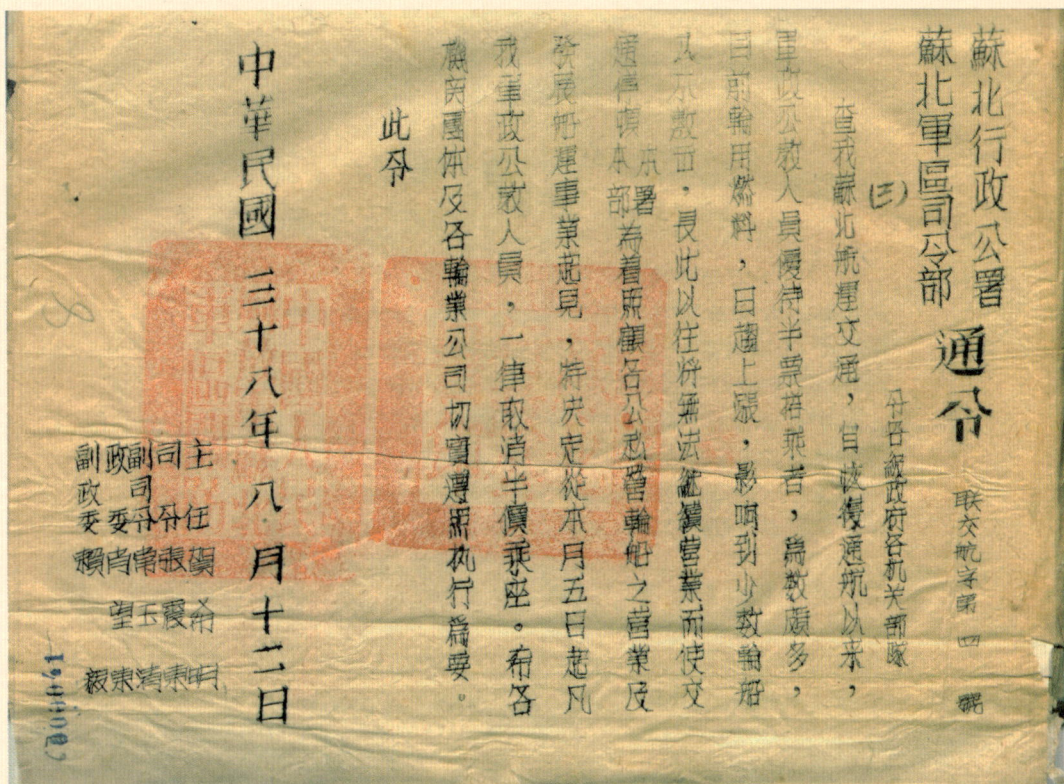

苏北行政公署、苏北军区司令部通令

苏北淮阴行政区专员公署关于启用新印章的通令

保管单位： 泗阳县档案馆

内容及评价：

该通令为1949年5月25日苏北淮阴行政区专员公署印发，文字为蜡纸刻印。通令决定"将本行政区改称为苏北淮阴行政区专员公署，并发给大小信印各一颗"，"从二十五日起开始启用，前苏皖边区第六行政区专员公署大小印作废"。苏北淮阴行政区专员公署关于启用新印章的通令具有较大的存史价值。

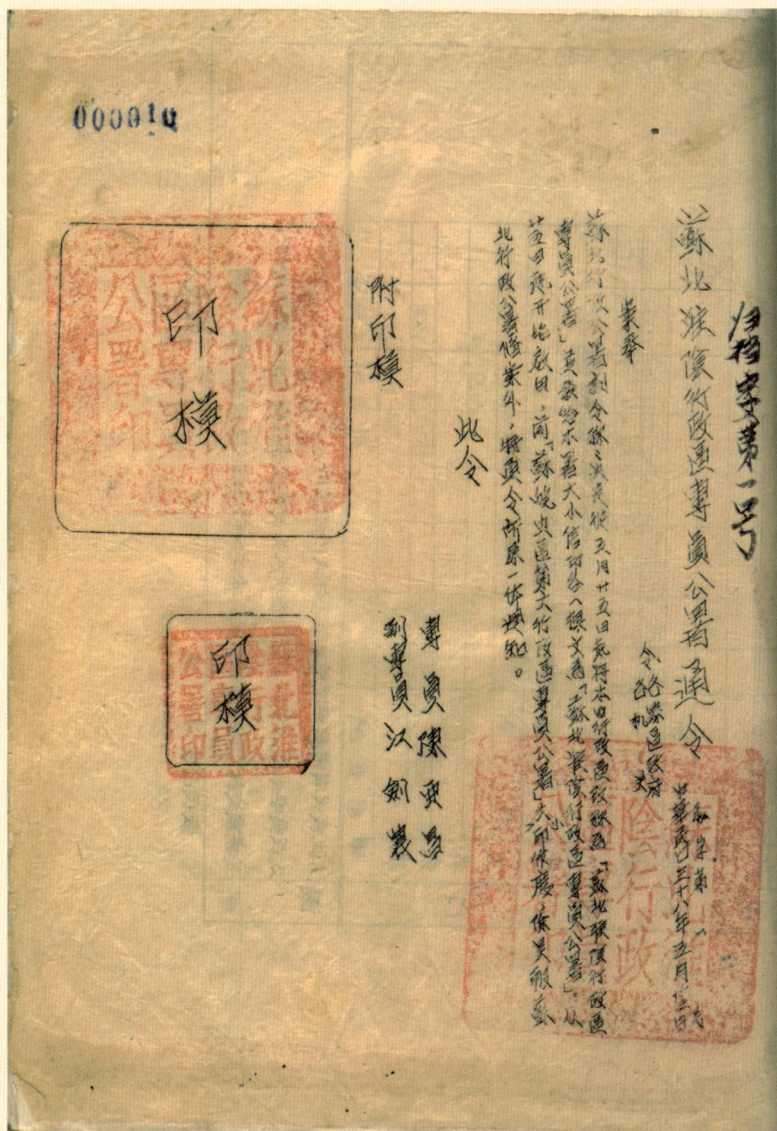

苏北淮阴行政区专员公署关于启用新印章的通令

泗阳县政府档案

（1）泗阳县政府关于行政区划调整的壹号布告

保管单位：泗阳县档案馆

内容及评价：

1949年5月27日泗阳县政府制发布告，文字为在蜡纸上手工刻写印刷，上有一枚阳文印迹。此布告内容为奉淮阴行政区专员公署训令，将泗沭县丁集区划归沭阳县；原泗阳县吴集、顺河二区并入淮阴县；因人口少，不合县建制，所以将调整后的泗沭县与泗阳县合并，撤销泗沭县建制，名为泗阳县。委任徐润斋、管庆先为正副县长，并要求他们于5月23日到任，成立泗阳县政府开始办公。泗阳县政府壹号布告与《泗阳县政府信印》，客观地记录了中华人民共和国成立前夕泗阳县与周边县市区划调整的过程及泗阳县行政区域前后变化情况，是泗阳县、沭阳县区划调整的重要原始依据。

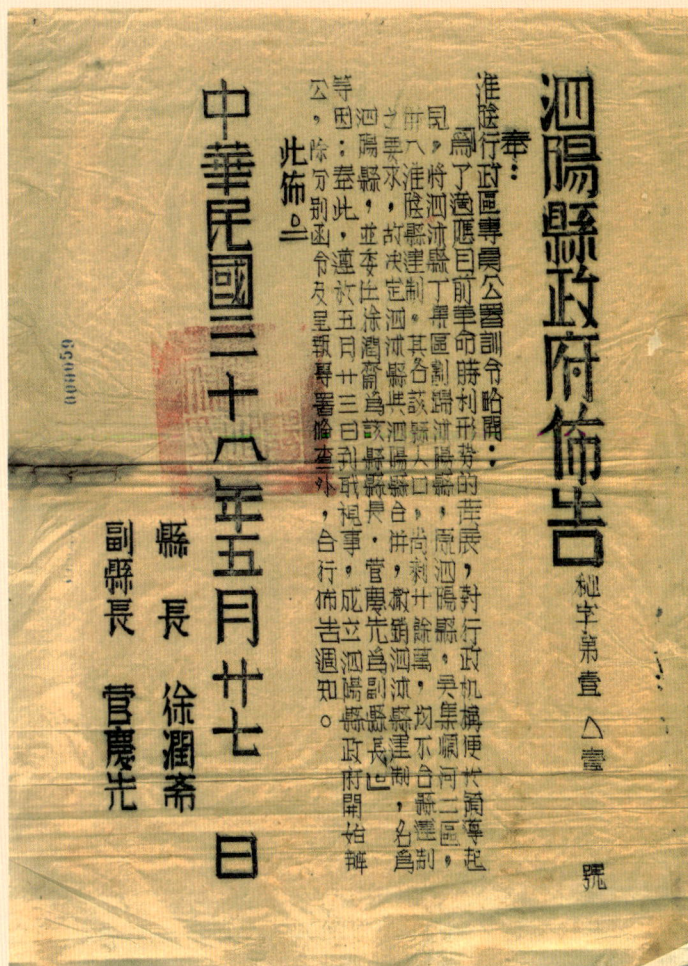

泗阳县政府布告

（2）泗阳县政府信印

保管单位： 泗阳县档案馆

内容及评价：

1949年7月3日泗阳县政府制发公文，上有两枚印有"泗阳县政府印"的方形阳文印迹。通令各县直机关和区署，泗阳县政府印从七月三日起正式启用，过去使用的旧印废弃，随文附印模，末尾签名县长徐润斋、副县长管庆先。泗阳县政府信印是研究泗阳县区划调整、政府印章的第一手资料，具有存史价值。

泗阳县政府通令

宿迁县委任命仇圩乡副乡长的委任状

保管单位：宿迁市宿豫区档案馆

内容及评价：

中华人民共和国成立前后，干部任免、管理权限是：准区、科级以上干部由省、地委管理，科员、股长级以下干部由县委、县政府管理。党委、政府对干部管理的关系是区正、副股长、乡长的抽调，由县委研究决定，县政府抽调。提拔、配备区正、副股长，正、副乡长，由区委提出初步意见，区政府呈报县政府，经县委研究决定后再由县政府颁发委任状。这份1949年由宿迁县正、副县长颁发任命仇圩乡副乡长的委任状，是研究当时干部任免制度的重要历史依据。

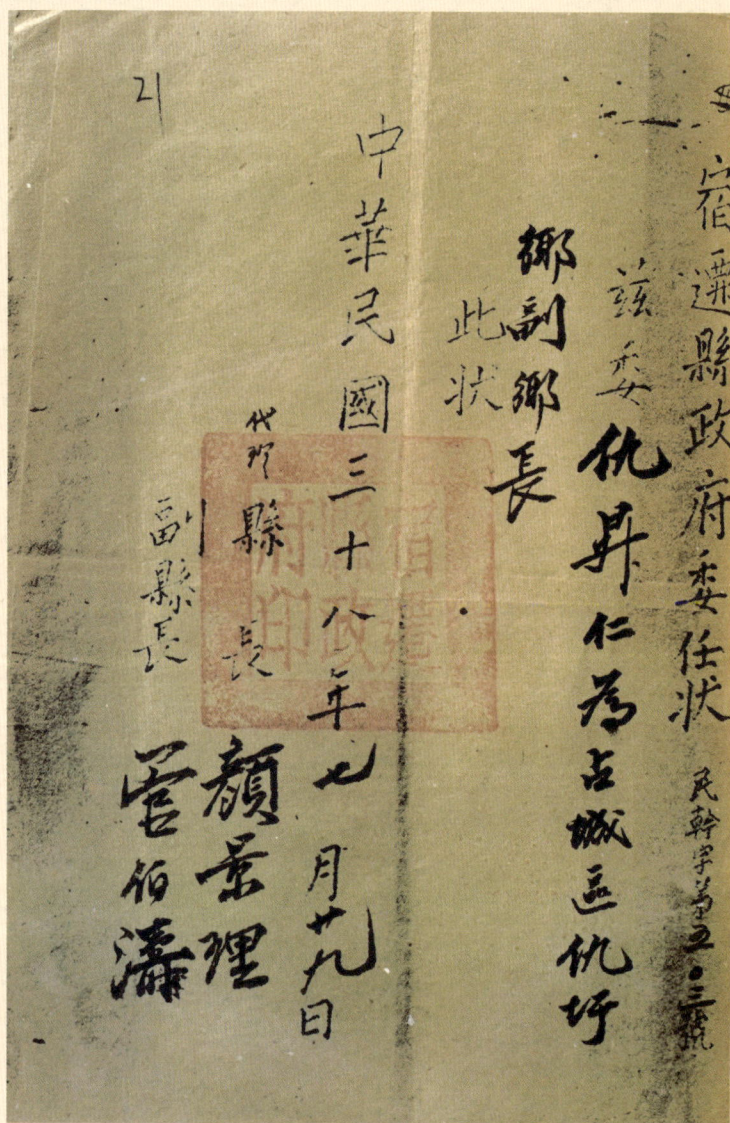

宿迁县委任命仇圩乡副乡长的委任状

《沭阳县生产防荒治水工作奖惩办法草案》

保管单位：沭阳县档案馆

内容及评价：

　　1948年秋天的大雨导致次年沭阳县春荒严重，广大灾民靠上级拨粮度荒。为带领全县人民搞好生产救灾，沭阳县委会制定了兴修水利、消灭荒田、繁殖牲畜、扩大粮食种植面积等一系列措施。1949年夏秋，沭阳又遭连续暴雨，灾害严重。9月，沭阳县委会颁布了《生产防荒治水工作奖惩办法草案》，制定该草案的主要目的是调动干部、党员、群众在生产防荒中的积极性与创造性，努力发展生产，改善人民生活。该草案是研究新中国成立前夕沭阳县委会的施政工作及编写地方史志的重要资料。

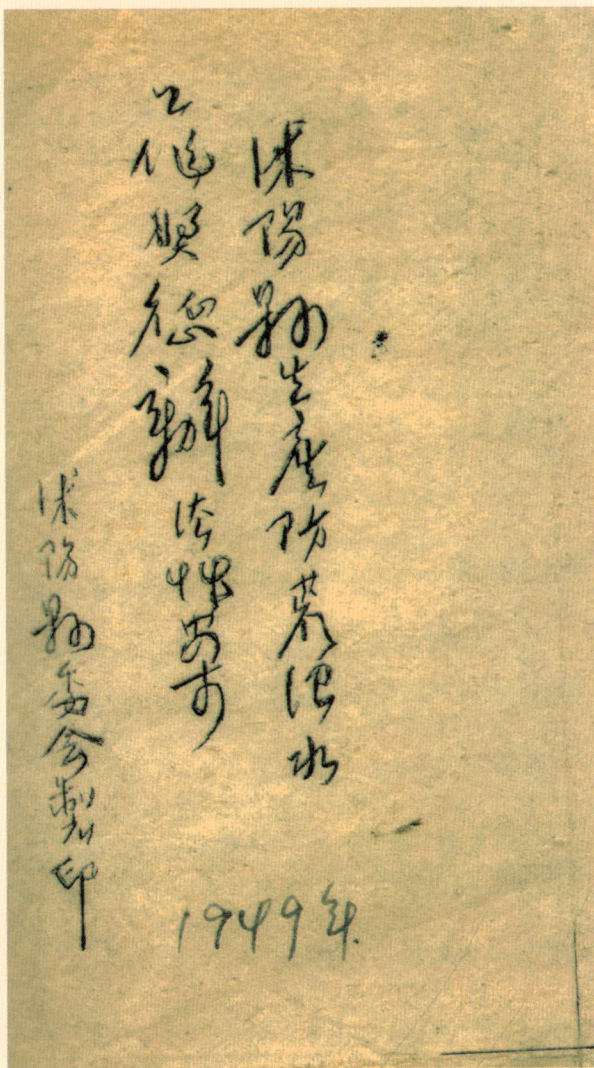

沭阳县生产防荒治水工作奖惩办法草案

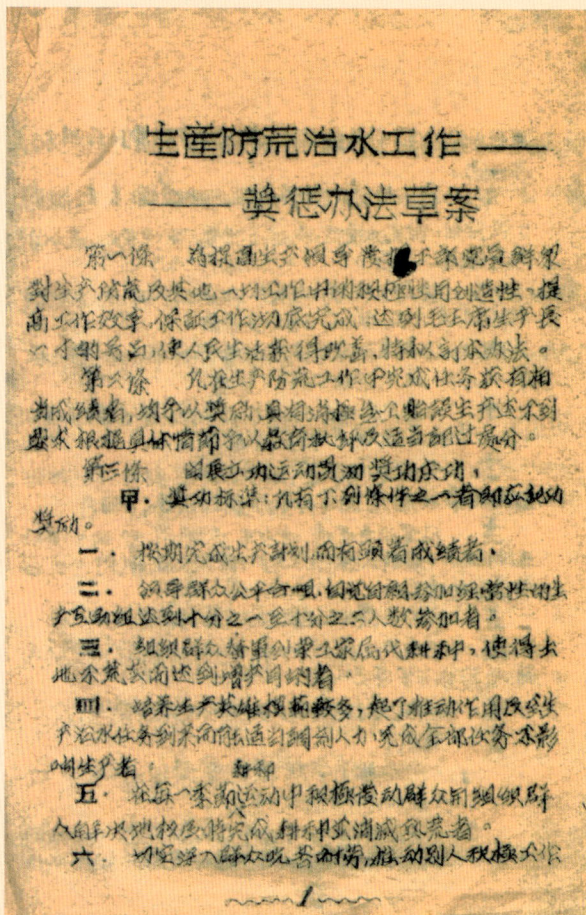

全文：

生产防荒治水工作奖惩办法草案

第一条　为提高生产领导发挥干部党员群众对生产防荒及其他一切工作中的积极性与创造性，提高工作效率，保证工作彻底完成，达到毛主席生产长一寸的号召，使人民生活获得改善，特拟订本办法。

第二条　凡在生产防荒工作中完成任务获有相当成绩者，均予以奖励，具有消极怠工、贻误生产、达不到要求，根据具体情节予以教育批评及适当记过处分。

第三条　开展立功运动贯彻奖功庆功

甲、奖功标准：凡有下列条件之一者即应记功奖励

一、按期完成生产计划，而有显著成绩者。

二、领导群众公平合理、自觉自愿参加经常性的生产互助组达到十分之一至十分之二人数参加者。

三、组织群众替军烈荣工家属代耕种，使得土地不荒芜，并达到增产目的者。

四、培养生产英雄模范较多，起了推动作用及致生产治水任务到来而能适当调剂人力，完成全部任务不影响生产者。

五、在每一季节耕种运动中积极发动群众与组织群众解决地权，及时完成耕种并消灭□荒者。

六、切实深入群众吃苦耐劳，推动别人积极工作，并在工作过程中有新的创造，对生产领导上取得

相当贡献者。

七、生产救灾中能够克服一切困难，全部做到生救计划，做到不进荒，或减少进荒，致使灾能减少痛苦，不得饿死一人者。

八、带头生产，影响群众积极行动，及通过生产救灾改造二流、懒汉，增加生产者。

九、乡村支部领导生产成绩超过第三条奖功标准一、二、三、四项堪称模范支部者。

十、干部党员领导群众生、救功绩超过第三条六、七、八项成绩堪称模范干部党员。

十一、正确执行政策，不侵犯中农利益，不犯无政府无纪律状态，贯彻等价交换获得良好影响者。

十二、真实报告灾情，不扩大、不缩小，帮助组织上正确领导，同时又能结合生产，按期完成部门工作，并有卓著功绩者。

十三、倾心爱护公私财物实行节约而有成绩者。

十四、在生产防荒治水工作中，结合锄保，根绝匪特，确稳社会安宁者。

十五、按期执行制度向上级做工作回报总结者。

十六、治水：

1、抢险排水中起模范带头作用，使庄稼得救的，获显著成绩者。

2、浚河治水工作中合乎一切规定标准提前或按期完成任务，影响他人提高治水效率者。

3、治水工作对工程技术有新的创造与发现者。

4、功绩显著超过一般干部民工，始终坚持到最后者。

乙、评功组织

一、各自然庄或党的小组设报功员，行政村组织（设）报功小组。

二、评委会组织规定村五人至七人、乡与区五至九人、县九至十三人组成之。

三、功劳等级

1、功分四等计分：特等、一等、二等、三等，建立三功提升制，例如评成三回三等功即提升二等功饬类推，但特等功必须特殊成绩者。

2、为不埋没功绩实行功可抵过过可折功，不够三等功者亦须将实绩记载备查。

四、抵功权利：小组有功者经本组群众评出后，再由报功员报到村里，村评委会按期召集各小组内有功者会议，采取自报互评，如是三等功，村按级向乡报告，由乡批准；如合格二等功者，乡里按级提出意见，交区批准；如有一等功以上者，区再提出意见，有（由）县批准；如是特等功者，由县呈报地委批准。

五、奖功庆功

1、当众表扬

2、登报表扬（如苏北、淮海等报、通报）

3、奖旗奖状

4、晋级提升

5、奖章

6、酌予物质奖励

7、发奖品时召开隆重的庆功贺功大会

8、不论个人与团体奖悉按上级规定，并由审核机关批准，宣布等级发给之。

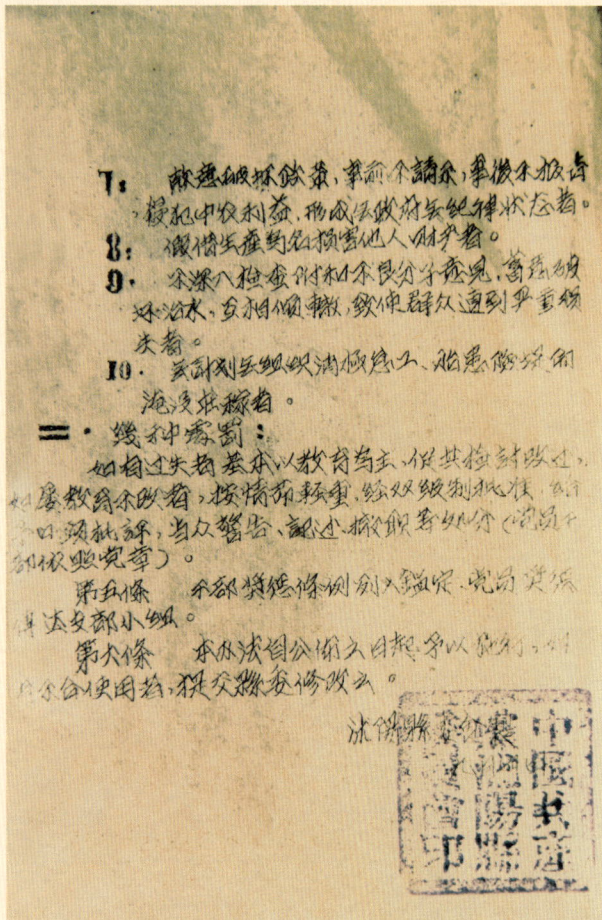

第四条　严格纪律有过必究

一、不论干部党员，凡犯以下过失之一者，当即追究原因，依据情节轻重，予以适当处理。

1、违犯决议消极怠工，自由行动，不能完成任务者。

2、不积极研究贯彻生产计划，听其自流，以致田地荒芜生产失败者。

3、自私自利徇情包庇，或贪污果实及救灾粮食者。

4、不关心灾民疾苦，致使灾情发展严重到饿死人者。

5、有意识损公利己，盗窃公共粮食资财，或破坏工具者。

6、谎报灾情，迷惑领导视听并招致群众不良影响者。

7、故意破坏政策，事前不请示，事后不报，有侵犯中农利益，形成无政府无纪律状态者。

8、假借生产为名损害他人财产者。

9、不深入检查，附和不良分子意见，蓄意破坏治水，互相倾轧，致使群众遭到严重损失者。

10、无计划无组织消极怠工，贻患险堤而淹没庄稼者。

二、几种处罚：

如有过失者基本以教育为主，促其检讨改过，如屡教育不改者，按情节轻重，经双级制批准，给予口头批评、当众警告、记过、撤职等处分（党员干部依照党章）

第五条　干部奖惩条例列入鉴定、党员奖惩，传达支部小组。

第六条　本办法自公布之日起予以施行，如有不合使用者，提交县委修改之。

沭阳县委员会制

九月四日

中华人民共和国成立后档案

导沂整沭档案

保管单位： 沭阳县档案馆、宿迁市宿豫区档案馆

内容及评价：

解放前，处于沂河、沭河下游的苏北、鲁南一带，每遇雨季，山洪暴发，汪洋一片，农田受淹，人民生命财产受损，穷人到处逃荒要饭。解放后，"导沂整沭"成为鲁南、苏北人民的迫切要求。1948年9月，山东省人民政府成立沂、沭河水利工程总队，开始整治沭河；1949年10月，中共苏北区党委、苏北人民行政公署、苏北军区司令部提出导沂计划，决定从沂河流经的骆马湖开始，开挖"新沂河"，从灌河口入海。计划经华东财委会和中央水利部批准后，1949年11月22日，在中共苏北区委的领导下，苏北导沂整沭工程司令部在沭阳成立，淮阴地委书记李广仁任司令员兼政委。1949年11月25日，开挖新沂河工程全面开工。整个导沂整沭工程历时4年，参加导沂施工的淮阴地区就有10个县22.8万民工。沭阳县、宿迁市宿豫区档案馆保存的苏北导沂整沭工程计划概述、施工细则、司令部命令、民工动员等档案资料，比较详细地记载了导沂整沭工程的基本过程，具有重要的水利研究价值。

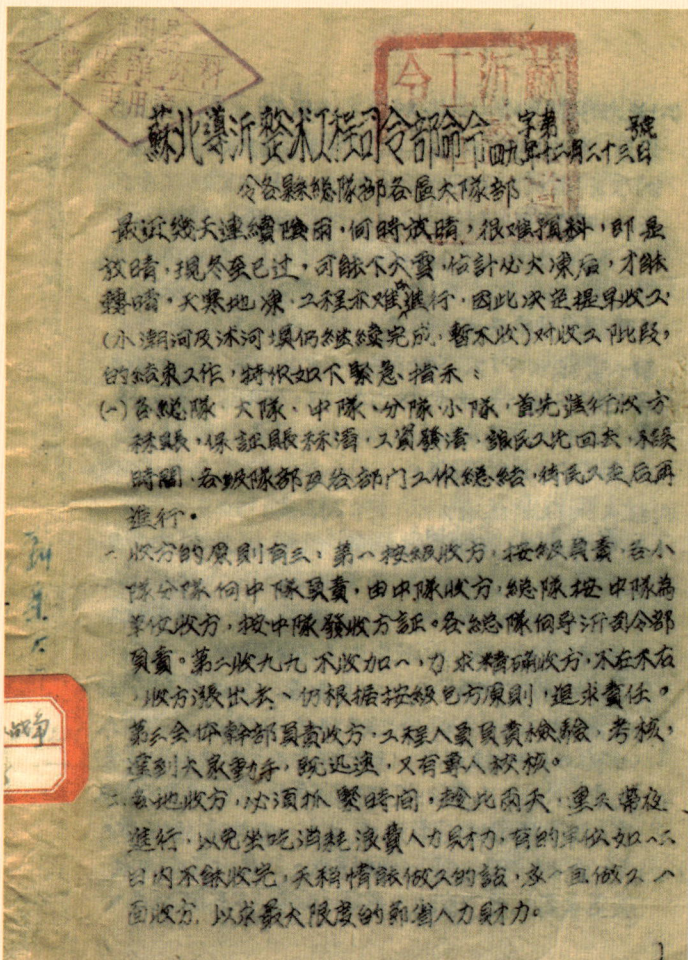

苏北导沂整沭工程司令部命令

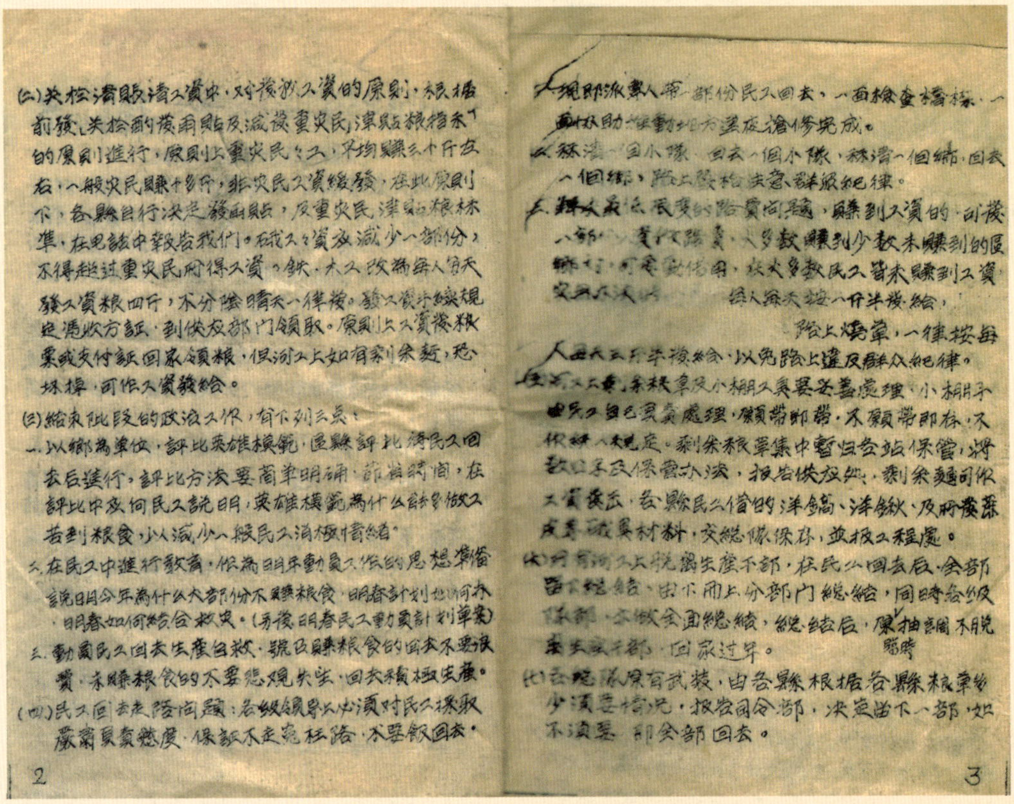

苏北导沂整沭工程司令部命令

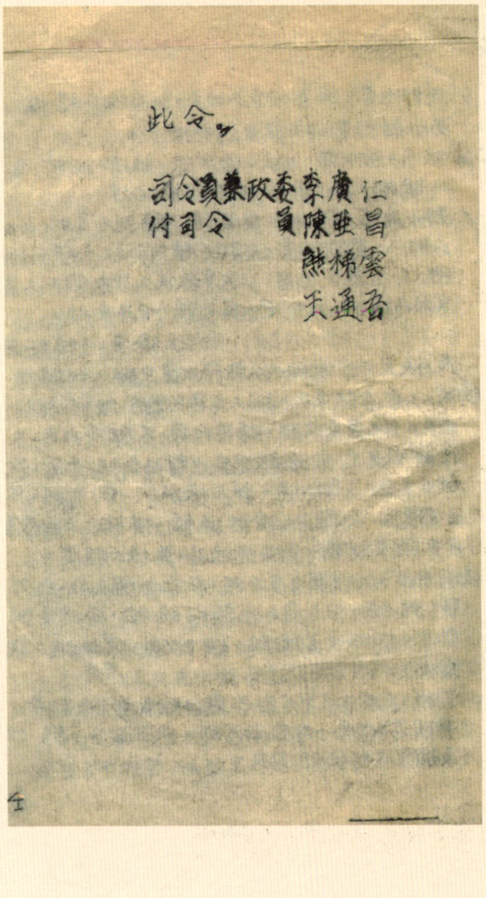

蘇北導沂整沭工程司令部命令

一九五〇年 字第 號

（一）偉大的導沂整沭工程已經開始，二十多萬民工均已各按指定地點，於今年災荒嚴重，新老區群眾條件不同，道路橋樑設備情形不一，以致連日以來發生糾紛現象很多：僅據沭陽一縣之了解，因前後集結部隊，勸員時間緊迫，失去領導，閘處即打傷七八人之多。宿遷民工二十四日於沭城區大王莊因毀草，與當地群眾發生糾紛，百姓即打傷五六人，雙方參加打仗的有數十人之多。另據了解錢莊同日上午已與郯睢民工打鬧過一次，而這些被打傷的人，都是當地群眾老弱居多，郯睢民工在當時，似此情形，若不採取有效辦法迅速糾正，則對今後導沂整沭全部工作影響很大，還是值得我們在領導上注意的。

（二）根據以上情況，對全體幹部民工及沿河兩岸幾屆幹部群眾，必須變方迅伏感開民家民教育運動，表揚好的典型，批評壞的例子，說明出外民工的困難，他們是來幫助我們地方除水患的，藉以達到主動幫助外來民工解決困難，間外來幫隊民工幹部，特別要加強今除民工教育，使其除解當地群眾負擔較重，一切問題靈力自已設法解決，有意見糾紛變方可互相檢討協商解決，如變力自行不能解決的問題，可按組織向上級提出解決，不得自相伴咬打架！如今後再有打架現象發生，各級民工領導幹部要負主要責任。（因民工皆青壯男子，駐地群眾皆是老弱婦女，所以打架發生，民工方面，特別是領導民工的幹部，要負主要責任。）如幹部本身參加或暗中指示取鬧者，一經查出，必予嚴重處分。

（三）對這次已經打架地方，除變方，自行檢討外，責承變方穩隊部負責於文到五日內，將其體情況處理經過及意見，書面報來，以便處理嗟要！

此令

司令員兼政委　李廣仁
副司令　　　　陳亞昌
員　　　　　　饒杨雲
　　　　　　　王迪五

苏北导沂整沭工程司令部命令

苏北导沂整沭工程政治部制订扒河民工的三大纪律和八项注意

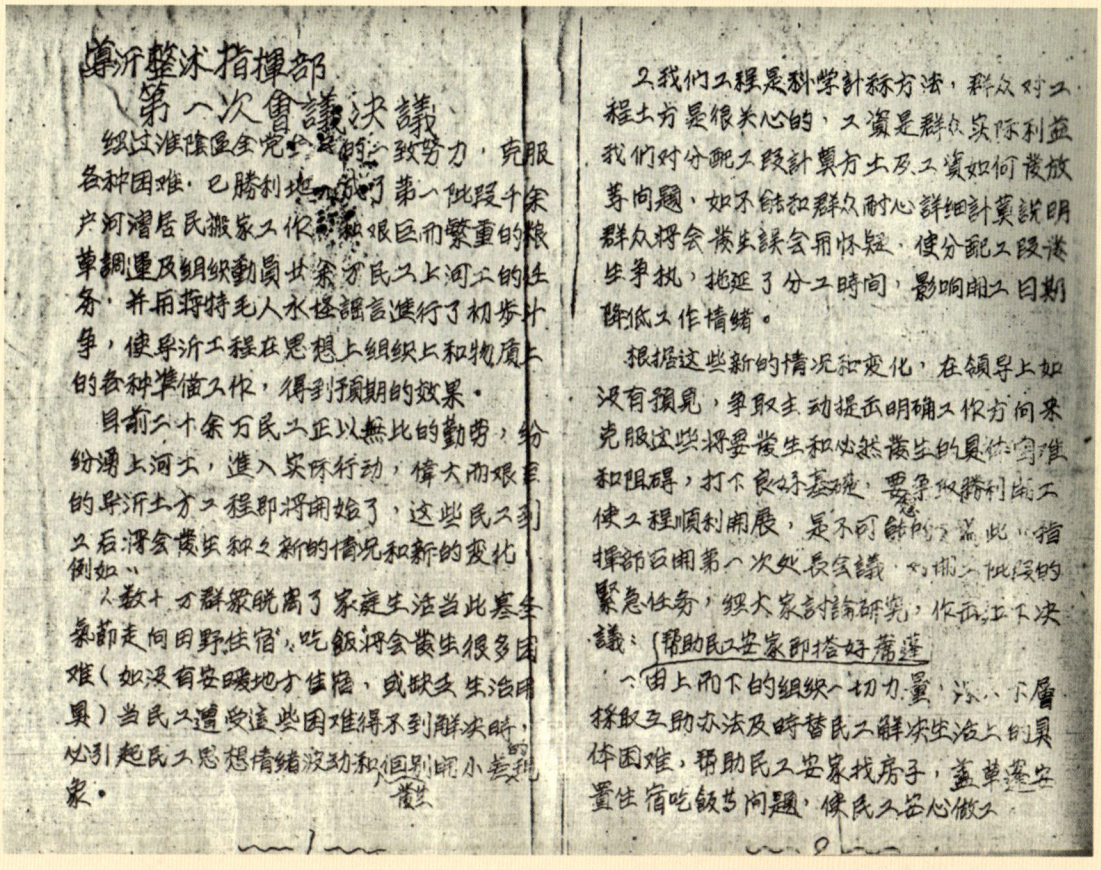

导沂整沭指挥部
第一次會議決議

經过淮陰區全党全民的一致努力，克服各种困难，已勝利地完成了第一批段千余户河灘居民搬家工作和艱鉅而繁重的粮草調運及組织動員廿余万民工上河工的任务，并用蔣特毛人永怪謬言進行了初步斗爭，使导沂工程在思想上組织上和物質上的各种準備工作，得到預期的效果。

目前二十余万民工正以無比的勤勞，紛紛湧上河工，進入实际行动，偉大而艰巨的导沂土方工程即將開始了，这些民工到工后將会發生种々新的情况和新的变化例如：

（一）数十万群衆脫离了家庭生活当此寒冬季節走向田野住宿，吃飯將会發生很多困难（如沒有安暖地方住宿，或缺乏生活用具）当民工遭受這些困难得不到解决时，必引起民工思想情緒波动和個别的消极現象。

又我們工程是科学計标方法，群众对工程土方是很关心的，又還是群众实际利益我們对分配工段計算方法及工資如何發放等问題，如不結和群众耐心詳細計算說明群众將会發生誤会和怀疑，使分配工段發生爭执，拖延了分工时间，影响開工日期降低工作情緒。

根据这些新的情况和变化，在領导上如沒有預見，爭取主动提出明确工作方向來克服这些將要發生和必然發生的莫依等障碍和阻碍，打不良好基础，要爭取勝利完成工程順利開展，是不可能的。為此，指揮部召開第一次处長会議，为搞一批段的緊急任务，經大家討論研究，作出下决議：

（帮助民工安家即搭好蓆蓬）

一、由上而下的組织一切力量，从上下層採取互助办法及時替民工解决生活上的具体困难，帮助民工安家找房子，蓋草蓆安置住宿吃飯等问題，使民工安心做工。

导沂整沭指挥部第一次会议决议

指 示

伟大的沂沭整治大秩，即将于本月三十一日开始，共需三十万八千七十六万个晴天，需用资金柴草数食一万万四千万斤，党和政府下了最大决心，来进行这个工作，这是一件……发度的中心关键，也是解放我濑陰区西委党……好事情，……委员会是我们濑陰廳全体人民，因此凡我各级学校的教师们和同学们，都应该积极的响应水利的召号，……治沂大渠努力开展宣传动员工作，以使这次伟大大渠的全部胜利。

各级学校对於这次扒河的宣传动员工作，我们的要求是：是不影响正课教学，在课后时间或课外运动时间以及假日自行机动的宣传活动，凡新河床十里以内之中学，需小区小学以内之高小，应用教师带头，组织小宣传队，进行工作，这主要的宣传对象是新河床附近户群众及河工民夫。凡距离新河床或这附近学校，应就结合各课程进行宣传教育。关於宣传内容及方式方法谨提供如下意见：

甲、宣传内容：

[第二列]

凡对河床间的居民群众应该使明服们应慎越……说明要除分段的水灾，避早后就不开凿，因此河缘是要开凿，不是远祝，就走期现，今年不开，明年也要开，有某速开，不如早开，反复说明，「一户麻烟，闹户来揆」，「一闹……烟」以后……的道理，或说明政府对河床内……武裝的人民军近，应量尽力帮助，那劝解决困难，更要动员说服，克服群众……恩恩远退，接詢……自己……恨悠，长沂河悉民夫外来民夫中，应量得开「宣委员」通讯，使其互相那朋，团结友爱。

凡对扒河民夫及一股群众的宣传内容，应更先说明我们六年来年年受水患的顾恼，是由於山东来水太多水太少，因此必须扒一条大河，将山东的来水，送到海里去。过去由於日本鬼子及�反动派阻碍破坏，使我们……无法大刀扒河，现在人民解放军已打列彻就开了，沂沭会国解放，中华人民共和国成立了，为了……问题并我们必须扒度，我们就应感烈拥护……扒河，解除水患，慰劳民夫，拨财政题，群众能很长期间就利是服从会体利益，暂时……服从永远利益，此外每区宣扒河所以救济，……使……后来相结合，挖人公方久，……们可分若干工作段，平费动力或因劳动力的人做明宣传服

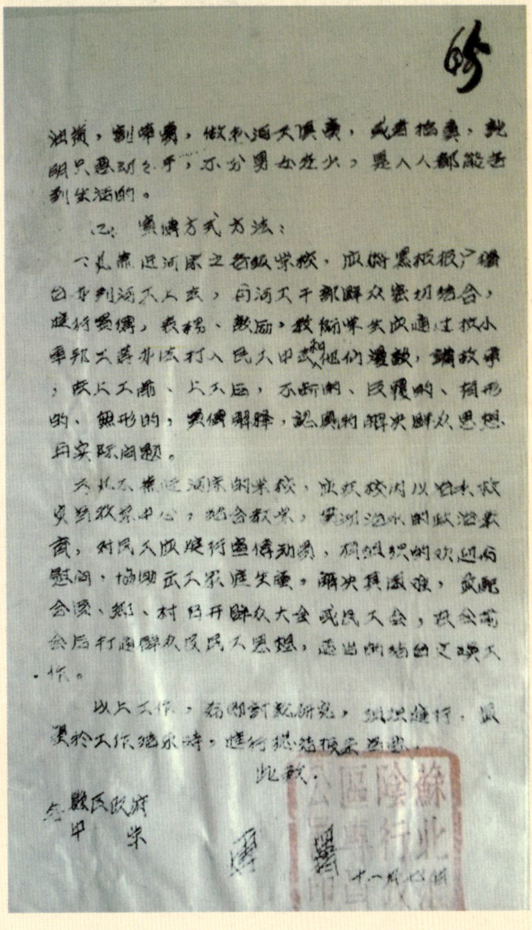

……做水海太俱灸，或若挡灸，扒明只要动之手，不分男女老少，是人人都能参加出力的。

乙、宣传方式方法：

凡……迫河床之各级学校，应将黑板报沪增白……列河大大武，与河工干部群众密切结合，……宣传，表扬、鼓励，鼓舞…………把小……打入民大中……抓们……，讲故事，或大会、小大会，不断的、反覆的、俏形的、無形的，宣传解释，认识们解决群众思想与实际问题。

凡扒……迫河床的学校，应就校用以日味……员到欢紫中心，结合教学，宣传治沭的政治教育，对民夫应促进宣传动员，何就纸的欢欢迎问题间，协助武夫情绪，解决具困难，或配合区、乡、村召开群众大会或民夫会，提高而……后打通群众及民夫思想，……当的结合之顺大工作。

以上之作，希望讨论研究，就试进行，……关於工作结束时，进行继续检查……

此致

……民政府

甲……

治沂整沭工程指示

全文：

治沂整沭工程指示

伟大的治沂整沭工程，即将于本月二十一日开始，共需要三十万人扒了七十五个晴天，苏北行署今年拿出粮食一万万四千万斤，党和政府下了最大决心，来进行这个工作，这是一件大喜事，因为它是根除本区水患恢复与发展农业生产的中心关键，也是解救我淮阴区严重灾荒的好事情，首先受益的是我们淮阴区全体人民，因此凡我各级学校的教师们和同学们，都应积极的响应治水的号召，为治沂工程努力开展宣传动员工作，以促成这次伟大工程的全部胜利。

各级学校对于这次扒河的宣传动员工作，我们的要求：是不影响正常教学，在课后时间或课外活动时间以及星期日进行有组织的有效的宣传活动，沿新河床十里以内之中学，完小及五里以内之初小，应由教师带头，组织小型宣传队，进行工作，这主要的宣传对象是新河床内居户群众及到工民工。凡距离新河床比较远的学校，应就地结合冬学进行宣传教育，关于宣传内容及方式方法特提供如下意见：

（甲）宣传内容：

一、对河床内的居民群众应进行说服打通思想，说明淮阴分区的水灾，迟早要设法消除，因此河总是要开的，不走这里，就走那里，今年不开，明年也要开，有其迟开，不如早开，反复说明："一户麻烦，万户享福！一时麻烦，以后享福！"的道理，并说明政府对河床内搬出去的人民生活、生产安家尽力照顾，帮助解决困难，更要动员说服，克服群众迷信思想，发动他们自己搬移祖坟，在沿河居民及外来民工中，应宣传开展"民爱民"运动，使其互相帮助，团结友爱。

二、对扒河民工及一般群众的宣传内容，应首先说明我们六年来年年受水灾的缘故，是由于山东来水太多出水太少，因此必须扒一条大河，将山东的来水，送到海里去。过去由于日本鬼子及美蒋反动派阻碍破坏，使我们无法大力扒河，现在人民解放军已打到广州去了，接近全国解放，中华人民共和国成立了，毛主席领导我们发展生产。我们应该热烈拥护，积极扒河，解除水患，发展生产，发财致富，希望群众能深明局部利益服从全体利益，暂时利益服从长远利益，此外要宣传扒河可以救济灾荒，生与产结合，挖一公方土，平均可苦二斤四两粮，半劳动力或无劳动力的人做买卖供应油盐，割草卖，做扒河大买卖，或者抬粪，说明只要动动手，不分男女老少，是人人都能苦到生活的。

（乙）宣传方式方法：

一、凡靠近河床之各级学校，应将黑板报广播台办到河工上去，再河工干部群众密切结合，进行宣传、表扬、鼓励，教师学生应通过拉小车帮工等办法打入民工中去和他们漫谈，讲故事，在上工前，上工后，不断的、反复的、有形的、无形的，宣传解释，认真的解决群众思想与实际问题。

二、凡不靠近河床的学校，应在校内以治水救灾为教学中心，结合教学，贯彻治水的政治教育，对民工应进行宣传动员，有组织的欢迎与慰问，协助出工家庭生产，解决其困难，配合区、乡、村召开群众大会或民工会，在会前会后打通群众及民工思想，适当的结合文娱工作。

以上工作，希即讨论研究，组织进行，并望于工作结束时，进行总结报来为要。

此致

各县区政府、中学

专署 十一月七日

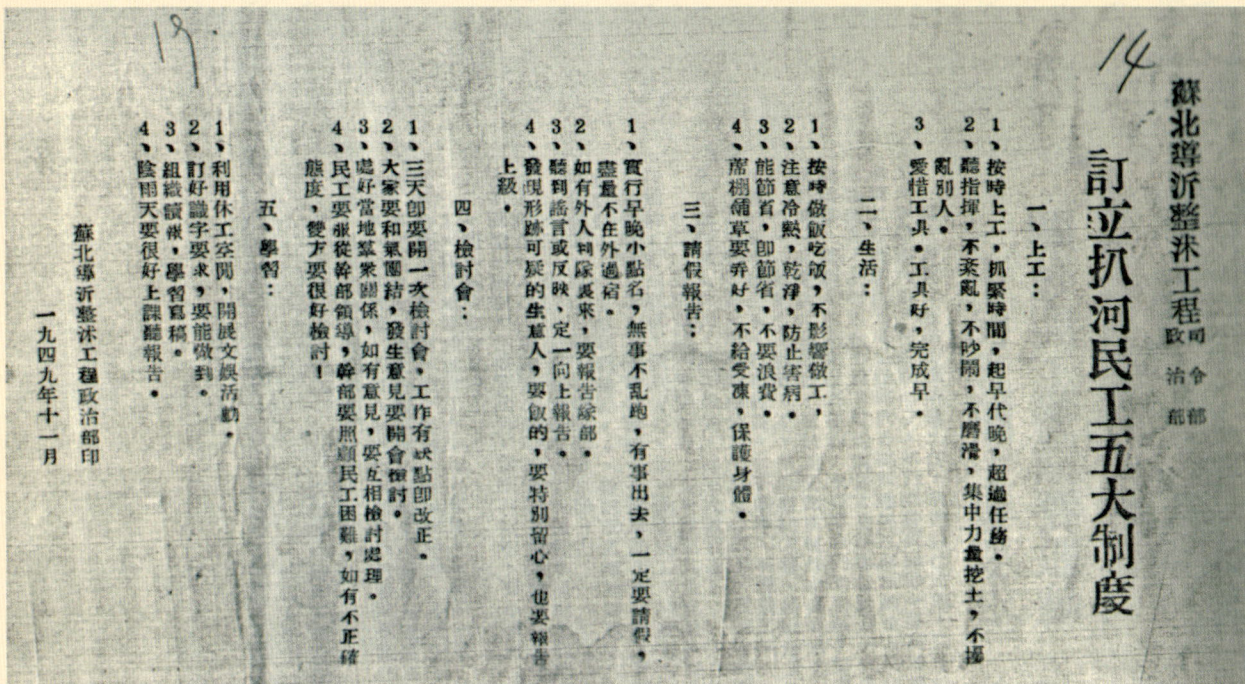

苏北导沂整沭工程司令部政治部订立扒河民工五大制度

全文：

订立扒河民工五大制度

一、上工

1、按时上工，抓紧时间，起早代晚，超过任务。

2、听指挥，不紊乱，不吵闹，不磨滑，集中力量挖土，不扰乱别人。

3、爱惜工具，工具好，完成早。

二、生活

1、按时做饭吃饭，不影响做工。

2、注意冷热、干净，防止害病。

3、能节省即节省，不要浪费。

4、席棚铺草要弄好，不给受冻，保护身体。

三、请假报告

1、实行早晚小点名，无事不乱跑，有事出去，一定要请假，尽量不在外过宿。

2、如有外人到队里来，要报告队部。

3、听到谣言或反映，定一（一定）向上报告。

4、发现形迹可疑的生意人，要饭的，要特别留心，也要报告上级。

四、检讨会

1、三天即要开一次检讨会，工作有缺点即改正。

2、大家要和气团结，发生意见要开会检讨。

3、处好当地群众关系，如有意见要互相检讨处理。

4、民工要服从干部领导，干部要照顾民工困难，如有不正确态度，双方要很好检讨！

五、学习

1、利用休工空间，开展文娱活动。

2、订好识字要求，要能做到。

3、组织读报，学习写稿。

4、阴雨天要很好上课听报告。

苏北导沂整沭工程政治部印

一九四九年十一月

苏北淮阴行政区专员公署通告

此次导沂整沭工程，不但可消除淮阴地区历年水患，而且实行以工代赈，使数十万灾民，得到大批工资粮食，是渡过今年严重灾荒的好办法。凡我淮阴地区人民，应紧急动员起来全力以赴，完成这一伟大治水工程。但由于今年水灾较重，有些地方外出逃荒者不少；为此本署特作如下通告：

（一）凡已外出逃荒者，各地方乡村干部及其亲邻近友，要设法通风报信，将有劳动力的人找回参加扒河，苦粮渡荒。

（二）凡准备逃荒尚未外出者，当地干部要动员立即参加扒河，不使再外出逃荒。

（三）寄居外地之逃荒户，当地干部有动员灾民回家扒河义务，但必须打通思想，说明扒河好处，可能赚得多少工资，使流居在外之灾民自觉回家参加扒河，不得强迫或硬撵回家。

当此开工在即，逃荒在外的灾民，应迅速回家扒河渡荒，勿失此机会，切切勿误。特此通告。

一九四九年十一月

苏北人民行政公署土地房产所有证

保管单位：宿迁市宿豫区档案馆

内容及评价：

民国及以前，宿迁县境内土地大多归地主、富农所有。据1931年统计，全县有耕地346.50万亩，农业人口61.30万人，其中地主、富农3.31万人，只占总人口5.4%的地主、富农，却占有50%以上土地。1942年，中共宿迁县委实行"二五"减租。1946年，实行没收地主土地分给贫农。1947年，实行将地主扫地出门，将中农土地也拿出来分配的政策。1948年纠偏后，返还中农被错分的土地。

1951年，中共宿迁县委组织土改实验团，对顺河等新解放区进行土地改革。这次土改依据1950年颁布的《中华人民共和国土地改革法》。土改结束后，将贫农、下中农分得的土地、房屋，中农原有的土地、房屋，地主、富农按贫下农标准分得的土地、房屋，作为私有产业发给土地房产所有证。这张1951年8月20日颁发的土地房产所有证，对研究当时的土改政策有一定的史料价值。

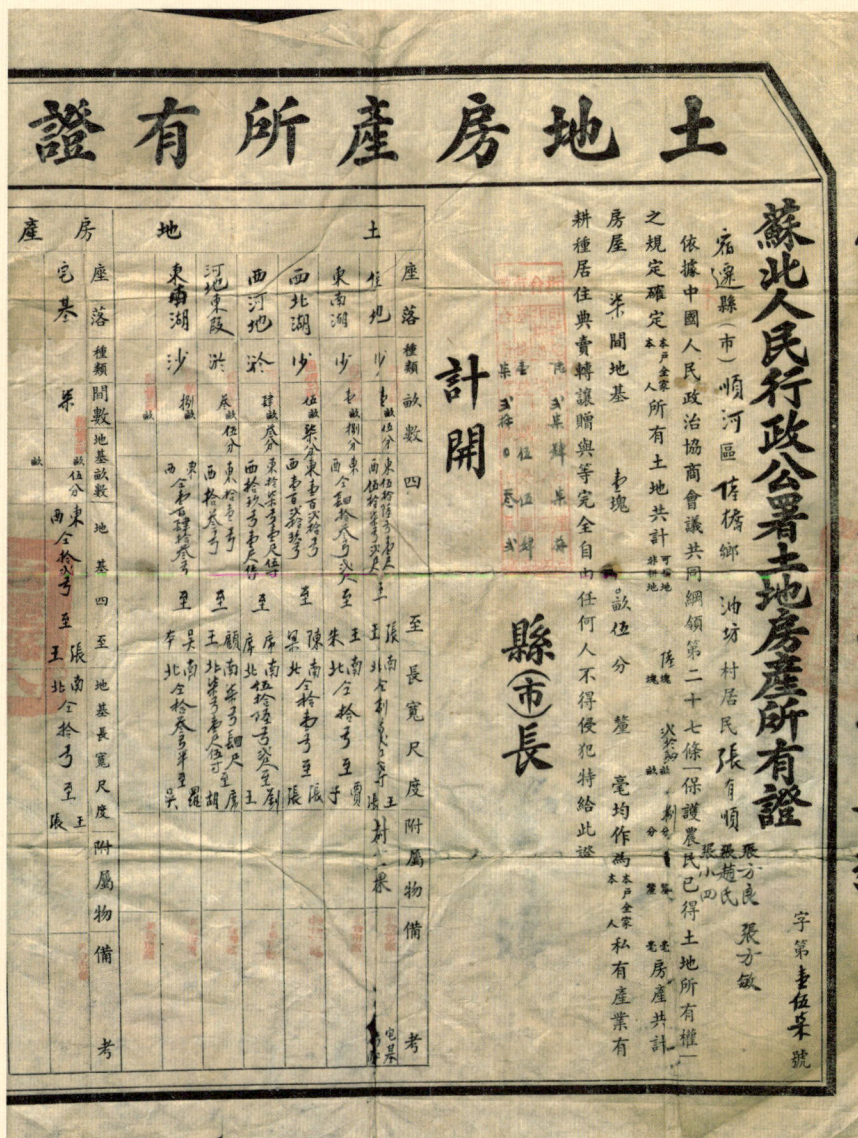

宿迁治蝗害规划图

保管单位：宿迁市宿豫区档案馆

内容及评价：

　　蝗虫灾害是宿迁历史上主要灾害之一。解放前，人们把战争、匪乱、水患、蝗害视为四大灾害。解放后，宿迁人民在党中央"整治并举"和"治早、治小、治了"的方针指引下，在各级党委和政府的领导下，经过广大干群二十余年的努力，基本上消灭了蝗害，把贫穷落后的蝗虫发生区，变成稻谷飘香的"淮北江南"。此张治蝗图是根据当时蝗虫灾害分布情况绘制的根治蝗害规划图，能够清晰地反映当时全县人民治理蝗虫的情况，具有重要的历史价值。

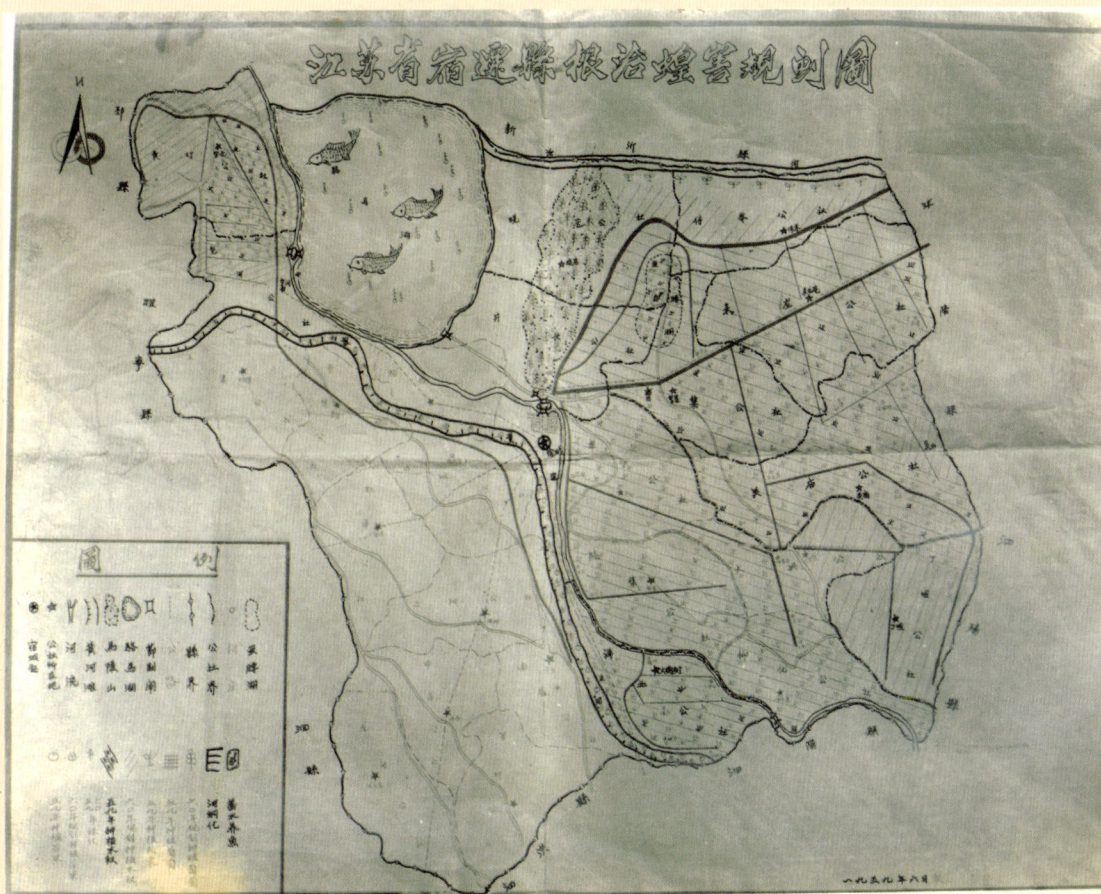

江苏省宿迁县根治蝗害规划图

泗洪县灭蝗照片档案

保管单位：泗洪县档案馆

内容及评价：

蝗虫，又称东亚飞蝗，对农作物的侵害极为严重。由于气候、地貌等原因，洪泽湖地区曾经是"蝗虫的天国"，蝗灾最频繁集中的地带是淮河下游的河湖地区。1912年至1949年，37年间共发生蝗灾27年次，平均1.4年便发生一次蝗灾。解放前，洪泽湖的蝗害给湖区人民带来无尽的灾难。新中国成立后，蝗区人民在党和政府的领导下，不断开展灭蝗工作，终于消灭了危害达数千年之久的蝗害，彻底改变了湖区人民的苦难生活。摄于1954年的泗洪县群众喷药灭蝗照片，生动再现了泗洪县雪枫区群众使用手摇喷粉器喷洒药物灭蝗的情形，为研究我国防蝗治蝗历史，特别是药物灭蝗历史留下了珍贵史料。

泗洪县群众喷药灭蝗照片

1954年蝗虫防治站部分科技人员合影。1953年1月，为了加大防蝗治蝗力度，蝗虫防治业务机构"安徽省宿县专区泗洪蝗虫防治站"成立，站址选在泗洪县城南青双公路东侧。

泗洪县二届一次人民代表大会全体代表合影

保管单位：泗洪县档案馆

内容及评价：

1957年2月19至23日，泗洪县第二届人民代表大会第一次会议在泗洪县青阳镇举行，出席会议代表315人，列席23人。会议听取并讨论通过代县长施俊昌所作《关于1956年政府工作情况和1957年工作任务报告》、副县长陈克占所作《1956年财政决算和1957年财政预算》，通过《致灾区同胞的慰问信》，会议号召全县人民克服困难，战胜灾荒，全力开展春季大生产运动，力争在三五年内有计划、有步骤地改变泗洪的贫困面貌。本次会议共收到代表提案195件。会议选举了县长、副县长、县法院院长和县二届人民委员会委员。该照片即为会议闭幕当天全体与会代表合影，具有珍贵的历史纪念价值。

泗洪县二届一次人民代表大会全体代表合影

泗洪县1962年先进农业生产代表合影照片

保管单位：泗洪县档案馆

内容及评价：

1962年12月16至20日，泗洪县1962年农业生产先进代表会议在县城举行，出席会议的先进单位代表255人。会议总结了当年农业生产工作，表彰了先进，并推选出27位出席省农业生产先进代表会议的代表。该照片即为会议期间县领导与推选出的27位出席省农业生产先进代表会议代表的合影，具有重要的历史价值。

江苏省贫下中农代表会议
泗洪县代表合影照片

保管单位：泗洪县档案馆

内容及评价：

1965年2月22日至3月6日，江苏省贫下中农代表会议在南京举行，到会代表共2748名。会议听取了省委领导江渭清同志和陈光同志的报告。与会代表参观了阶级教育展览会、南京汽车制造厂，观看了解放军和民兵的军事表演、机械农具的实地操作、革命现代戏，还凭吊了雨花台烈士陵园。部分代表向大会作了发言。该照片即为会议期间泗洪县代表的合影，具有重要的历史价值。

泗阳杨树档案

保管单位：泗阳县苗圃居委会、中国杨树博物馆、泗阳县档案馆
内容及评价：

泗阳是中国南方型杨树（意树）的发源地，境内现存全国最大的"杨树王"是其发展的"见证人"、"活化石"。从1972年引种至今，泗阳县在杨树繁育推广、规模造林、集约管理及杨木制品开发生产等方面都处于前沿，特别是为杨树在全国适生区的引种推广作出了巨大贡献，并多次受到上级主管部门的表彰。1980年11月，被国家林业部授予"林业科技成果二等奖"，1985年12月，被江苏省人民政府授予"开发苏北优秀科技项目壹等奖"，2003年，被中国林学会授予全国唯一的"中国意杨之乡"称号。泗阳杨树档案具有重要的经济研究参考价值。

1980年11月，中华人民共和国林业部颁给泗阳县林苗圃的奖状。

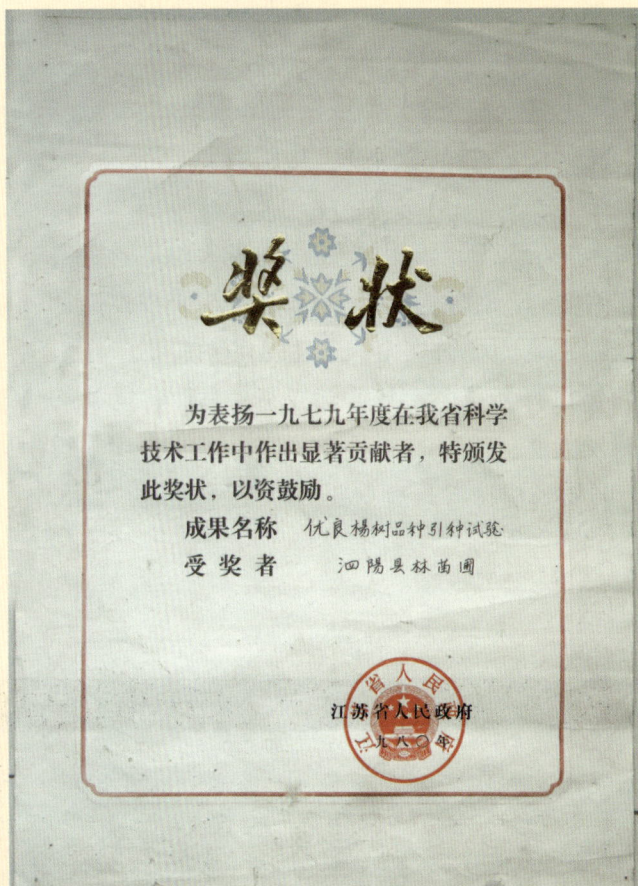

奖状

为表扬一九七九年度在我省科学
技术工作中作出显著贡献者，特颁发
此奖状，以资鼓励。

成果名称　优良杨树品种引种试验
受奖者　　泗阳县林苗圃

江苏省人民政府
一九八〇年

奖状

在一九七五年至一九八四年期间，由南京林业大学林学系杨树组
主持，江苏省农林厅林业局、泗阳林苗圃参加完成的
优良杨树引种试验和推广取得显著成绩，特授予开发
苏北优秀科技项目壹等奖，以资鼓励。

江苏省人民政府
一九八五年十二月

江苏省人民政府奖状

中国杨树博物馆馆内意杨树

技术鉴定证书

编号：苏科鉴字79008

优良杨树品种引种试验

研究试验单位：南京林产工业学院
　　　　　　　江苏省林业科学研究所
组织鉴定单位：江苏省革命委员会科学技术委员会
　　　　　　　江苏省革命委员会农林局
鉴 定 日 期：一九七九年十月二十五日

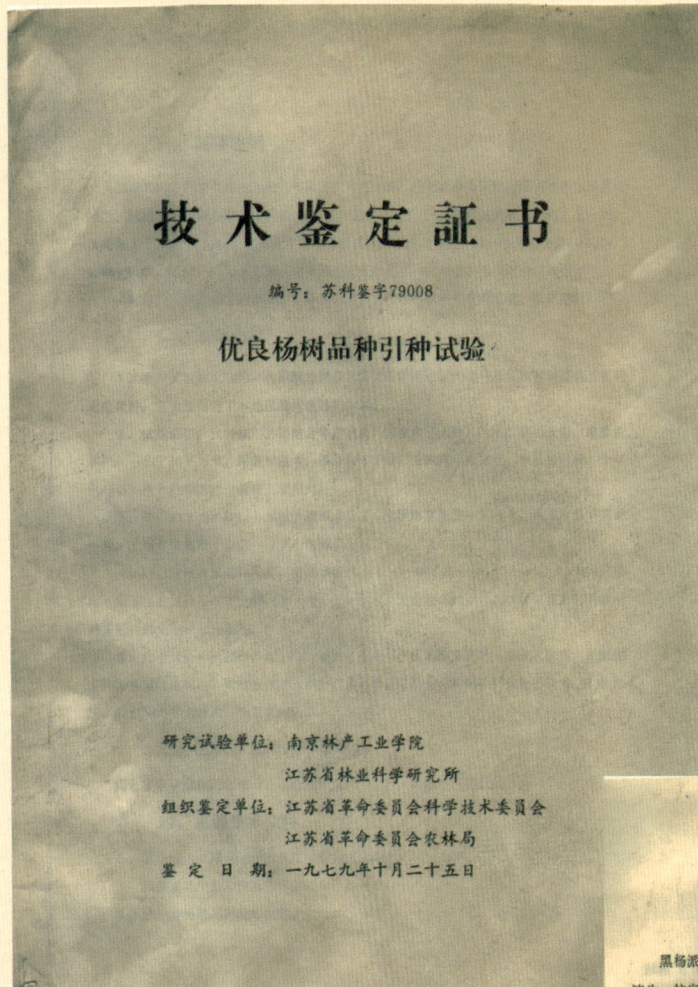

优良杨树品种引种试验技术鉴定证书

一、简要说明

黑杨派六个无性系是一九七二年从意大利引进的，经七年多点试验，证明在本地区具有速生、抗病、生长期长等优良性状，能够适应江苏的气候条件，如美洲黑杨Ⅰ—63、Ⅰ—69、欧美杨Ⅰ—72、Ⅰ—214，五年生平均单株带皮材积分别达到 0.40—0.59、0.34—0.54、0.48—0.67、0.15—0.40立方米。在徐淮地区可以推广，在本省其他地区可以试行推广。

木材是胶合板、造纸、刨花板、纤维板等工业的重要原料和民用建筑、家俱用材。

二、鉴定意见

1．引种试验是成功的，为徐淮地区及其类似条件的地区，进一步发展杨树提供了新的速生良种，有力地促进了本地区杨树造林的发展。

2．试验证明：良种推广必需结合丰产措施，其技术要点是：采用二年生大苗，单株营养面积不小于20平方米，深栽80厘米，加强科学管理。三至五年可出中、小径级用材，十年左右可出较大径级的胶合板等工业用材。

3．推广的立地条件：一般以沙质壤土较宜，土层厚度应在一米以上，地下水位不高于一米，土壤含盐量在千分之一以下，酸碱度不高于8.5。

4．应当因地制宜选择品种，在徐淮地区推广Ⅰ—72、Ⅰ—69、Ⅰ—63、Ⅰ—214；苏南平原地区可试行推广Ⅰ—69、Ⅰ—72、Ⅰ—33三个无性系杨树品种。同时应注意与其他树种搭配，避免单一品种栽植。

5．由于试验时间较短，对于品种特性，适生丰产技术措施需进一步深入研究，还要注意扩大其遗传基础，不断改良栽培杨树的遗传品质，以及大面积商品材基地建设和杨木加工、综合利用等新技术、新工艺的研究。

三、组织鉴定单位审查结论

同意鉴定会意见，江苏可以在徐淮地区推广栽种，其他地区可以试种。

四、主要技术文件

1．黑杨派六个现代无性系在江苏引种试验报告；

2．黑杨派几个新无性系造林立地条件的选择；

3．速生杨树新品种栽培技术。

—1—

李一氓题词 "沭阳影剧院"

保管单位： 沭阳县档案馆

内容及评价：

李一氓，四川省彭州市人，无产阶级革命家、诗人和书法家。在国内革命战争时期，任国民革命军总政治部宣传部科长，并先后任陕甘宁省委宣传部长、新四军秘书长。抗战胜利后，任苏北区党委书记，华中分局宣传部长。新中国成立后，任中国驻缅甸大使、国务院外事办副主任、中联部副部长、中纪委副书记等。

李一氓同志既是一位德高望重的革命家，又是久负盛誉的学者、诗人和书法家。他的书法在师承源流和审美取向上属颜真卿、何绍基一派，雍容大方，丰腴酣畅，气势足，格调高。无论战争年代，还是和平建设时期，他挥动椽笔，在淮海大地上留下了许多墨宝，体现了一位老革命者豪迈的气概和旷达的情怀。

"文化大革命"后，沭阳县建成了当时最大的影剧院——沭阳影剧院。因为李一氓同志曾任苏皖边区政府主席，既是沭阳的老领导，他的榜书大字又契合大型建筑物这样的载体，所以沭阳县委、县政府于1978年特请他为影剧院题写标牌，又于1983年再次请他补写了落款并加盖印章。至此这件书法作品遂成完璧。

就艺术而言，这是李一氓晚期书法中一件经意之作。这件作品饱含着他对老区人民的深情，体现了他对老区文化工作的支持。落款处一方"行年八十矣"的印章，是对时光飞逝的感慨，而一方"长征战士之一"的印章，则又显示了老当益壮的豪情。李一氓的这幅书法作品具有重要的史料价值和很高的艺术价值。

布赫为江上青烈士题词

保管单位: 泗洪县烈士陵园

内容及评价:

1995年7月10日,第八届全国人大常委会副委员长布赫到泗洪县烈士陵园凭吊瞻仰江上青烈士等革命先烈,为江上青烈士题写"浩气永存"四个大字。这幅题词凸显了国家褒扬革命先烈为人民解放事业英勇奋斗的精神,具有重要的史料价值,是进行爱国主义教育的好教材。

1995年7月10日,布赫为江上青烈士题词"浩气永存"。

江泽民为彭雪枫将军题词

保管单位： 泗洪县烈士陵园

内容及评价：

1997年8月16日，中共中央总书记、国家主席、中央军委主席江泽民为彭雪枫将军题词："文武兼备，一代英才，功垂祖国，泽被长淮"，表达了对彭雪枫将军丰功伟绩的深切缅怀和颂扬。题词为毛笔竖式书写，后经装裱，适于悬挂展示，是开展爱国主义教育的生动教材。

1997年8月16日，江泽民为彭雪枫将军题词"文武兼备，一代英才，功垂祖国，泽被长淮"。

宿迁设市档案

保管单位：宿迁市档案馆

内容及评价：

1996年7月19日，中共江苏省委、省人民政府作出区划调整决策，经国务院批准设立地级宿迁市。9月25日，市人大一届一次会议胜利召开，选举产生了"一府两院"领导班子，标志着地级宿迁市正式诞生，从此掀开了宿迁历史崭新的一页。宿迁设市是1983年实行市管县新的领导体制以后的一次区划调整的优化，是宿迁历史上的一次重大变革，有利于发挥宿迁作为徐州、淮安、连云港中心地带的区位优势，激励宿迁人民更加奋发有为、矢志改革，加快宿迁的发展。宿迁设市档案，其存史价值不言而喻。

国务院文件

国函〔1996〕58号

国务院关于同意江苏省调整淮阴市行政区划和设立地级宿迁市的批复

江苏省人民政府：

你省《关于调整淮阴市行政区划新组建地级宿迁市的请示》(苏政发〔1996〕32号)和《关于调整淮阴市行政区划新组建地级宿迁市有关问题的补充请示》(苏政发〔1996〕79号)收悉. 现批复如下：

一、同意调整淮阴市行政区划. 撤销县级宿迁市, 设立地级宿迁市, 将淮阴市的沭阳、泗阳、泗洪3个县划归宿迁市管辖.

二、宿迁市设立宿豫县和宿城区.

— 1 —

1996年7月19日，国务院关于同意江苏省调整淮阴市行政区划和设立地级宿迁市的批复。

宿豫县辖原县级宿迁市的顺河、耿车、皂河、埠子、大兴、来龙、蔡集、三官集8个镇和骆马湖、龙河、关庙、黄墩、陆集、罗圩、丁嘴、保安、曹集、晓店、塘湖、仰化、三棵树、侍岭、新庄、洋北、卓圩、赵埝、南蔡19个乡，县人民政府驻顺河镇黄运东路。

宿城区辖原县级宿迁市的宿城镇和井头、支口、双庄、果园4个乡，区人民政府驻宿城镇黄运路。

三、宿迁市人民政府驻宿城区宿城镇中山路。

四、调整后的淮阴市辖淮阴、涟水、金湖、洪泽、盱眙5个县和清河、清浦2个区，代管淮安市。

五、将淮阴市的灌南县划归连云港市管辖。

上述行政区划调整和机构设置均应本着"小政府、大社会"和"精简、效能"的原则，在不增加编制规模的情况下进行，所需经费由你省自行解决。

一九九六年七月十九日

1996年7月19日，国务院关于同意江苏省调整淮阴市行政区划和设立地级宿迁市的批复。

宿迁市建市汇报会在京举行（左起：许仲林、韩培信、芮杏文、费孝通、徐守盛、刘学东）

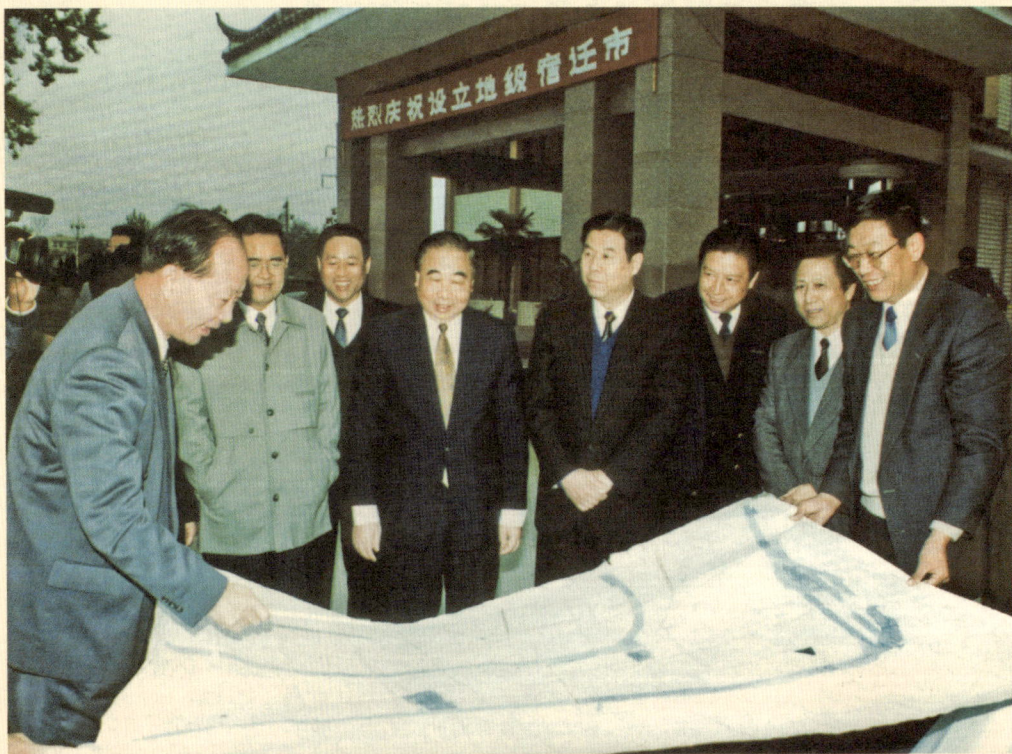

1996年11月15日，省领导在宿迁市现场办公（左起：市长刘学东，常务副省长季允石，省委副书记许仲林，省委书记陈焕友，省长郑斯林，省委常委、副省长俞兴德，省委常委、省委秘书长梁保华，市委书记徐守盛）。

1996年11月16日9时40分，省领导陈焕友、郑斯林、俞敬忠、胡福明分别为宿迁市委、市人大、市政府、市政协揭牌。

1996年12月14日举行的中共宿迁市第一届委员会第一次全体会议选举产生的首届市委常委合影（左起：李继业、周立新、詹荫鸿、朱玉振、徐守盛、刘学东、佘义和、陈伟、缪小星、仇和）。

通正齋生來稿

新會梁啟超撰

當見西人幼學之書分功課爲一百分而由家中教授者居七十二分由同學熏

者居九分由師長傳授者不過十九分耳兒童幼時母親於父日用飲食唱嬉戲

隨機指點因勢利導何事非教孟母遷宅教子俎豆其前事も故美國既

兒學塾近年教習皆改用婦人以其閒靜細密且能與兒童親也中國婦學不講

人母者半不識字安能教人基實已坐此今此事既未克驟改至其就學又

後一切教法亦宜稍變無俾泪没於學究之手記曰八歲人小學又曰

十年出就外傳今將八歲以下畧審中人之資所能從事者擬爲一功

課表世之愛子弟者或有取焉行此功課數年則能讀經史致筆書其功課別詳他篇

每日八下鐘上學師徒令揚孔教歌一遍然後肆業

八下鐘受歌訣書日盡一課每課二十百字每課以誦二十遍爲率

九下鐘受問答書日盡一課靴第一課即解歌訣書之第一課餘同

十下鐘剛日受算學柔日受圖學

爲解其義明日按所問而使學童答之答竟則授以下課

十下鐘剛日受算其學柔日受圖學

宿迁县志
（1）明万历《宿迁县志》

保管单位：宿迁市宿豫区档案馆

内容及评价：

宿迁建县于秦，历史悠久。宿迁自黄河夺淮后直当黄河下冲，屡为泽国，县治屡次迁徙。宿迁县志明万历之前无考，现在所保存的始创于1577年（明神宗万历五年），知县喻文伟主修，何仪、刘箅主纂，1577年刻本。今藏于浙江省宁波市天一阁和南京图书馆（影印胶片），已为海内外孤帙。宿豫区档案馆内现存的为1962年胡石侬手抄本。

万历《宿迁县志》共8卷。书中尽力追述县内1577年以前各方面情况，史料价值很高。何仪、刘箅皆学官，熟谙教育，故志书在学田、学租及资助贫困学生等方面记述较详细。志书前诸图包含总图、旧治之图、新城、县属、儒学、山川坛、社稷坛、凌云馆、察院、钟吾驿、马政厂、演武场图等。卷1舆地志，卷2建置志，卷3典礼志，卷4田赋志，卷5秩官志，卷6人物志，卷7词翰志，卷8杂志。各分志前均设有小序，阐述分志内各门类设置的理由，且小序言简意赅，一语中的，对后人编修地方志无题序的写法大有启迪。

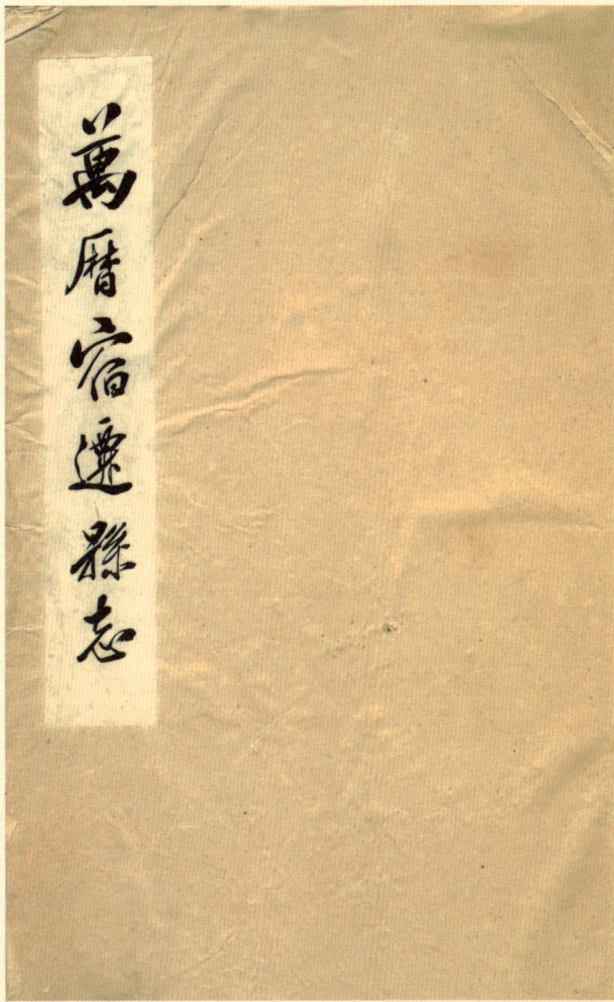

万历宿迁县志

注：喻文伟，字同宇，江西南昌人，举人出身，万历二年（1574）任宿迁知县，累官至北道监察御史。何仪，字吉斋，四川西充人，贡生出身，万历四年（1576）任宿迁县教谕。刘箅，字海峰，山东文登人，岁贡出身，万历二年(1574)任宿迁县训导。

万历宿迁县志序

宿遷縣志序

甚哉志之為義大也地理道風化實關焉
即古循良亦難之何者以其昭往而詔
来萬世之公論在也余承之茲　至即
索志以觀盖欲得其民物風俗為何似
而亟為之卹且稽前之令者
也不善為足

宿遷縣志　序
名

宿遷縣志卷之一

輿地志
　　沿革　郡表　郡名　疆域　至到
　　星野　形勝　山川　湖陂
志先地里述職方耳君封建以為治民
令則藏封以經理乎民者也故域稽禹貢正體輿也
方考天文辨星野也山峙川流必表之湖清陂注必
紀之庶一邑之形勝瞭然分合沿革有可考據
而理道斯舉矣志先輿地有以哉
　　沿革
　　　附郡表郡名
代不異域名以代殊沿於前革於後有定
故必表其異而紀其名俾後人亦町考之

宿遷縣志　卷之一　一

万历宿迁县志卷之一——舆地志

（2）康熙《宿迁县志》（又称《张忭私志》）

保管单位： 宿迁市宿豫区档案馆
内容及评价：

康熙《宿迁县志》（又称《张忭私志》）共12卷。张忭主纂，今存学量堂抄本，藏于上海图书馆。宿迁市宿豫区档案馆今存为1962年前后胡石侬手抄本。

张忭(约1634～1715)，字怡仲，又字尚元，号溧庵，邑廪膳生员。颖悟好学，能诗文，性刚直，常系范仲淹之心，忧天下安危。弱冠为廪膳生员。后曾三试于省不第，及壮，自度于科名无份，遂弃举业。居家涉猎四库杂书，致力经世之学。1659年后，黄河屡决，田野多荒，赋重役繁，民不聊生。清康熙二十三年(1684)，皇帝南巡至宿迁，他为民请命冒死呈《民本》，获准得减赋额三分之一。后因遭恶人陷害，被诬下狱。出狱后，闭门著述。1700年，张忭删除宿迁旧志的冗繁之处，补充其缺漏的内容，沿用的内容有十分之四，订正的内容有十分之六，自己没有看到的听到的，存疑不下结论。可以证实的，绝不自欺欺人，大胜从前官修纂本，真实地反映了当时社会政治风俗民阜情况，具有重要的史料价值。卷1舆地志，卷2建置志，卷3学校志，卷4典礼志，卷5田赋志（上、下），卷6（上）河防志，卷6（下）兵戎志，卷7秩官表，卷8人物志，卷9选举志，卷10女德志，卷11艺文志（上、下），卷12丛纪志。全书之首冠有张忭自序一篇。

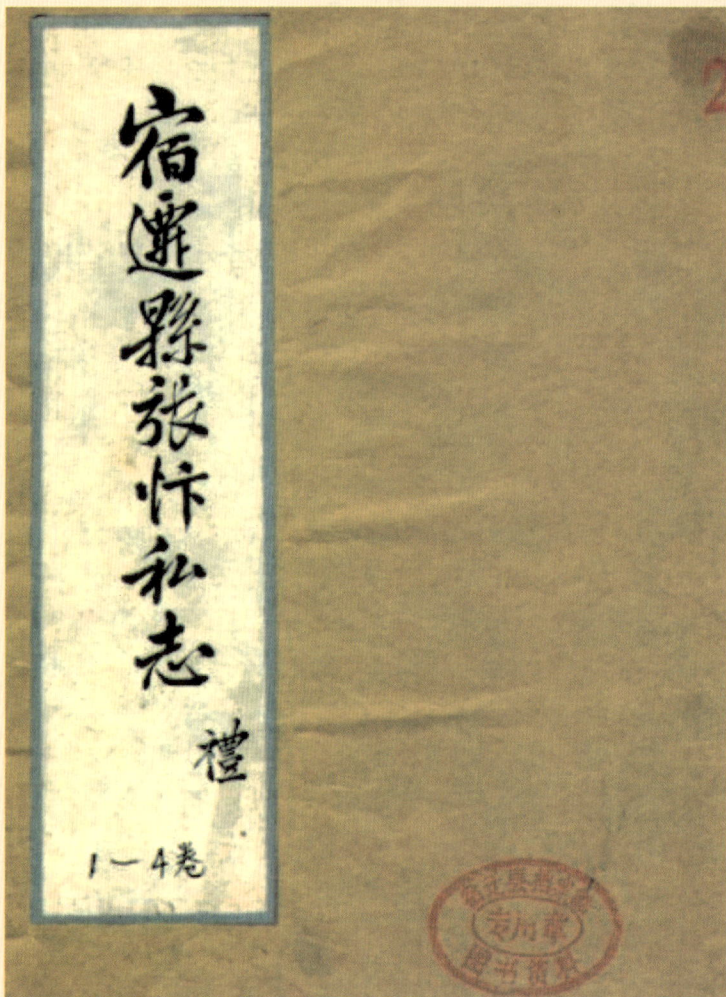

宿迁县张忭私志

学量堂私修縣志序

邑之有志～一邑之事也其體裁賴史而實亦不因何者史

主于記事故事不厭核文不厭詳筆不厭直而作者示敬自

抒其胸臆以期取信于天下後世志主于飾觀故凡涉筆

每舖張揚厲之詞又或甚鄉里之文士自為撰述則飾浮

增偽以為夸耀于不知之人亦往～而有之嗚呼接麟絕筆

以沒天下且無信史敢望有真志乎吾邑徑古為志自有

明萬曆年間草創于前令君喻公成書于今令君何公迄今

上原熙三年邑侯胡公重加篡脩名永城練君名林董貝

事石林以中州名士為令君重焉而志書中人物文章

宿遷縣志　　　舊序

学量堂私修县志序（张忭作）

又邑人所樂附以朱傳者于足酒食儆逐人云之雁酬日不暇
给凡旧志所列與地建置典礼田賦之故時採代還不多異
同修志者不知邑之人亦不留意遂槩置闕如僅子人物藝文
宦蹟官秩諸款補緝而未葡耤手以告成事志成未及授
梓官二十二年春前有一統志之修開為郡城郡重見
李撤州邑敦聘名儒宿庠曹先公登寮厥其選事具
先公自靳為雨闕月乃其所為補緝者杭均而
不知其所為杭均也嗟乎一統修志願代一遑
吾人移逢貝盛宜何如慎重顧于閭里之沿革暑舍之成
政学校典礼之興廢貪賦戶役之增損以及古蹟祥異

宦達邦者　前序

資劝载于志记可引者為主而識池人民戶口之散要威共
庶其老乎徇笑曰既查选黄冊所聊議亦不行論云其顋
惜之今三人苟能知陈葉所言之傷劣則續貂饶吾之
識吾知免夫

康熙壬午秋九月　　　　　邑人漭庵張南元題

凡有闗于国計民生者一切置而不问然則貝所為志者將何以
稱斯名耶余自惠難歸来縣逶杜門敉年不入城市庚辰秋
門人王平平手期編謂余曰邑志文献所係而書不足傳持
謂俗人何先生狗無意手余曰唯々吾不敢任乎不敢辞其
不敢任者不敢求異前人其不敢辞者誠不恵歇貝闕舉
今后人無所致信也因為芟其繁蕪補其挂漏因仍与什
之四訂正者什之六見同人之所見及者存其整年目所可據
者断不敢自欺其心以欺後之人而命曰私修以忘余懺
且以別于官也普明景帝時修寰宇通志棠侍郎威
言檢經裁陈循已好欲纪将代一統之威宜卽其間軍圍

官生繁志　初序

学量堂私修县志序（张忭作）

（3）民国《宿迁县志》

保管单位： 宿迁市宿豫区档案馆

内容及评价：

民国《宿迁县志》共20卷，由宿迁县会文斋印刷局承印，1935年春月出版。该志由当时的国民党中央政治委员会委员、民众训练部部长周佛海亲笔题写书名，国民政府江苏省政府主席陈果夫作序。该志分图、记、志等类，表、传则散见于各专志中。该志舆图"悉根诸专家实测"，采用现代科学方法绘制，加色套印，故于全县疆域之广袤，山丘之高度，河流之径流，与夫市镇村落之位置，地层物产之分布，均能一目了然。该志在志料的采集与内容辑录方面，有其独到之处。力矫旧志重人文轻经济之弊，关注国计民生，举凡全县之农矿工商诸业，无不述其历史，详其现状，条其得失，以利兴革，这些是此部志书的特色，也是其他志书所不及的。

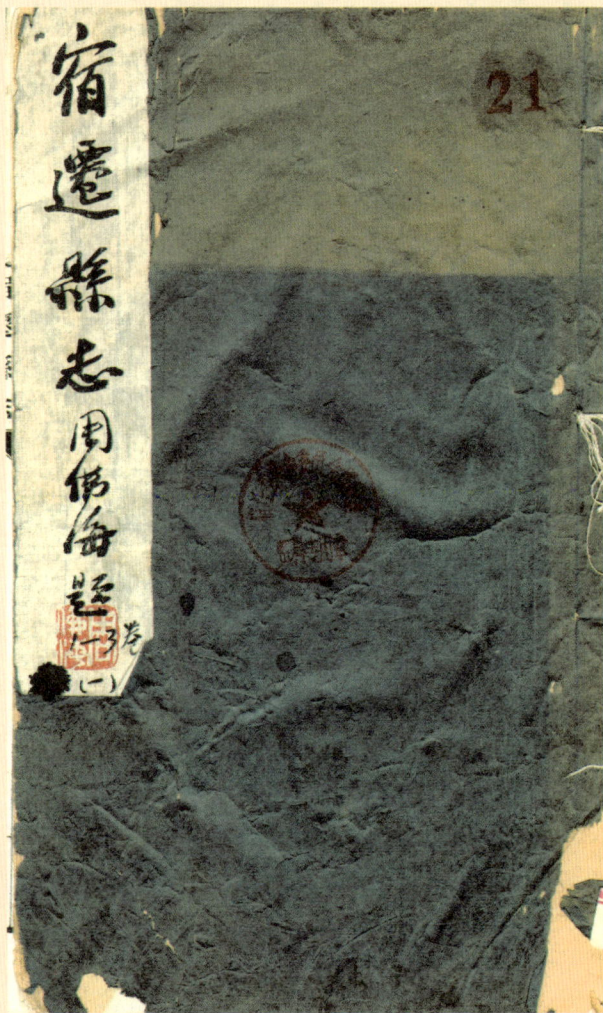

《宿迁县志》封面（字为周佛海所题）

《宿迁县志》扉页（字为余井塘所题）

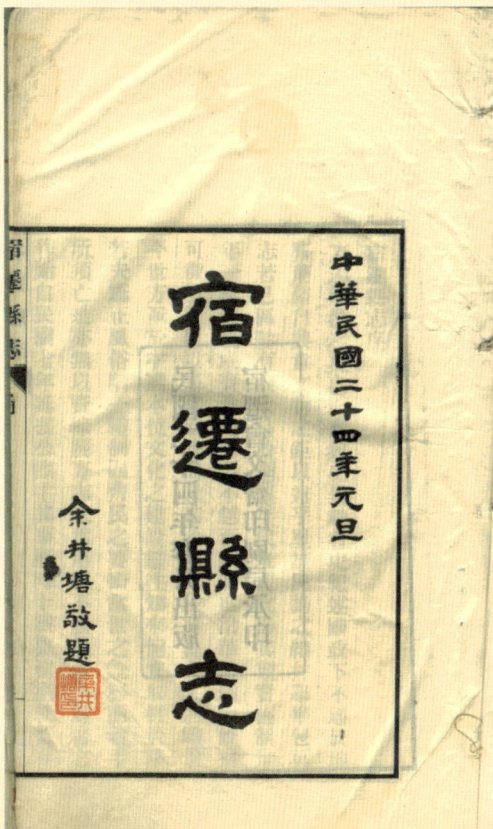

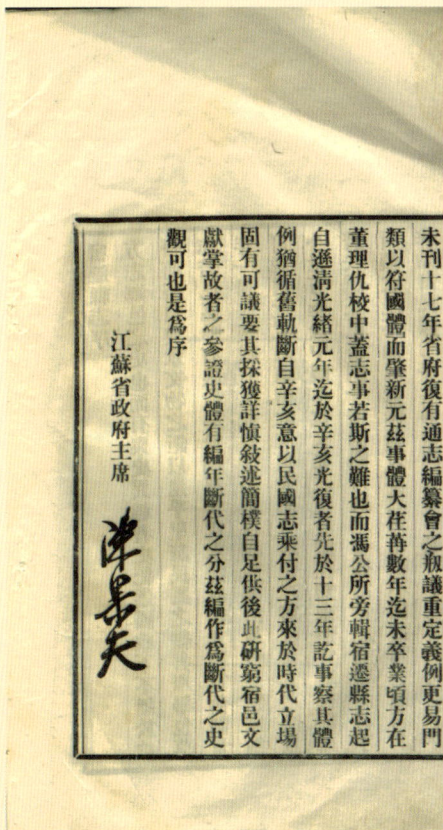

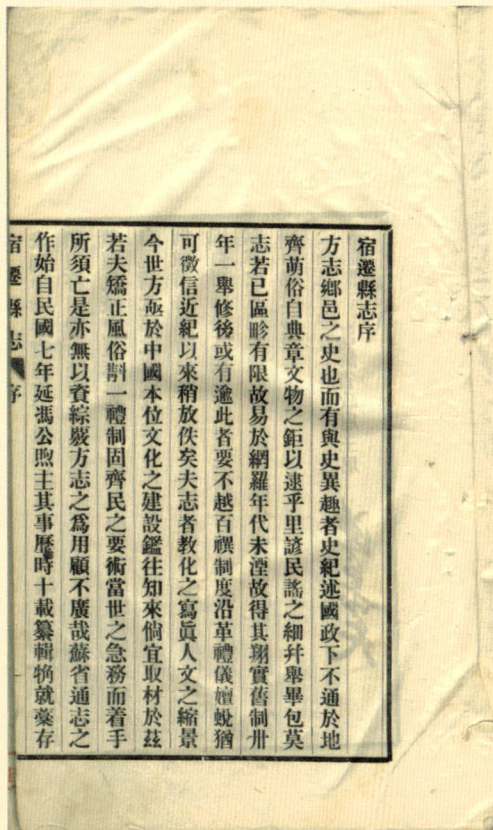

《宿迁县志》序（陈果夫撰）

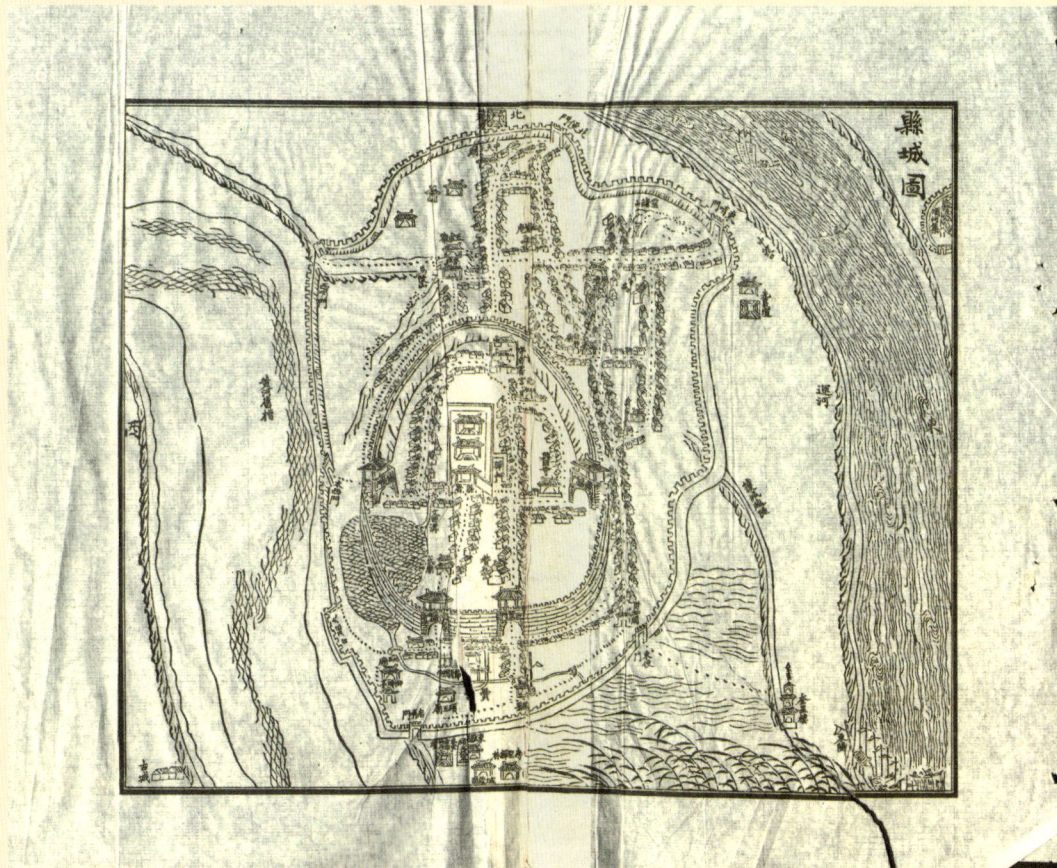

宿迁县城图

清康熙十三年《沭阳县志》

保管单位： 沭阳县档案馆

内容及评价：

　　康熙十三年（1674）《沭阳县志》共四卷，主要内容有图考、建置、星野、疆域、山川、风俗、城池、河防、封建、富口、田赋、物产、职官、公署、学校、选举、庙祀、陵墓、古迹、后妃、名官、人物、考羲、烈女、隐逸、仙释、方伎、艺文、杂辨。《沭阳县志》作为"一方之全史"，具有"存史、资政、教化"的作用，对于研究沭阳各方面的历史和文化都有重要的参考价值。

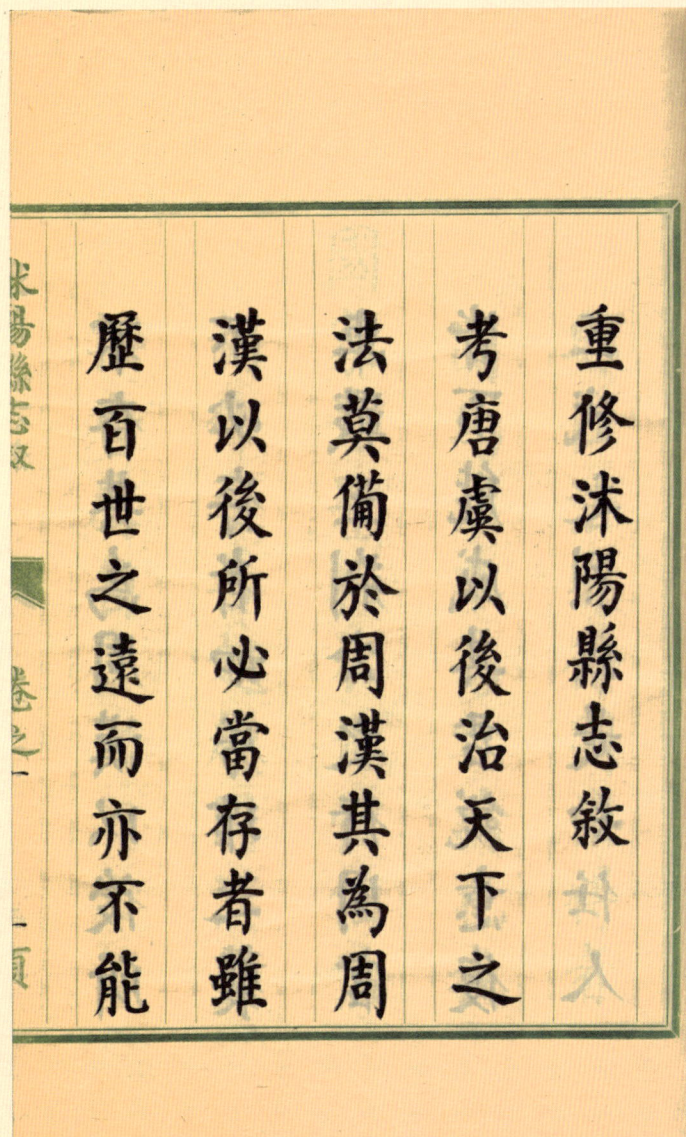

《重修沭阳县志》序

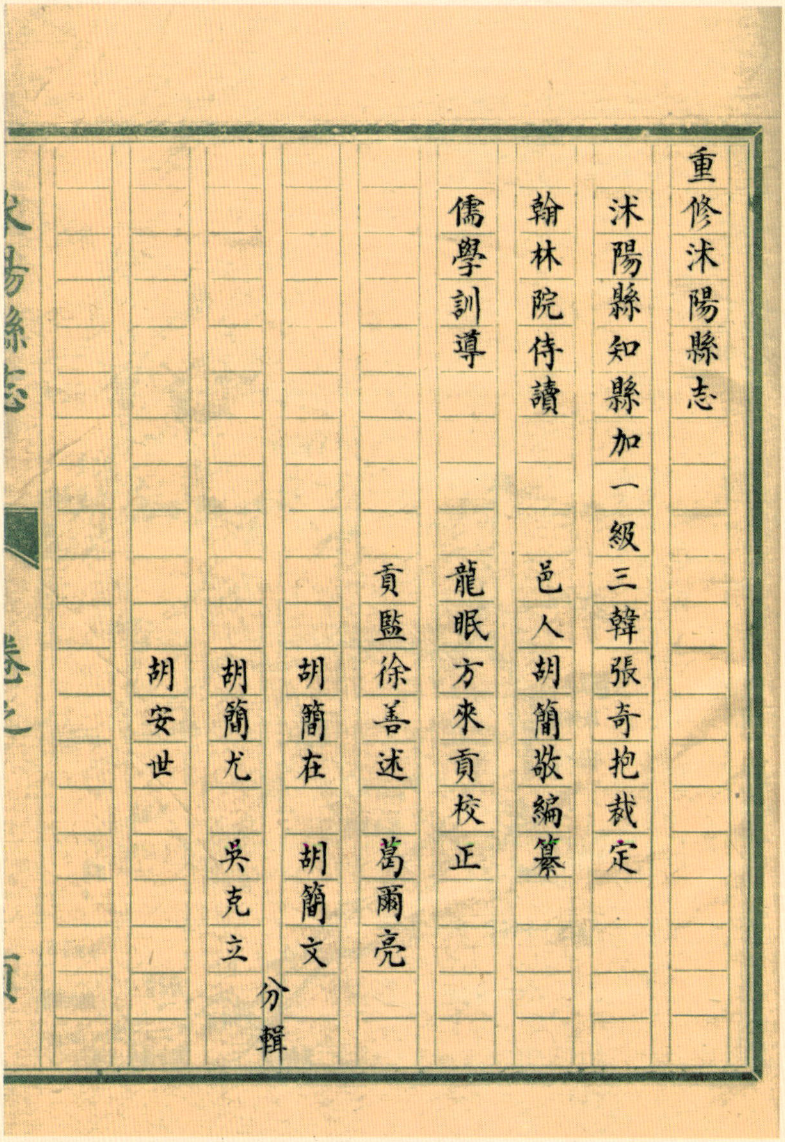

重修沭陽縣志

沭陽縣知縣加一級三韓張奇抱裁定

翰林院侍讀　　邑人胡簡敬編纂

儒學訓導　　龍眠方來貢校正

貢監徐善述　葛爾亮

胡簡在　胡簡文

胡簡尤　吳克立

胡安世

分輯

沭陽縣志　卷之一

《重修沭阳县志》编纂

清光绪《重修泗虹合志》

保管单位： 泗洪县档案馆

内容及评价：

《重修泗虹合志》是清光绪十四年（1888）由时任泗州知州方瑞兰主修，泗州岁贡生江殿飏、虹乡廪生许湘甲执笔纂成。因历史上泗州、虹县分设时间久远而合并时间不长，取州、县合志例。全书19卷，约30余万字，其中涵盖历史、地理、水利、赋税、教育、兵备、人物、艺文、风俗、礼仪诸方面，内容极为丰富。对于研究苏北、皖北地方历史具有很高的史料价值，尤其为后世了解和研究当时以及更早时期的水利、赋税、人物等提供了难得的史料。当然，由于历史的局限，此志书难免打上封建统治阶级思想烙印，如对封建统治者的吹捧，对农民起义的污蔑，对封建礼教的颂扬等。

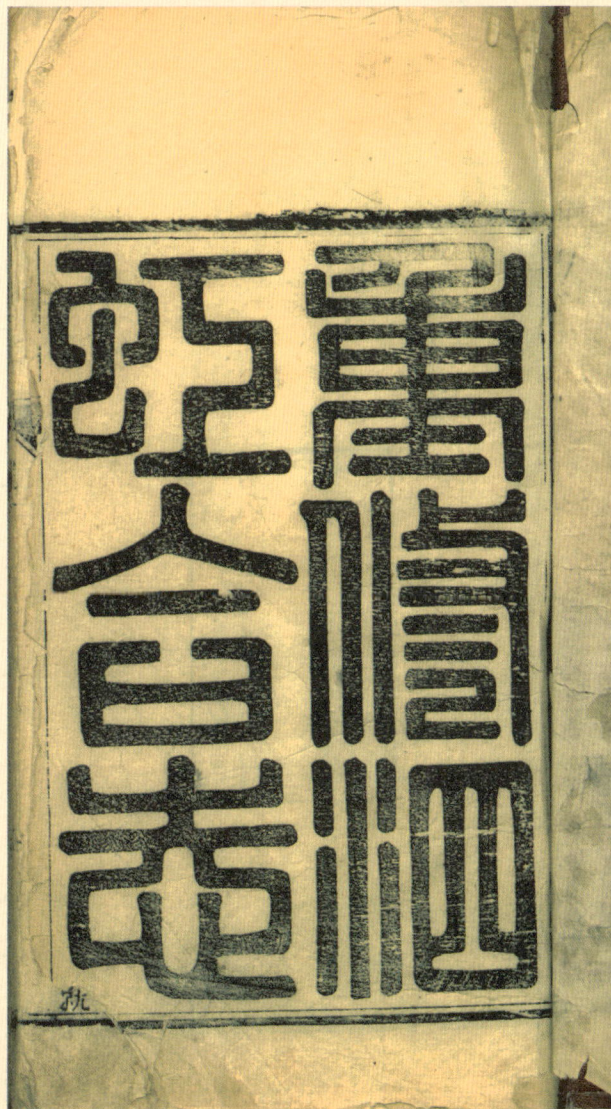

《重修泗虹合志》序

重修泗虹合志序

郡邑皆有志非獨資考鏡議變遷亦人心風化所繫也蓋逆
之變皖省各城淪陷殆盡存著僅一二泗州其一也癸未冬
予捧檄守是郡喜其地處完善思民閒之藏書官墨之案牘
靡不畢具受篆數日索州志書吏僉曰無之聞而愕然咨與
士紳見始知自泗城沈於水舊志罕有亦殘闕遷移泗署
於虹邑有志重修者惟前廸牧葉公又未竟其事而去噫遠
公去後轉瞬百餘年矣時愈遠則
稽考愈難慨然欲補葉公未了之願惟是民貧地瘠歲屢徘
無歉可籌爲耿耿者久之丁亥春薄有所措集士紳籌議沈

泗洪疆域图

民国《泗阳县志》

保管单位：泗阳县档案馆

内容及评价：

《泗阳县志》是张相文1920年至1926年历时六年在泗阳南园主持编修完成的，它与黄炎培的《川沙县志》、余绍宋的《龙游县志》并称为民国三大著名县志。《泗阳县志》共13册，25卷。

张相文（1866～1933），江苏泗阳县人，革新中国地理学的先驱、教育家、爱国志士。1901年出版中国最早的地理教本《初等地理教科书》、《中等本国地理教科书》。1908年出版中国最早的自然地理学著作《地文学》。1909年在天津发起成立中国最早的地理学术团体中国地学会，并当选为会长。次年创办中国最早的地理刊物《地学杂志》。还著有《泗阳县志》、《佛学地理志》、《南园丛稿》和《地质学教科书》等。他提出的秦岭——淮河为中国南北分界线的科学论断，被西方学者认为是20世纪中国地理学最伟大的发现。

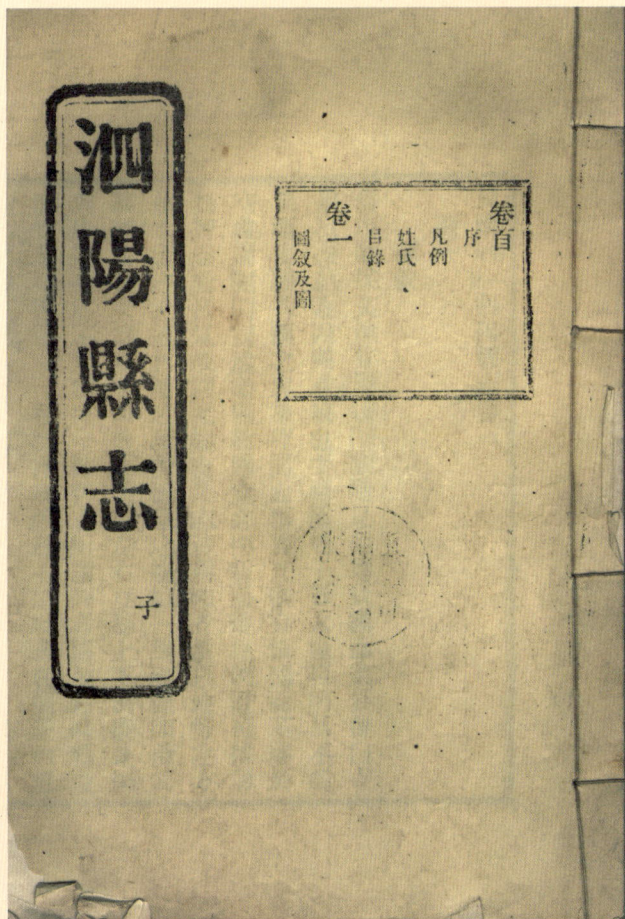

《泗阳县志》

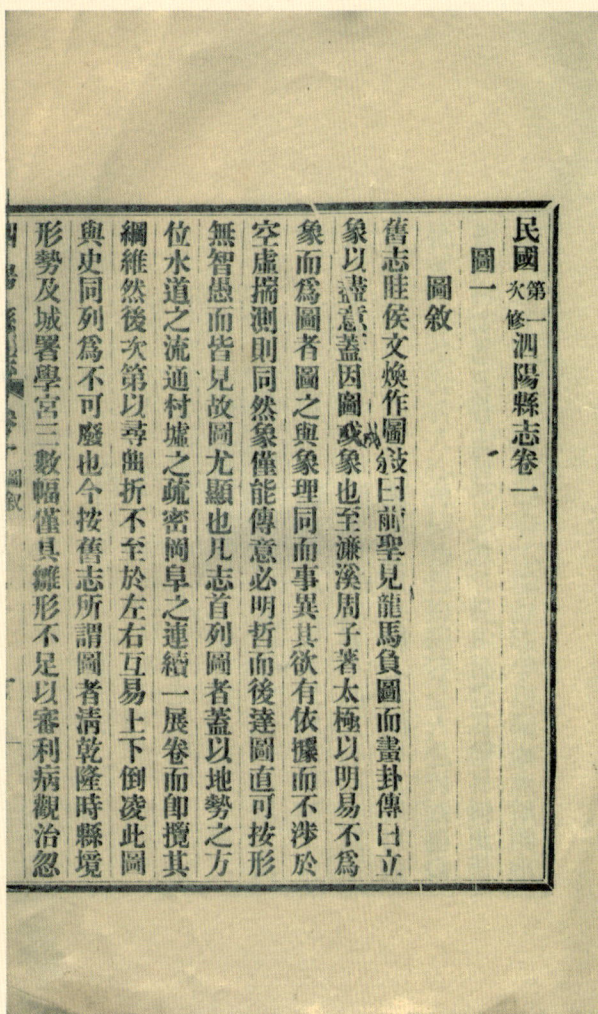

民國
第一
次修泗陽縣志卷一

圖一

圖敍

舊志睢侯文煥作圖發曰前聖見龍馬負圖而畫卦傳曰立
象以盡意蓋因圖或象也至濂溪周子著太極以明易不爲
象而爲圖者圖之與象理同而事異其欲有依據而不涉於
空虛揣測則同然象能傳意必明哲而後達圖直可按形
無智愚而皆見故圖尤顯也凡志首列圖者蓋以地勢之方
位水道之流通村墟之疏密岡阜之連續一展卷而即攬其
綱維然後次第以尋曲折不至於左右互易上下倒置此圖
與史同列爲不可廢也今按舊志所謂圖者清乾隆時縣境
形勢及城署學宮三數幅僅具雛形不足以審利病觀治忽

《泗阳县志》卷一

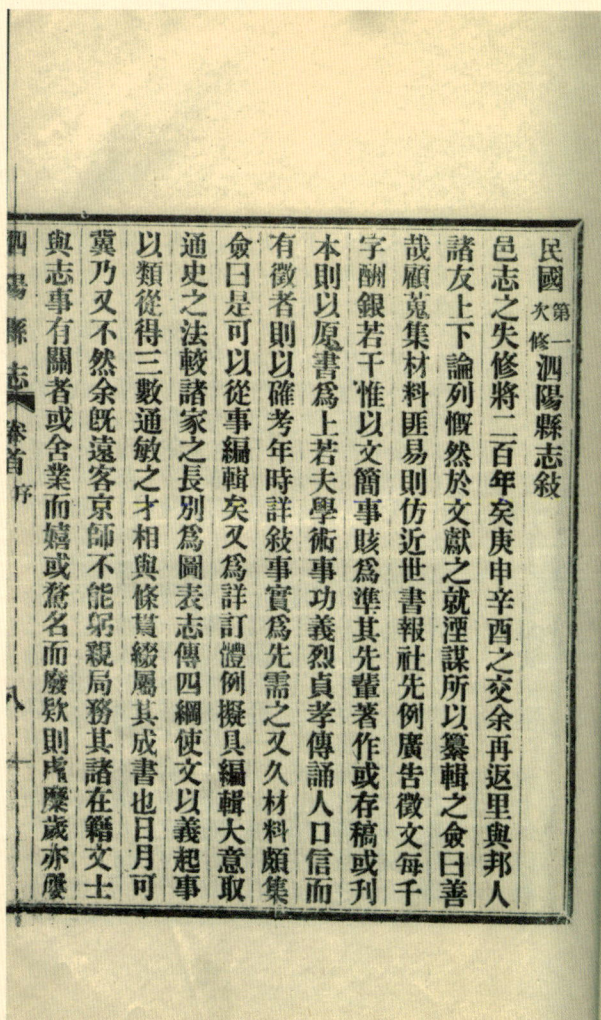

民國
第一
次修泗陽縣志敍

邑志之失修將二百年矣庚申辛酉之交余再返里與邦人
諸友上下論列慨然於文獻之就湮謀所以纂輯之僉曰善
哉顧蒐集材料匪易則仿近世書報社先例廣告徵文每千
字酬銀若干惟以文簡事賅爲準其先輩著作或存稿或刊
本則以願書爲上若夫學術事功義烈貞孝傳誦人口信而
有徵者則以從事編輯矣又爲詳敍事實爲先需之又久材料頗集
僉曰是可以從事編輯矣又爲詳訂體例擬具編輯大意取
通史之法較諸家之長別爲圖表志傳四綱使文以義起事
以類從得三數通敏之才相與條貫綴屬其成書也日月可
冀乃又不然余既遠客京師不能躬親局務諸在籍文士
與志事有關者或含業而鶩或慕名而廢歟則戎驛歲亦屢

《泗阳县志》序

泗阳县总图

泗阳县清末及民国老报纸

（1）《时务报》

保管单位： 泗阳县档案馆

内容及评价：

《时务报》为旬刊，光绪二十二年（1896）8月9日在上海创刊，于光绪二十四年（1898）8月8日停刊，共出69册。报纸采用连史纸（注）、石印印刷。泗阳县档案馆馆藏《时务报》共2册，分别为光绪二十三年（1897）正月二十一日出版的第十八册和光绪二十三年（1897）二月初一日出版的第十九册。其中第十八册章炳麟的政论《论亚洲宜自为唇齿》、《盛京卿宣怀拟办铁路说贴》，第十九册梁启超的《论学校五·变法通议三之五·幼学》等都是宣传维新运动的文章，具有珍贵的收藏和研究价值。

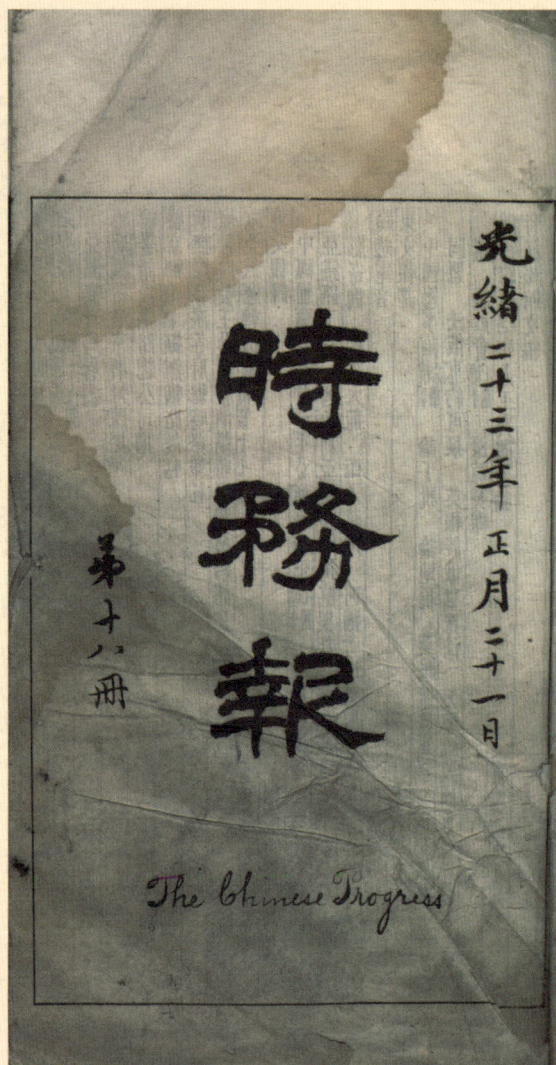

《时务报》第十八册封面

注："连史纸"又叫"连四纸"、"连泗纸"，素有"寿纸千年"美称，早在元代即被誉为"妍妙辉光，皆世称也"。连史纸原产于福建省邵武，采用嫩竹做原料，碱法蒸煮，漂白制浆，手工竹帘抄造，有72道工艺。旧时，凡贵重书籍、碑帖、契文、书画、扇面等多用该纸。

《时务报》第十八册目录

光緒二十三年二月初一日
時務報
第十九册
The Chinese Progress

《时务报》第十九册封面

時務報第十九冊目錄

論學校五 續第十八冊 變法通議三之五 幼學　　新會梁啟超撰

論學會有大益於黃人並且保護　　餘杭章炳麟撰

總署議覆臚建船政摺 並恭錄 論七日

咨議中國銀行大概章程　　新會梁啟超撰

英文報譯

論洋人來函以新設郵政為不便 論一千八百九十六年歐美各國商務情形 論傳言英將控告羅文一案 論俄國鐵路二則 論俄國鐵路 陸軍犬隊 審斷喀律致死事八則　　桐鄉張坤德譯

路透電音

東文報譯

列國去年情形 論歐洲現情 地球大局之動力 論英國外交 英國版圖擴大 英國海軍 論英德工商 俄國形勢 英儒論列國權謀　　日本古城貞吉譯

譯紐約講學報

非洲瓜分 一千八百九十五年之日本 罪犯作工 從御氣球 電製鋼　　桐鄉張坤德譯

重譯富國策 續第十六冊　　青浦朱開第來稿

溫水療病　　過正齋生來稿

論學校五 續第十八冊 變法通議三之五 幼學　　新會梁啟超撰

當見西人幼學之書分功課爲一百分而家中教授者居七十二分由同鄉子熏習者居九分其由師長傳授者不過十九分其兒童幼時母親於父日用飲食唱嬉戲隨機指點因勢利導何在非學何事非教孟母遷至教子俎豆其前事方故屋豈兒學塾近年教授皆改用婦人以其閒靜細密且能與兒童親也中國婦學不講爲人母者半不識字安能教人始基之壞實已坐此今此事既未克驟改至其就學之後一切教法亦宜精變無俾爾許人才皆汩沒於學究之手記曰八歲入小學又日十年出就外傳今將八歲以上十二歲以下著審中人之資所能從事者籨爲一功課表世之愛子弟者或有取焉行此功課數年則能縱觀史格致等書其功則詳他篇

每日八下鐘上學師徒合誦瞥揚孔教歌一遍然後肄業

八下鐘受歌訣書日盡 母課二每課以誦二十遍爲率

九下鐘受問答書日盡 一課孔問答書歌訣書之註疏問答書之不必成誦師爲解其義明日按所問而使學童答之答竟則授以下課

十下鐘剛日受算學先習筆算一年以後漸及代數每日由師命二題令學童布算

凡受算學先習筆算一年以後漸及代數每日受圖學

《时务报》第十九册目录

（2）《南洋五日官报》

保管单位：泗阳县档案馆

内容及评价：

《南洋五日官报》线装书，初为两日刊，从1905年3月起改为旬刊，1909年1月又改为五日刊，直至1911年9月停刊，前后出刊长达7年，茅谦为报刊总编纂。泗阳档案馆馆藏《南洋五日官报》共3期，分别为宣统元年（1909）七月二十九日发行的第四十五期，十月二十七日发行的第六十九期，宣统二年（1910）十月二十一日发行的第一百二十九期，对于研究报刊史具有重要的价值。

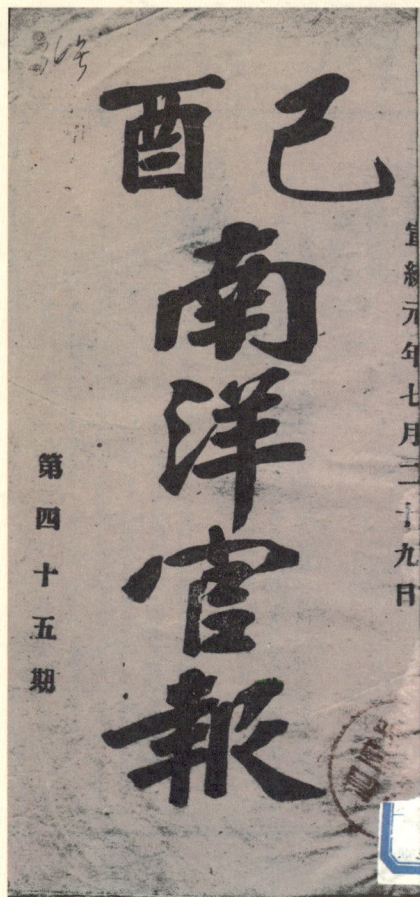

《南洋五日官报》第四十五期　　　　　　　《南洋五日官报》目录一

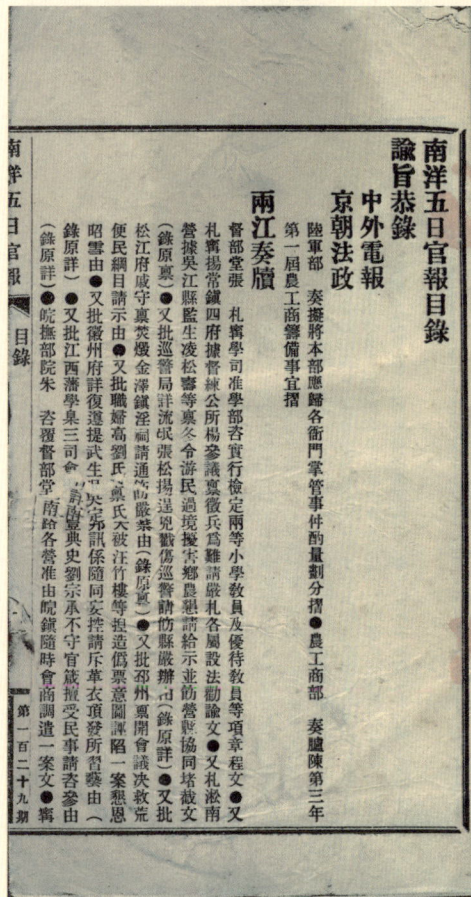

注：茅谦，镇江人，我国著名桥梁专家茅以升的祖父，镇江第一代报人。1917年，病逝于镇江老家。

《南洋五日官报》第六十九期

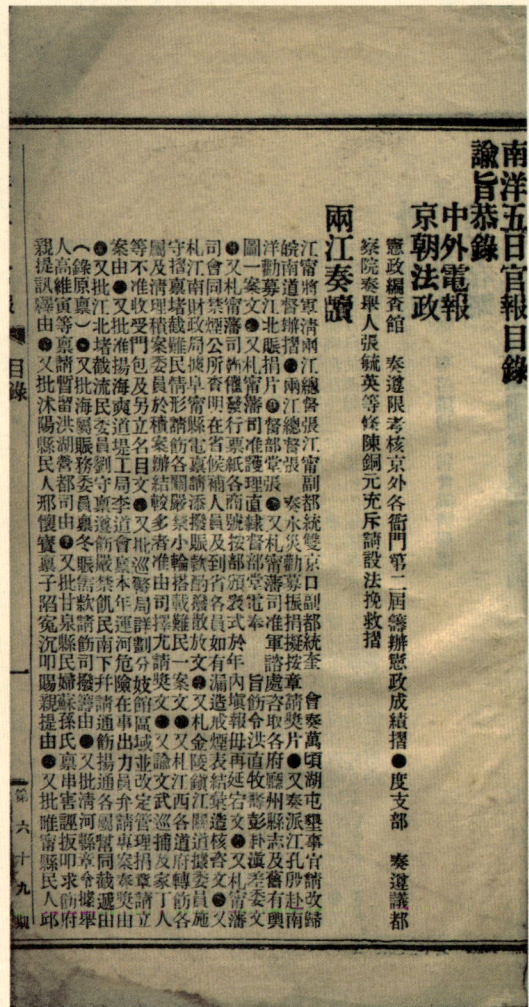

《南洋五日官报》目录二

（3）《国风报》

保管单位：泗阳县档案馆

内容及评价：

　　《国风报》1910年2月20日创刊于上海，该刊为中国资产阶级立宪派的理论刊物，其中论说、时评栏目主要阐述君主立宪理论，抨击君主专制，要求速开国会，建立责任政府，抵制民主共和，反对暴力革命。梁启超是该刊的主要编辑、撰稿人，使用的笔名是"沧江"。《国风报》是《政论》杂志停刊以后，康、梁立宪集团的主要舆论工具。泗阳县档案馆馆藏的3期《国风报》，分别为宣统二年（1910）十一月初一日第三十期、十二月初一日第三十三期、十二月二十一日第三十七期。其中第三十期明水的《美国政局之剧变与卢斯福》，第三十三期沧江的《新官制之副大臣》、《硃谕与立宪政体》，第三十七期沧江的《政府阻挠国会之非》都是宣传资产阶级君主立宪理论思想的文章。《国风报》迄今已逾百年，又以论说、时评等栏目见长，对于研究清末至辛亥革命这一历史阶段中国的思想史、文化史，都有重要的资料价值。

《国风报》第一年第三十期

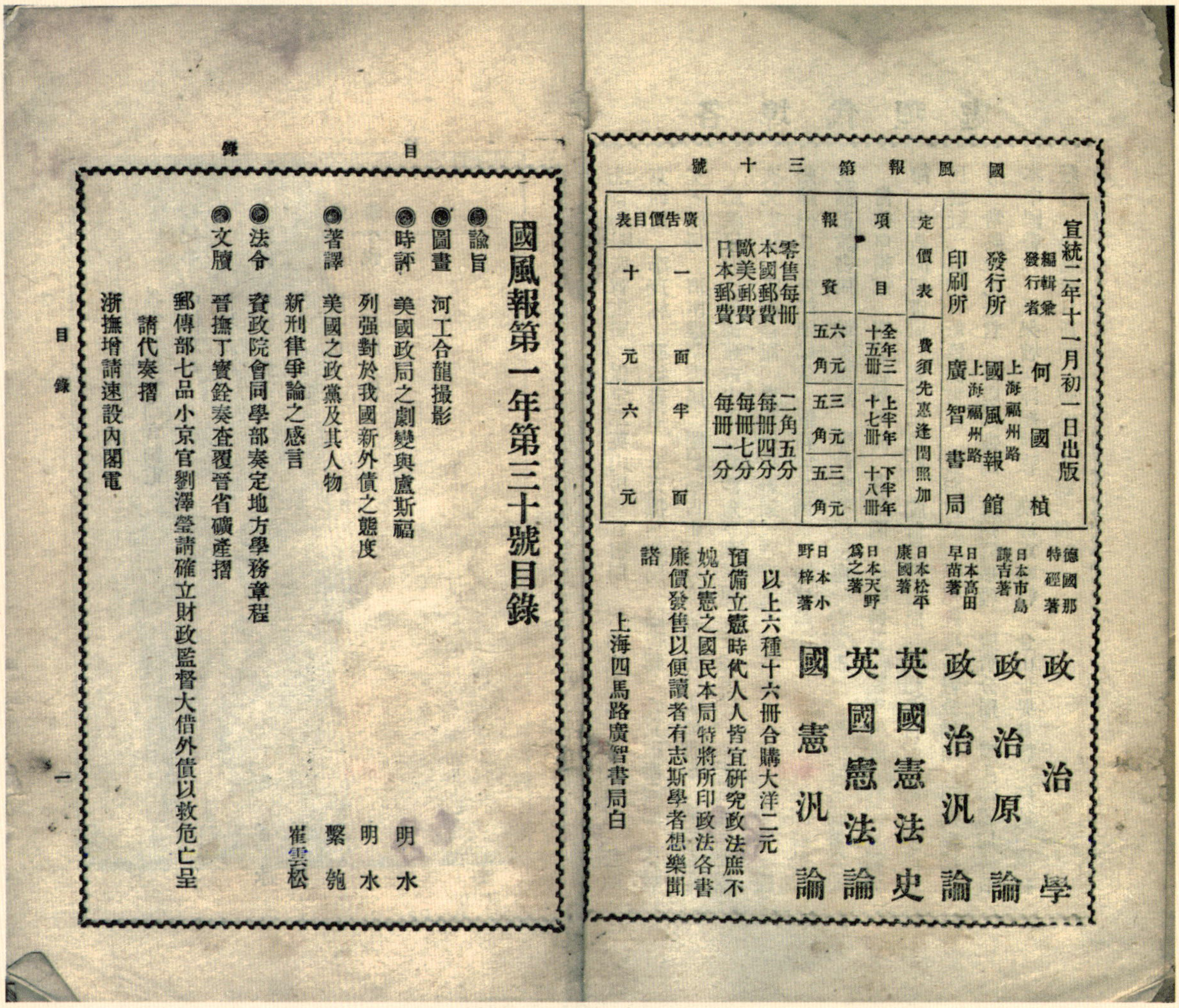

目錄

國風報第一年第三十號目錄

- 論旨
- 圖畫　河工合龍撮影
- 時評　美國政局之劇變與盧斯福　明水
- 　　　列强對於我國新外債之態度　明水
- 著譯　美國之政黨及其人物　繫匏
- 　　　新刑律爭論之感言　崔雲松
- 法令　資政院會同學部奏定地方學務章程
- 　　　晉撫丁寶銓奏查覆晉省礦產摺
- 文牘　郵傳部七品小京官劉澤縈請確立財政監督大借外債以救危亡呈請代奏摺
- 　　　浙撫增請速設內閣電

目錄　一

國風報第三十號

宣統二年十一月初一日出版

編輯兼發行者　何國楨

發行所　上海福州路　國風報館

印刷所　上海福州路　廣智書局

定價表	項目	報費
費須先惠逢閏照加	全年三十五冊	六元五角
	上半年十七冊	三元五角
	下半年十八冊	三元五角

零售每冊二角五分

本國郵費每冊四分

歐美郵費每冊七分

日本郵費每冊一分

廣告價目表	
一面	十元
半面	六元

德國那特硜著　政治學

日本市島謙吉著　政治原論

日本高田早苗著　政治汎論

日本松平康國著　英國憲法史

日本天野爲之著　英國憲法論

日本小野梓著　國憲汎論

以上六種十六冊合購大洋二元

預備立憲時代人人皆宜研究政法庶不媿立憲之國民本局特將所印政法各書廉價發售以便讀者有志斯學者想樂聞諸

上海四馬路廣智書局白

《国风报》第一年第三十期目录

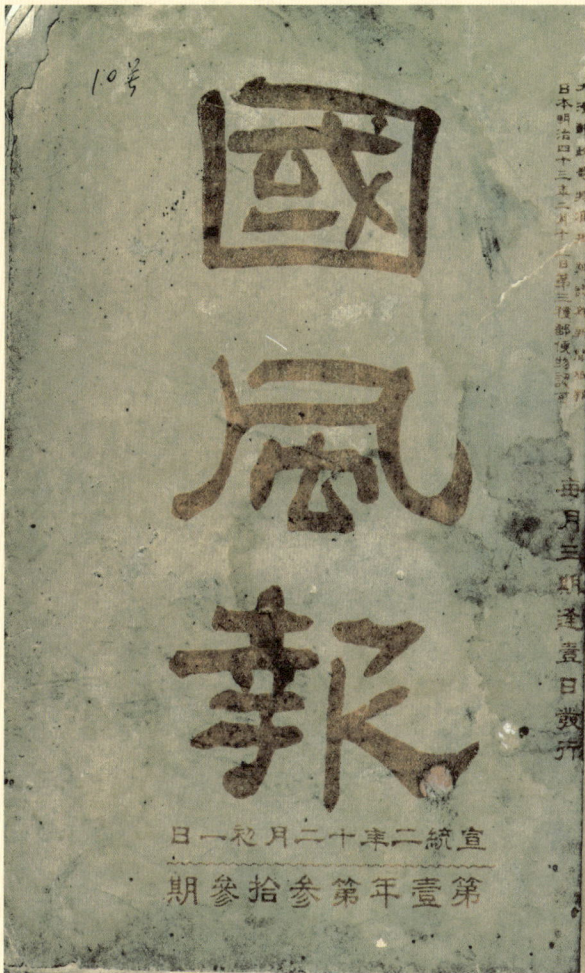

《国风报》第一年第三十三期

《硃谕与立宪政体》（沧江）

上半页

右页 (22) 第一年第三十三号

時評

以為立憲國之命脉者其精神皆在於是故近世各立憲國苟其詔勑有不經大臣副署者祇認為君主以自然人之資格

若近世之立憲國則凡政治上之詔勑不經君主之權也法理之結果不然也英國務大臣副署者不認為有效者非朝君主之權也夫人性可以為善可以為惡不必以一自然人而能國者以不仁為國者之最高機關者是人也而曰君主者即以一自然人而居學者之則法行司法三大權而總攬之然者否也何與他之分使他機關而始動苟其精神皆以成其耳既有其能為善而不能為惡蓋此權最高機關者一國立法行政司法三大權而總攬之然者否也何與他之分使他機關而始動苟其精神皆以成其耳既有此條件則責任自有所歸董難有違法違憲之詔勑大臣副署亦非以成其為詔勑

而發私牘不認其為以國家機關之資格而發公文此不必君主為然也即以普通官吏論無論何人皆不能無私牘終亦不能與公文相混既名曰公文則必有責行用印等種種條件有一不具即失其為公文之用此事理之至淺者也故君主雖為詔勑成立之大臣署名之條件其作用亦豫是耳既有此條件則責任自有所歸

左页 (23) 国风报

殊諭與立憲政體

使君主違法違憲之舉得現於實者皆副署之大臣成之也所謂大臣負責任者非責任本在於君主而大臣代負之也君主本無責任而責任實全存於大臣之自身也

之也淺謂者流或以為君主如固公抗法於伯辟為惡如幾絆戕賊千之僕如大謬也夫臣

民之尊君親上以實不以文故曰是戴路馬都會路焉有誅罰其父者耶

下半页

右页 (24) 第二年第三十三号

時評

據於富君者明以君為過舉徒束於名分不敢議則議其所親親則寵以使之間之則其與於不敬抑又甚焉

云爾

凡以使君主常立於無過之地而臣民之愛戴君主者得出於至誠

而事實上之不能也君主也明乎此則決不為君主也明乎此而以大臣副署之詔勑成立之必要條件者不實用今各立憲國賢而不實用今各立憲國賢則不用

於無過之地者也其所謂不能為惡非理想上之不能今立憲國之精神則異是君主者常立

孔子之稱堯也曰蕩蕩乎民無能名焉孟子之理可謂博深切明已愛舜以不得禹皋陶為己憂此其言君主無責任大臣責任之理可謂博深切明哀公問孔子曰吾一言而喪邦有諸孔子對曰言不可以若是幾也

左页 (25) 国风报

殊諭與立憲政體

平一言而喪邦乎此以望此以望君主發言之不可以易遺稍先聖之淵則近於各國之法理有國有家者可以知所擇矣

夫我國昔在專制時代賢君誼師猶競競致謹於是戎其在立憲政體久布於天下者耶非所乘輿與以代一誤國殊民之人愛過去高明之地而亦於人民相對待之勢

萬非所以保威嚴而定民志也嗚呼乃必 皇案之君子偷亦有能以此言聞諸

父者耶 君

（4）《独立周报》

保管单位：泗阳县档案馆

内容及评价：

《独立周报》由章士钊1912年9月创办，1913年7月停办，历时10个月，共出版发行40期37本（28与29期、30与31期、32与33期是合刊）。《独立周报》的办刊宗旨是"袖手旁观"、"不偏不倚"、"朴实说理"，就是不参与实际政治的竞争，对竞争的各方无所偏袒，独立发表自己的政见。刊物设有纪事、政论、专论、投函、评论之评论、文苑等栏目，从15期开始改为纪事部、论说部、文艺部、杂俎<杂录>部。泗阳县档案馆馆藏的《独立周报》有1912年10月27日发行的第六期，1913年1月12日发行的第一期。《独立周报》具有鲜明的个性特色，是民国初期复杂社会背景的产物，有重要的存史和研究价值。

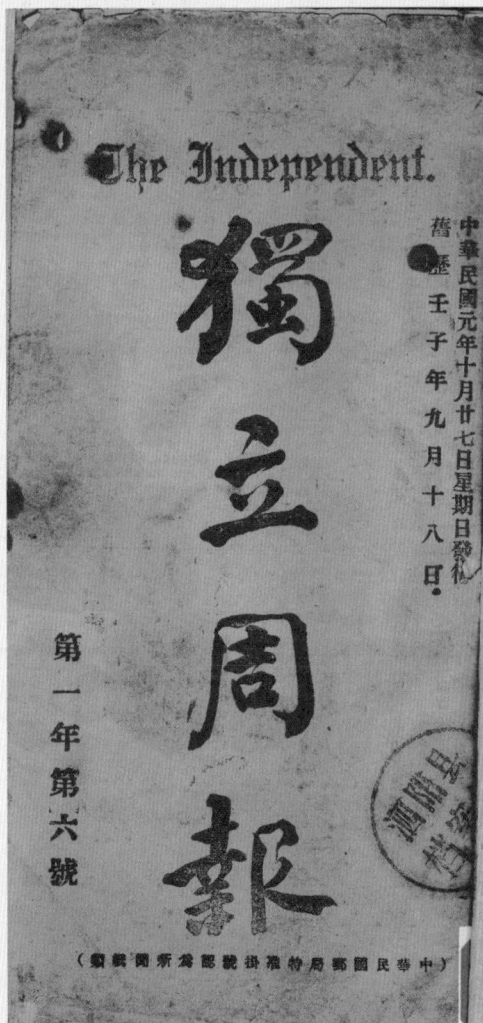

《独立周报》第一年第六期

週報第六期目錄

◎紀事

◎社論
　政制商榷論　……　秋桐
　防邊篇　……　卓華
　軍備篇　……　卓華
　憲法起草問題　……　秋桐
　省之性質　……　沈心
　論國學之前途　……　知難

◎專論
　對於各國租稅之評論　……　汪炳臣
　東亞實業政略　……　李拾

◎評論之評論
　院員委任官吏
　論新疆中俄通覺之改革
　財政改革
　論不法治標法一欸

◎文苑
　狱中學奧陰國學會二首
　特錄十四首

◎投函
　論省長

◎廣告
　才難篇　……　桑達

《独立周报》第一年第六期目录

◎政制商榷論
社論
秋桐

《独立周报》社论《政制商榷论》（秋桐）

《沭阳大众报》

保管单位：沭阳县档案馆

内容及评价：

解放战争期间，为配合坚持敌后斗争，中共沭阳县委于1946年9月创办了《沭阳大众报》，主编马学礼。《沭阳大众报》自1946年创刊，到1948年停刊，共出版约80多期。这份诞生于战火中的报纸，由油印而石印而铅印，印刷质量不断提高，发行数量也由最初的百余份增长到千余份，报纸的内容和形式不断丰富，办报的能力更是不断增强，成为指导斗争、鼓舞群众、打击敌人的重要武器。

图文并茂是《沭阳大众报》的一大特色，如本期《沭阳大众报》用图文结合的形式报道了蒋军六个月中在沭阳犯下的罪行。"文"主要是指统计表，这一形式客观、详细、准确、简洁，能够使战斗中的广大干群，用较少的时间就能获得很多的信息，了解很多的情况。其次，把蒋军的部分罪行绘成图画，配以简单的解说文字，这样更为直观、更为形象、更易为当时文化较低的普通群众阅读，图文配合，相互补充，相得益彰。无论从苏北革命斗争史，还是现代新闻史的角度来看，这份报纸的价值都是不应忽视的。

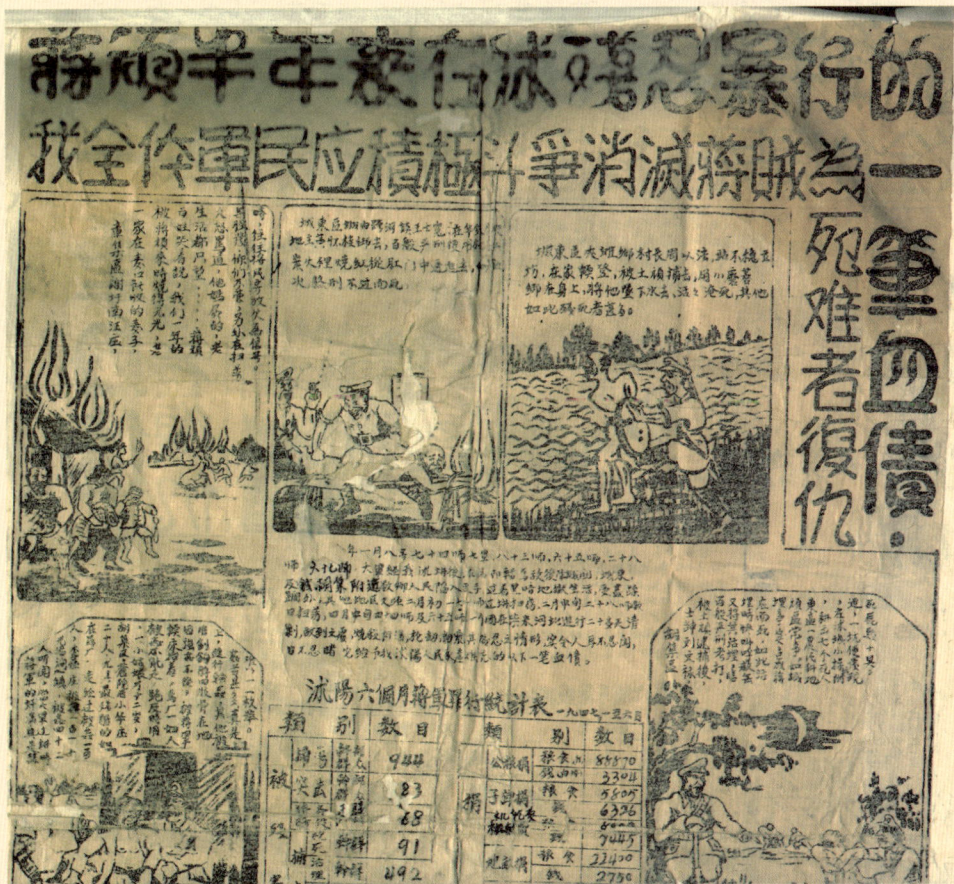

《沭阳大众报》的部分版面内容

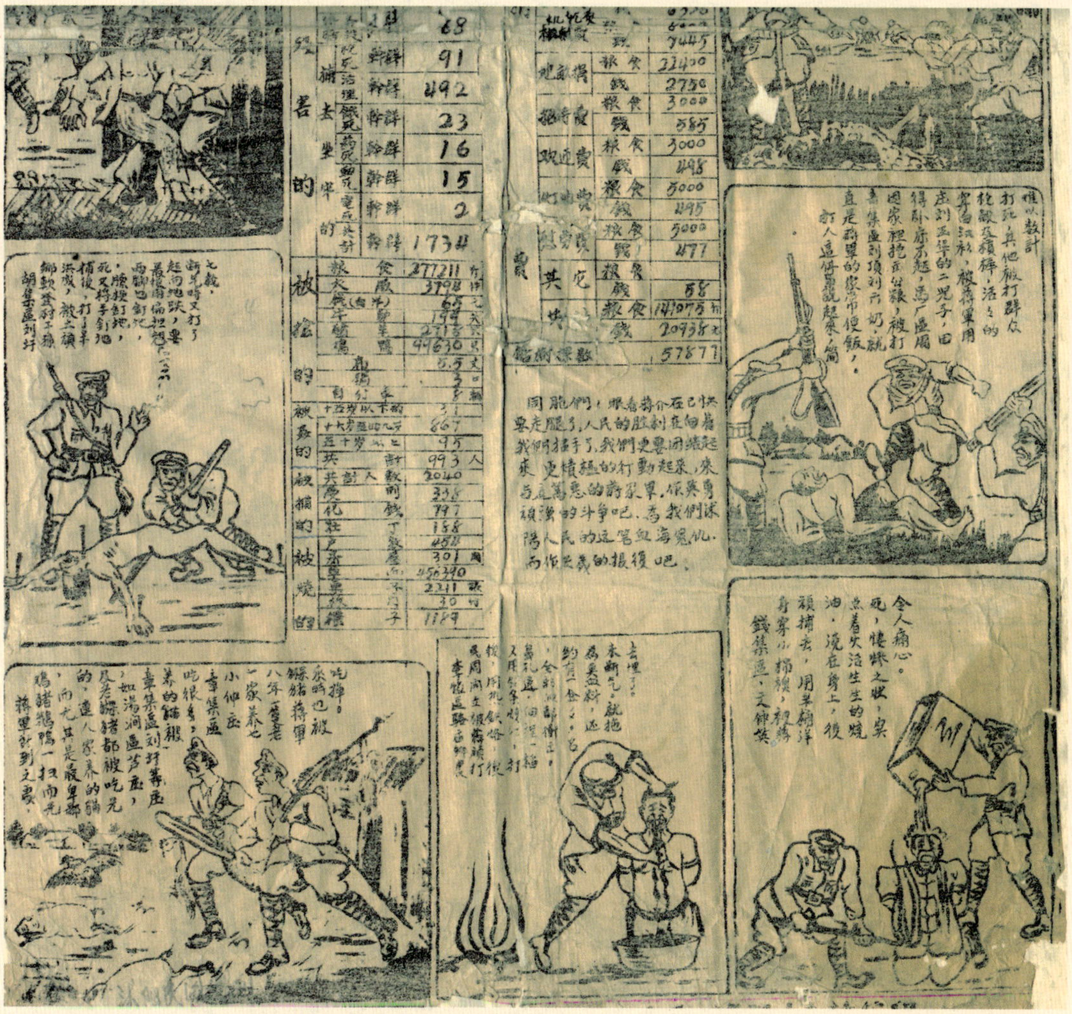

民国《宿迁日报》

保管单位：宿迁市宿豫区档案馆

内容及评价：

　　《宿迁日报》是民国时期宿迁的五种报纸之一，创办于1929年，1938年停刊，日军占领宿城时期曾复刊，不久又停刊。1947年《宿迁日报》再次复刊，1948年最后停刊。复刊后的《宿迁日报》逐日出版，铅印，报头由陈立夫题写，发行人邹天石。宿豫区档案馆收藏的便是1947年复刊的报纸，计存464号。报纸版式先后为16开单张2版、8开单张2版和16开对折4版，版面主要有新闻、广告、启事等，后期办有副刊，发表一些文化、文学作品，报纸品位得到提升。报纸及时准确报道了上至全国、下至宿迁的时政新闻，反映了当时宿迁乃至全国的一些政治、经济和社会生活状况，有助于填补相关领域历史空白，为宿迁编史修志提供了第一手资料。同时对于研究报刊史特别是民国时期地方报纸的发展史，具有重要的历史价值。

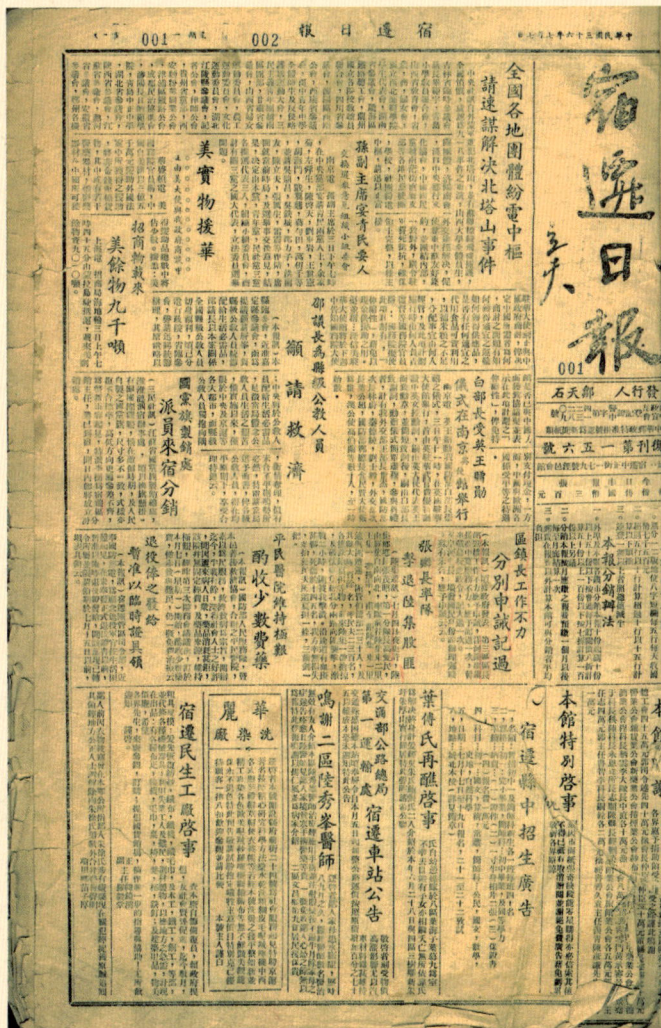

新华社华中六支社《工农通讯》

保管单位： 沭阳县档案馆

内容及评价：

解放战争期间，六分区（即华中分局第六地委、华中军区第六军分区、苏皖边区政府第六行政区专员公署，简称六分区）在各县乡村广泛建立通讯组，大力发展和培养工农通讯员。这一举措既能有效地配合党的中心工作，发挥教育宣传作用，又在基层培养了新闻人才。该期《工农通讯》是新华社华中六支社（1946年新华社在六分区设立）1948年4月20日（农历三月十二日）编印的，主要报导了沭阳县周集区工农通讯竞赛活动的开展情况，具有一定的历史研究价值。

淮阴区地委社会部和淮阴区专署公安局《业务通报》

保管单位：泗阳县档案馆

内容及评价：

　　《业务通报》由淮阴区地委社会部和淮阴区专署公安局于1949年主办，属内部发行秘密刊物，共存七期，前后衔接连贯。内容涉及广泛，比较详实地反映了当时苏北地区的军事、治安、政治、经济、文化、民风民俗等方面的情况，有较大的历史研究价值。

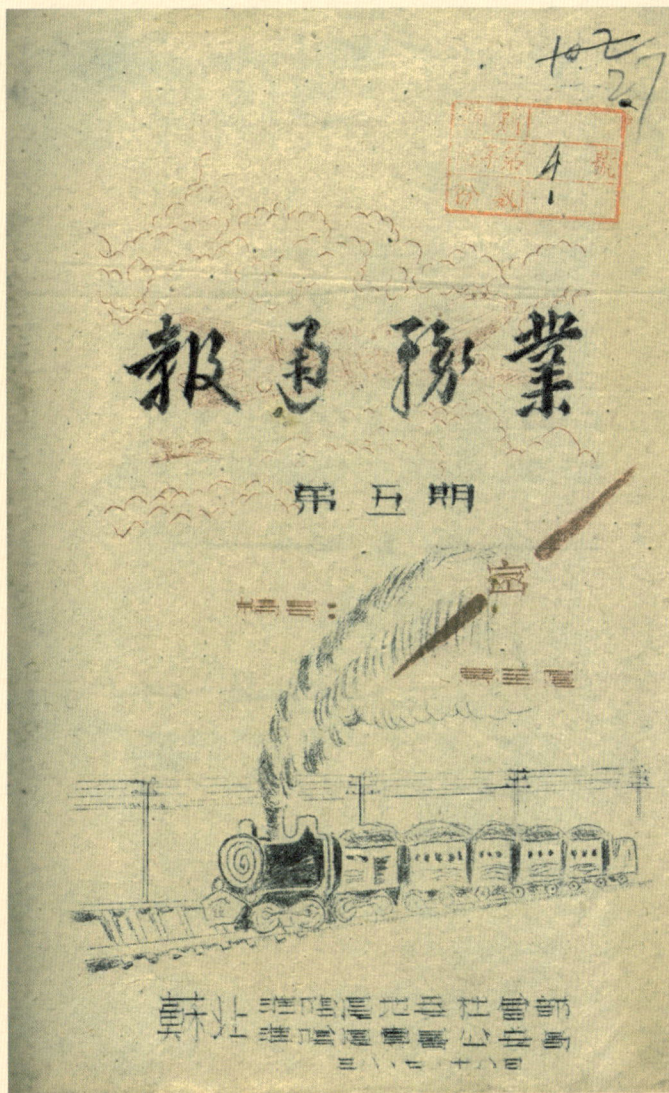

《业务通报》第五期

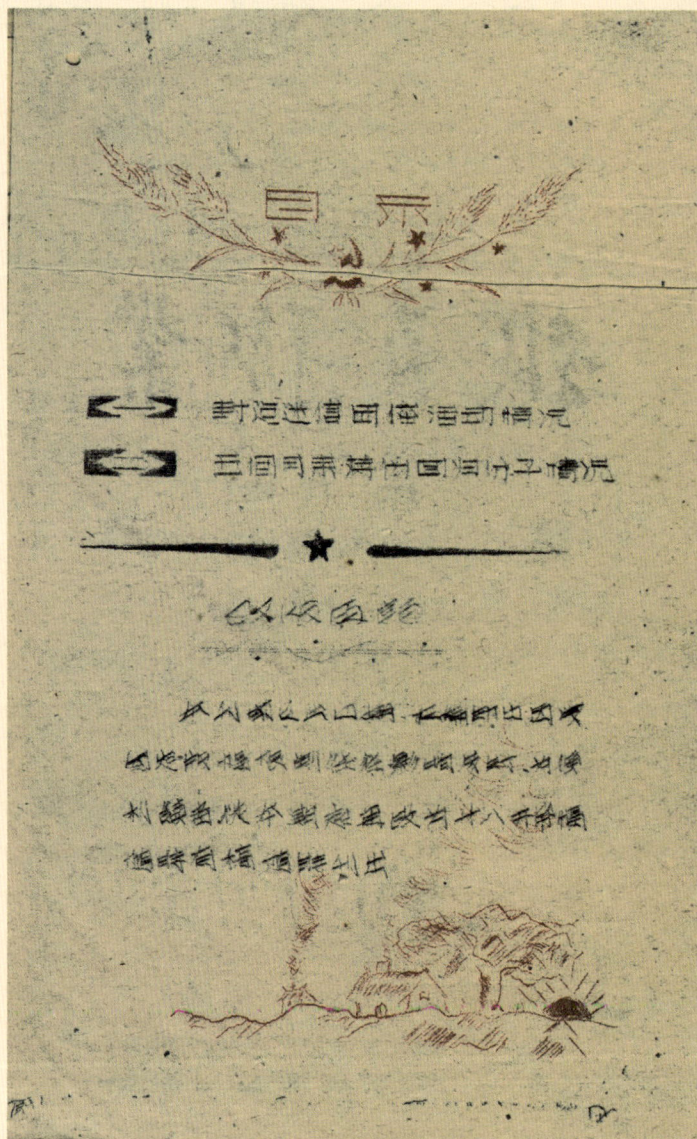

《业务通报》

《苏北公安》

保管单位：泗洪县档案馆

内容及评价：

    1949年4月21日，中国共产党领导下的省级地方政权苏北行政公署成立，下辖泰州、扬州、盐城、淮阴、南通5个行政分区41个县（市）。苏北公安处是行政公署的一个职能部门。《苏北公安》是苏北公安处编印发行用以指导交流公安工作的系统内刊物，每月出一期，其内容大多是当时公安工作的总结、经验介绍和基于实际问题的讨论。苏北行政公署成立时，全国还没有解放，公安工作有其特殊性。即使是解放初期，由于局势极其复杂，为保卫和巩固新生的革命政权，公安战线作出了巨大贡献。《苏北公安》作为当时公安工作的历史记录，有其自身的特色，具有重要的存史和研究价值。

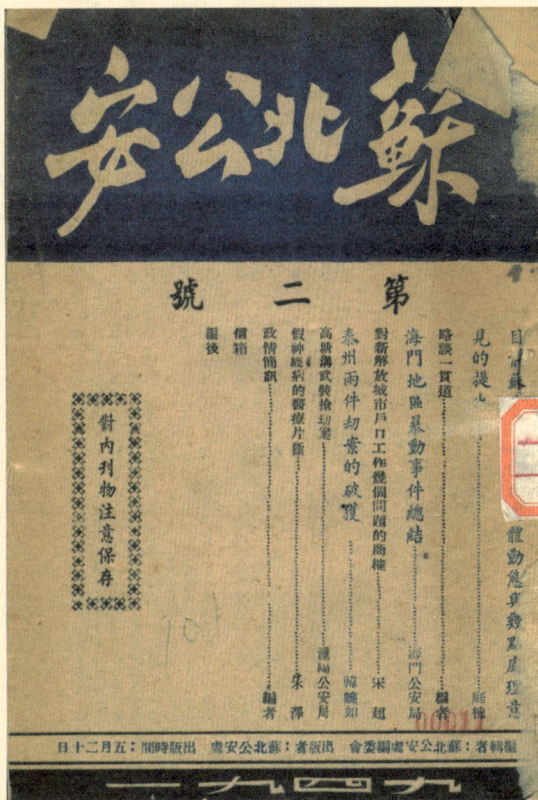

《苏北公安》第二号、第五期

淮陰區剿匪初步經驗

編者按：淮陰分區在四、五、六、三個月剿匪工作中，所以能獲得很大成績，是由於在黨委統一領導，友鄰區配合，軍政共同努力的結果，領導上的重視是其決定因素。在進行清剿中曾有軍區常副司令，區黨委會部長親臨指導，給剿匪工作有力的推動和幫助。這裏所得之經驗，主要是根據淮陰區公安部門參與總結該項工作時所得出之體驗，但在軍事清剿方面未能很好研究，所以這個經驗是不很全面的。

三個月的剿匪以來，大股土匪已告潰滅，可以說：初步打下我澈底肅清匪特基礎，在這、四、五、六、三個月過程中破獲了一些巢案，並在步步深入情況下，也瓦解了一部，同時收繳了不少黑槍。

據統計共剿捕以下匪徒四〇七八，（頑縣區幹二、區幹三，一般國民黨員十三，特務一，其他土頑一六二，流亡份子一一一，慣匪一〇七，逃兵六〇）根據淮陰區公安局的報告另一般尚未弄清面目在甄別中的（未在內）收繳武器長槍三四二支，機槍，湯姆，卡賓三〇支，短槍四二七支；給匪特以相當嚴重打擊，鎮壓了各種子彈七〇二三二〇發，及電話機等物資與證件，臟物各一部；發動羣衆，打下今後治安基礎。武裝匪特活動氣焰，膨縮了匪之活動範圍，部份摧燬其基礎。

本分區東海、灌雲、郯睢、新安、灌雲、沭陽等縣，多爲新區，北沿隴海路與山東交界，東灌境內一部爲山區，羣衆多未經發動，淮海戰役後許多游兵散勇與罪惡重大之匪頑流亡人員，流散此間，特務有計劃的佈置活動，慣匪也趁此而起，或與勾結進行搶刼，破壞，綁票人民，擾亂

—— 5 ——

《淮阴区剿匪初步经验》（刊登于《苏北公安》第五期）

邓子恢《论群众运动》

保管单位：泗洪县档案馆

内容及评价：

《论群众运动》是邓子恢同志于解放战争时期在华东干部队报告中的一部分。1949年9月25日，中共皖北区党委宣传部将其作为党内文件翻印用以指导工作。文章对解放区农村群众运动的基本问题，有很透彻详尽的论述和阐释。此文对于研究中国共产党领导下的解放区农村群众运动及邓子恢同志生平和思想具有重要的史料价值。因其存世量极少，也是红色书刊的珍本。

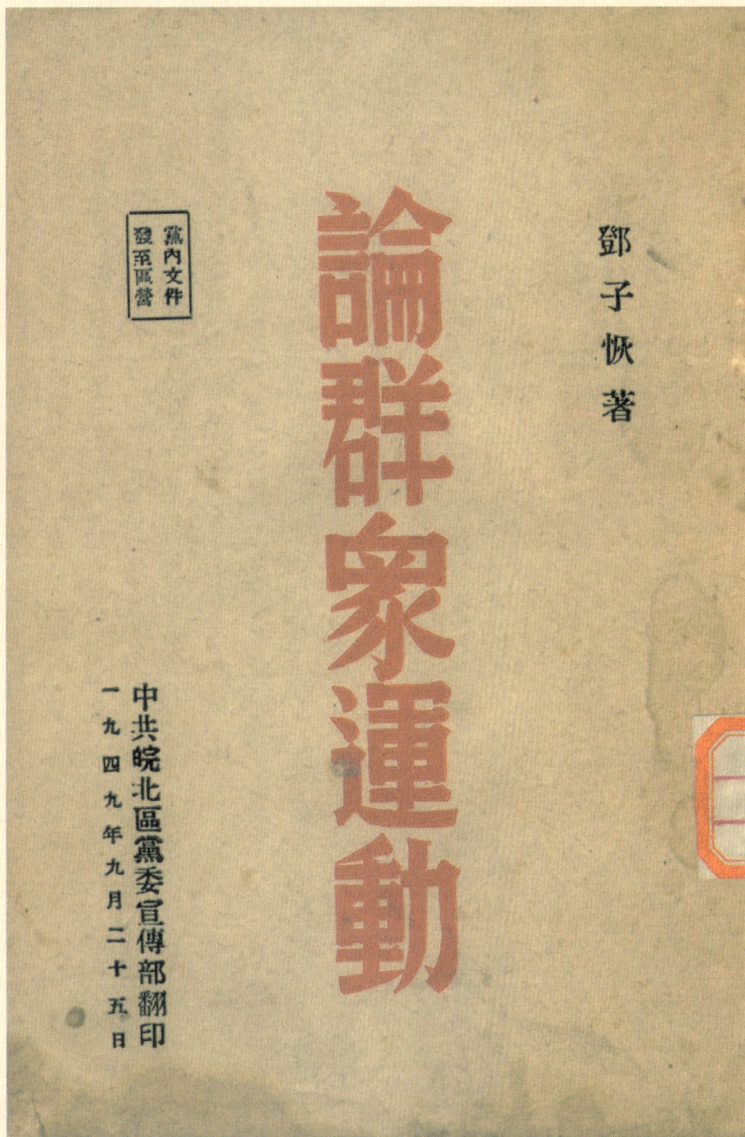

《论群众运动》

注：邓子恢（1896~1972），无产阶级革命家、政治家，福建龙岩人，1926年加入中国共产党，参加了中央革命根据地历次反"围剿"作战，1941年皖南事变后，任新四军政治部主任，1945年6月当选为中共七届中央委员，历任中央华中分局书记、华东局代理书记、中原局第三书记、中原临时人民政府主席。建国后曾任国务院副总理、全国政协副主席。

編者按語

鄧子恢同志這篇論文，對農村羣衆運動的基本問題，有很透澈詳盡的解釋。現在加以刊印，希望各地從事農村羣衆工作的同志，結合具體情况，研究參考。但(一)當時中原地區曾經無準備的、無條件的、無步驟的過早進行土改，經糾正後改爲實行減租政策，該文已有反覆說明。在華東新區農村進行工作，應以華東局「關於江南新區農村工作的指示」所規定的政策爲準繩。(二)關於羣衆運動的過程，本文說明須經過民主反霸、減租、土改三個階段，但今後華東新區農村羣衆運動發展的具體情况，是否必須經過減租階段，尚待研究。(三)本文所談發動羣衆的七個步驟，是互相滲透進行的，不能機械了解，截然割開。這是研究本文時必須注意的幾點。

一九四九年七月二十五日

《论群众运动》编者按语

全文（节选）：

一、为什么要发动群众？

为什么要进行群众运动？为什么要发动群众？这就是我党领导革命的基本路线问题，也就是革命的动力问题；就是说我们依靠什么力量来完成革命任务？大家知道，我党所领导的新民主主义革命，是反对帝国主义、反对封建主义、反对官僚资本主义的革命，这三个革命敌人力量那么强大，而又互相勾结着，我们要打倒这样的敌人，依靠什么力量呢？有些同志说依靠人民解放军。对的，人民解放军是革命最有力的工具，是最精干的革命力量，没有军队是无法消灭敌人的。但要问，解放军从何而来？它又靠什么力量来支持呢？我们的解放军，今天已有几百万人，已成为无坚不摧无攻不克的强大的革命力量，这是事实；但如果我们的解放军没有自己的社会基础，没有广大的群众来支持，那么解放军就不仅不能胜利，而且要日渐缩小削弱，以至于瓦解失败。所以革命事业不能光靠军队，而要依靠一定的社会力量，一定的群众，一定的阶级，军队则是这些阶级力量中组织得最好的一种力量。

那么，我们依靠什么阶级，依靠哪些群众来进行革命呢？毛主席在七大报告中清楚指出："我们要依靠人民大众"，这个人民大众，包括工人、农民及一切劳动人民，还包括自由无产阶级、开明士绅、少数民族、海外华侨、及其他爱国分子等，这些都叫做人民大众，都是目前新民主主义的革命力量。但我们还应进一步研究，这些人民大众，谁是主体？谁是革命的主要依靠？毛主席在七大报告中也明确指出："我们不是依靠地主，而是依靠农民，不是依靠资本家，而是依靠工人"。在农村中我们不是依靠富农，而是依靠雇贫，并依靠雇贫农与中农的紧密团结。总而言之，革命的基本力量，不是别人，而是工人、农民、及一切劳动人民（包括城市贫民、独立劳动者、自由职业者、手工业者、知识分子在内）这就是新民主主义的基本力量，也就是我们所要发动的基本群众。至于自由资产阶级，开明士绅等，今天在新民主主义革命中，可以合作，可以做朋友，可以做一个同路人，而且也必须如此；但应该知道，这些朋友有其一定程度的革命性，也有其一定程度的动摇性，保守性，到了一定的革命阶段，他们仍会与我们分道扬镳。因此这些朋友，应该争取成为今天革命的一种力量（不争取他们，革命也不能成功），但不能作为革命的基本力量，不能作为我们的依靠。我们共产党人既要善于分清敌我，又要善于分清友我，同时也要善于分清友敌，要把这三者划清界限，而自己有明确的阶级立场，灵活的策略观点，这就是一个成熟的共产党员所必备的基本条件；缺乏这个条件，就叫着（做）阶级糊涂。或者客气一点，叫着（做）政治幼稚。明乎此，就知道所谓群众运动，主要就是发动工人农民及一切劳动大众，使他们觉悟起来，组织起来，武装起来，成为革命的基本力量，只有这样，革命才有希望，一切问题才能解决，一切事情才好办。譬如军队作战，只有群众发动，才能源源不断的解决兵员补充，粮草供应，运输担架，与作战配合等问题。否则战争就不能胜利，军队也不能继续维持。又如解放区的巩固，光有军事优势还不行，还要有广大群众的发动，才能成为巩固的根据地。今天中原地区，许多中心区军事上我们已有了优势，但总还觉得不安定，这就是群众没有发动的缘故。我们党的发展与提高，也靠群众发动。华北华东许多地区的党，在未进行土改整党以前，党内确存在许多严重现象；但经过彻底土改发动群众，今天的党已和以前大不相同了。今天豫西在进行的剿匪运动，也是与群众发动分不开的。如群众未发动，而靠单纯的军事剿办与政治攻势，其结果只能扫除成股之匪，削弱匪势，但要肃清土匪则必须在群众发动之后才有可能。今年夏征中的合理负担也是如此，各村群众多未发动，乡村统治权仍在地主手里控制着，而想实现我们所要求的合理负担政策是不可能的。因此，群众发动，在军事结束与政权建立之后，就应成为一切工作的中心一环；只有解决了这个中心环节，其他问题才能迎刃而解，这就是我党与其他任何政党的基本区别所在。

为什么其他政党可以不发动群众，而我们就非发动群众不可呢？问题很明白：其他政党（国民党也好，其他政党也好）一般都是依靠地主资产阶级，而这些阶级原来就是社会上的统治者，他们有现成的力量（如军队政权），与现成的组织（如各种团体），所以他们一到，只与这些力量、这些组织的首领接头，开开会、或者召见、拜访等，就可以接上头，通声气，而不需要去大力发动。而我们则不然，我们是依靠工农劳苦大众，而这些阶级几千年来都处于被统治地位，长期的剥削压迫与欺骗，造成他们的贫困落后与散漫无组织，我军来解放以后，一般工农群众，对我们虽衷心拥护，但尚有不少怀疑与不了解，加上地主反动派的造谣，欺骗，威吓，暗杀，更使他们增加顾虑，而与我们隔离开来。正由于这种情况，所以我们就必须用最大力量去做群众工作，去发动基本群众，使他们觉悟起来、组织起来、武装起来；非如此，我们所依靠的基本群众就不能成为伟大的革命力量，我们也就无所依靠了，这就是我们党之所以必须做群众工作，必须发动群众的很明显的道理。

《宿迁县解放前四十年史（1911~1949）》

保管单位：宿迁市宿豫区档案馆

内容及评价：

《宿迁县志》自明朝万历五年起，历经清康熙二十二年（1683）、嘉庆十七年（1812）、同治十三年（1874）、民国初年，加之康熙三十九年（1700）的"张怀私志"，共修了六次。

中华人民共和国成立后，县政协在中共宿迁县委、县政府支持下续修《宿迁县志》。自1958年至1964年，基本完成了续修县志的全部资料草稿，编辑、刻印了二十多万字的《宿迁县解放前四十年史》（宿迁志资料）以及其他资料，专供续修县志之用。由于"文化大革命"，续修县志工作夭折，而当年搜集的原始资料和初步整理的资料损失殆尽，《宿迁县解放前四十年史》幸存一部于宿迁县档案馆。随着年代的推移，幸存的《宿迁县解放前四十年史》越发显得珍贵。它是宿迁自辛亥革命迄于地方解放的历史记录，是研究这段历史的宝贵资料。

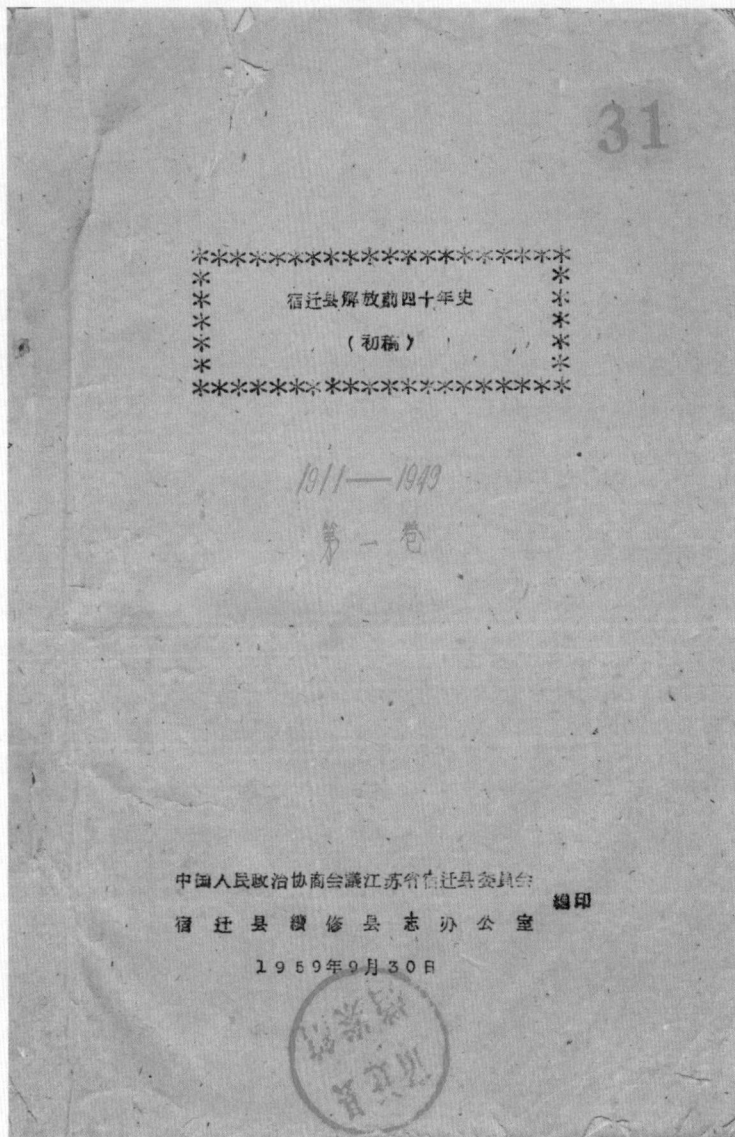

说　明

我县旧志，创自明代（公元1573年），中经六次重修而断自宣统（1910年）盖皆承封建产物，辛亥革命以来，形势变化，极为纷杂，但记载均少。解放后，祖国革命事业，一日千里的飞跃前进，社会主义生产中，以气冲斗牛之势，雷霆万钧之力而突起，到处呈现着"一片光明充满着望。"但我县向来缺乏整理史实，政协宿迁县委员会，鉴于"县志"系地方历史文献，在社会主义时期里，县志资料，富有顾问参考价值。故在"为社会主义服务"精神下，于1958年一月开始编撰"宿迁县志续编"，一年来在党的正确领导下，承全县人民大力支持，承各界人士热心撰稿，是作出一定成绩的。欣逢伟大的国庆十周年即将到临，为庆祝这伟大节日，兹将初步成稿之工、商、文教、宗教、风俗、交通、赋税、警武、救济事业等九项资料先行刊印，以作献礼之忱，而达庆祝情殷之意。

原计划"宿迁县志续编"为两阶段，分段编撰，即先行编纂自1911年（辛亥革命）至1949年（解放时）四十年资料。解放后作续二步编写。现鉴于我县已将解放后十年史编写成册（初稿）。我会所编解放前资料，从实际出发，大胆的运用思列主义来记叙事物，分析地引出结论，亦为社会主义服务。因之我会初步意见，拟将原"宿迁县志续编"改为宿迁解放前四十年史"，即可与解放后十年史吻合，而相参。此次编撰工作，由于群众发挥了无穷智慧和力量，解决部分因有缺点或材料，和因时间过久而有阙漏各类之困难。但仍不时发现新义，改正错误，甚难定稿。惟因编者力才菲薄，加工粗糙，错漏保缺必在所不免。爱有挂党忘于脱漏置。但我等有决心，在党的领导下，全县智慧和力量帮助下，虽粗糙不悟参，坚信能逐步提高，俟诸今后修编，凡有实缺点文字等，尚祈随时指正，则集思广益，众志不吝赐教。我们为了无愧于伟大时代，自应做到，需请读者诸位，敬候明教！

政协宿迁县委员会于十周年国庆节前夕
宿迁县续修县志办公室

《说明》

全文：

说　明

　　我县旧志，创自明代（公元1573年），中经六次重修而断自宣统（1910年）然皆系封建产物，辛亥革命以来，形式变化，极为复杂，但记录却少。解放后，祖国革命事业，一日千里的飞跃前进，社会主义生产力，以气冲斗牛之势，雷霆万钧之力而奔放，到处呈现着"一片光明充满希望，"但我县尚未暇整理史实，政协宿迁县委员会，鉴于"县志"系地方历史文献，在社会主义时期里，县志资料，富有顾问参考价值。故在"为社会主义服务"精神下，于1958年一月开始编纂"宿迁县志续编"，一年来在党的正确领导下，和全县人民大力支持，承各界人士热心投稿，是作出一定成绩的，欣逢辉煌伟大的国庆十周年即将到临，为庆祝伟大节日，谨将初步成稿之工、商、文教、宗教、风俗、交通、赋税、警武、救济事业等九项资料先行刊印，以作献曝之忱，而达庆祝情殷之意。

　　原计划"宿迁县志续编"为两阶段，分类编纂，即先行编纂自1911年（辛亥革命）至1949年（解放时）四十年资料。解放后作第二步编写。现鉴于我县已将解放后十年史编写成册（初稿）。我会所编写解放前资料，从实际出发，大胆的运用马列主义来记载事物，分析地引出结论，来为社会主义服务。因之我们初步意见，拟将原"宿迁县志续编"改为"宿迁解放前四十年史"，则可与解放后十年史吻合，而衔接。此次编纂工作，由于群众发挥了无穷智慧和力量，解放部分因奇缺现成材料，和因时间过久而传闻颇多异词之困难。但仍不时发现新义，改正数四，尚难定稿。更兼编者力才菲薄，加工粗糙，谬误缺略处在所不免。致有辜党政干群厚望。但我等有决心，在党的领导下，全民智慧和力量帮助下，虽然水平不够，坚信能逐步提高，尚希各界者宿，凡事实观点文字等，均请详加指正，则集思广益，众志不难成功矣。我们为了无愧于伟大时代，自忘菲薄，谨掬诚奉陈，敬候明教！

政协宿迁县委员会

宿迁县续修县志办公室

于十周年国庆节前夕

《淮北大寨——江苏宿迁县新貌》宣传画册

保管单位：宿迁市宿豫区档案馆

内容及评价：

20世纪60年代末到70年代初，宿迁全县人民在中共宿迁县委领导下，坚持党的基本路线，不断端正农业发展方向，大力激发广大群众的积极性，深入开展"学大寨，赶昔阳"的群众运动，改变了贫困落后面貌，由缺粮县一跃成为余粮县，成为全国学大寨先进县的一个典型。宿迁人民"誓把宿迁变成鱼米之乡"、"淮北变江南"的美好理想，终于变成了现实。1975年9月15日，全国农业学大寨会议在北京召开，宿迁县成为全国受表彰的26个先进典型之一，时任宿迁县委书记郭玉珍代表全县人民在大会上作经验介绍。《淮北大寨——江苏宿迁县新貌》宣传画册，直观、生动、形象地记录了这一特定历史阶段"学大寨"的过程和发生的变化。尽管画册不可避免地打上了时代的烙印，但对于还原历史，总结历史经验，仍然是不可多得的重要史料。

把无产阶级专政的任务落实到基层

在无产阶级文化大革命和批林批孔运动中，宿迁县委狠抓两个阶级、两条道路、两条路线的斗争，在各个领域中对资产阶级实行全面专政，促进了"学大寨、赶昔阳"的群众运动，发展了革命和生产的大好形势。

同阶级敌人坚决斗争 井头公社墩吴大队第三生产队女社员吴美侠，维护集体经济，坚决向扩大自留地、在交售给集体的猪粪中掺砂的地主分子进行了斗争。（下图）

走社会主义大道　陆集公社新农大队第四生产队队长卓勤珍，组织社员搞好集体副业。

自觉抵制资产阶级思想侵蚀 大新公社纲要大队支部书记彭传友（左二）常年和社员一起劳动，生活很艰苦朴素，社员称他是"铁书记"。这是他和队干部一起写"不吃请、不受礼"大字报。（右图）

上塘 "大包干" 改革档案

保管单位： 泗洪县档案馆

内容及评价：

　　上塘镇是泗洪县西南岗地区八个乡镇之一，历史上曾因穷而出名。1978年9月，"穷得不能再穷"的上塘公社的干部群众，从毗邻的安徽泗县、五河县实行包产到户的生产责任制中得到了启示和鼓舞，为摆脱长期束缚农村经济发展的桎梏，率先在全省自发地实行了包产到户的联产计酬责任制，得到了泗洪县委、县政府的默许和支持。但是，由于当时的省委主要领导认为江苏经济比较发达，不能搞包产到户，否则就会背离社会主义，加之当时党内外不少干部也存在相当的疑虑，于是省委派出工作组到上塘公社调查，实际上是阻止包产到户责任制的实行。上塘公社的干部群众并没有因此而却步，最终闯出了一条治穷致富的新路子，并得到中央的充分肯定。1981年3月4日，《人民日报》发表题为《春到上塘》的长篇通讯，报道了上塘人"敢为天下先"的改革精神，上塘也被誉为"江苏农村改革第一村"。

上塘公社立新、响桥大队1978年人均40元以下的穷队统计表

1979年3月15日，《人民日报》刊载《"三级所有，队为基础"应该稳定》一文，此文及编者按反映了对姓资姓社焦点问题的争论。此文的基本观点是否定分田到组、包产到组。

全文：

"三级所有，队为基础"应该稳定

编者按　我们向读者特别是农村干部、社员推荐张浩同志这封来信，希望大家认真读一读，想一想，议一议。当前，我国从南到北陆续进入春耕春播大忙季节。我们要在稳定"三级所有，队为基础"制度的前提下，认真执行各尽所能，按劳分配原则，搞好劳动计酬工作，把社员群众的积极性充分调动起来，适时地、高质量地完成春耕生产的各项任务。

为贯彻按劳分配原则，搞好劳动计酬工作，可以按定额记工分，可以按时记工分加评议，也可以在生产队统一核算、统一分配和统一使用劳动力的前提下，包工到作业组，联系产量计算报酬，实行超产奖励。这里讲的包工到组，主要是指田间管理，这是坚持"三级所有，队为基础"的一种劳动计酬方法，可以使干部、社员从物质利益上关心生产成果，有利于克服平均主义。但是，这同"分田到组"、"包产到组"完全是两回事。人民公社现在要继续稳定地实行"三级所有，队为基础"的制度，不能在条件不具备的情况下，匆匆忙忙地搞基本核算单位的过渡；更不能从"队为基础"退回去，搞"分田到组"、"包产到组"。我们认为，张浩同志的意见是正确的。

已经出现"分田到组"、"包产到组"的地方，应当认真学习三中全会原则通过的《中共中央关于加快农业发展若干问题的决定（草案）》，正确贯彻执行党的政策，坚决纠正错误做法。吉林省南崴子公社的经验说明，只要群众真正了解了中央精神，都不会同意以作业组为核算单位的做法。至于在劳动计酬上采取哪种方法，还是要从实际出发，听取群众的意见，尊重生产队的自主权。

* * *

最近，我到河南出差，在洛阳地区看到、听到一些有关"包产到组"的情况，介绍如下：

据有关大队、生产队干部和社员群众说，洛阳地区的不少县社，已经、正在或将要搞"包产到组"（也看到一个队正在酝酿分组）。即采取自找对象、自由结合的办法，把生产队分成若干个组，每组四十至四十五人，按每户六、七人计，约六至八户为一组。然后将生产资料，即土地、农具、大牲畜分到各组，包种、包产。有的社队还把生产队的库存粮食也按组分光了。他们说，这是第一步，下一步还要分田到户，包产到户。听说有个地方还召开了推行"包产到组"的现场会，会后县社催得很紧，责令快分，说这是调动社员积极性的一项重要措施。我到的一个大队和十几个生产队，除个别队顶着不愿分外，其余都已经分开了。

干部和群众对此做法持怀疑态度，他们称这种组为"互助组"。他们知道我是在甘肃"省上"工作的，推想可能我会清楚，非常关切地向我打听："分田到组、包产到组"是不是党中央的"新精神"？"上头"有没有通知？你们甘肃省这样搞了没有？河南省是不是各处都这样搞了？等等。

我没有看到和听到党中央有此精神或文件，就照实说了，并说甘肃省没有这样搞。他们听了很满意。有的还说："我就想中央不会发这样的文件，肯定是咱们这里的土办法。"

　　我看农村干部、群众很关心这事，有意想听听他们的看法。我问了两个大队干部（一个支部副书记、一个支委），两个生产队干部（一个队长、一个保管员）和不同出身的社员。两个大队干部说："现阶段人民公社的'三级所有，队为基础'制度已经二十来年了，实践证明是符合农村实际情况的，群众也都惯了。分田到组、包产到组肯定会削弱和动摇队为基础。"他们表示很不理解"上头"为什么要让这样干。他们还说："公社化刚搞起来时，吃大锅饭、一平二调，步子快了，那是错了。后来实行生产队为基本核算单位，实际上是人民公社的形式、高级社的内容。再退到组，就又错了。"

　　两位生产队干部担心分田到组、包产到组以后，生产队将无法实行有效管理，生产计划、劳动调配不好做，现金、实物也不好分配，还可能带来混乱。他们说："这个组产量是五百，那个组是四百，这个组工值是一元，那个组是五角，拉平分配肯定通不过，各分各的岂不是以组为核算单位了吗？用这个办法来调动积极性，我们看不中啊！"贫下中农社员直截了当地说："这样分田到组，怎么能搞农业机械化、现代化？"一位六十来岁的富裕中农说："这样搞也许能行，就是拖拉机可使不上了。"拖拉机也包给个人。一台'四〇'拖拉机，一年向队里上交五千块钱。包给个人跑去了，还能使上吗？"

　　我认为：如果从便利管理，加强责任心着眼，划分作业组是可以的，在很多地方证明是行之有效的。但作业组只是一种劳动组织形式，象［像］上述分田到组、包产到组的组，已不是作业组，而有点象一级核算单位了。现在实行的"三级所有，队为基础"，符合当前农村的实际情况，应充分稳定，不能随便变更。在条件不成熟时，轻易地搞大队核算，是脱离群众，不得人心的，会挫伤干部、群众的积极性，给生产造成危害。另一方面，轻易地从"队为基础"退回去，搞分田到组、包产到组，也是脱离群众、不得人心的。同样会搞乱"三级所有，队为基础"的体制，搞乱干部、群众的思想，挫伤积极性，给生产造成危害，对搞农业机械化也是不利的。那些干部、群众的怀疑和担心是有道理的，顶着不分是对的，应该重视并解决这个问题。

甘肃省档案局　张浩

情况简报

第三十一期

中共泗洪县委办公室　　一九八〇年十一月十五日

　　编者按，加强和完善农业生产责任制，政策性和群众性都很强，牵连着千家万户，各行各业，事关五业兴旺，治穷致富。

　　怎样把这件大事抓好，关键是各级干部要善于把中央的文件精神和当地的实际情况结合起来，善于运用群众中的典型经验加以引导。为此，我们欢迎社队的领导同志和有关部门，能将近两年来群众创造的十多种生产责任制形式，加以总结，写成调查报告、工作经验、个人体会，以便交流，并为县三干会作好典型材料的准备。

联产计酬两年，穷队面貌巨变

　　上塘公社垫湖大队第五生产队，近两年来实行了包工包产、联产计酬的责任制，生产上有了新的突破，面貌起了显著变化。

（一）

　　这个队共有三十户人家，一百七十口人，耕地三百五十亩，地处岗丘，土质瘠薄。清朝以来，就是块不交"皇粮"的封地，解放后，一直是个长期吃粮靠供应，花钱靠贷款的穷队。七八年粮食总产只有八万斤，人平口粮二百二十斤，人平分配二十一元，吃统销粮一万七千斤，要籽种、饲料五千斤，用救济款六百多元。那年，在生产上是"三无"：无钱无种子无饲料。在生活上是"三缺"：缺粮缺水缺烧……

1980年11月15日，中共泗洪县委办公室编发的《情况简报》。

1981年3月4日，《人民日报》发表长篇通讯《春到上塘》。

全文：

春到上塘

二十多年来一直处在严重困难中的泗洪县上塘公社，开始从穷困里翻过身来了！这是近年来江苏农村出现的许多令人鼓舞的新事之一。一些在外地工作的苏北老同志，都为这个喜讯而感到高兴。

泗洪县是江苏省最穷的县。上塘公社又是泗洪县最穷的公社。抗日战争时期，这里是苏皖根据地的一部分，上塘当年是新四军的屯兵之地。前些年，一位曾在这块土地上战斗过的老同志，踏着过去战争中走过的道路来这里寻访，他看到这里的人民二十多年来生活依然如此困苦，十分难过，回去后沉痛地上书党中央。中央领导同志也很关切，在报告上作了批示，要求当地领导机关重视这个情况。

多年来，国家在财政上曾经给了上塘公社很大的支持，从1969年到1978年的十年间，国家给上塘公社的财政经费支持款，包括农田水利经费、抗旱经费、支贫款、救济款在内，共达138万元，国家供应粮食一千多

上塘

去年情况变了,上塘供销社300万元的销售额超额完成,货源紧张,棉布、化纤布有多少卖多少。自行车卖了100辆,缝纫机卖了30部,收音机卖了360台。

73岁的李家科老汉,捋着白胡子对我们说:"我活了这么大年纪,经历了几个朝代,就数这两年的日子最好了。"51岁的李家聪说:"高级社时,我当社长。公社化后,又当大队主任。1959年时,我不愿虚报产量,讲了真话,受到了批判,革了我的职。这些年来,群众受穷挨饿,作为一个党员,总觉得自己没本事,对群众没有尽职,感到亏心。现时,党的政策说到了我们的心坎上,我觉得自己浑身都是本事!水不怕小,就怕没有源头。只要社员吃饱穿暖,有了劲头,以后还愁建不成社会主义么?"这就是今天上塘人的声音!

上塘公社农民在按照三中全会路线前进的路途上,曾经遇到了很大的阻力,从省到县的各级领导中,不支持者有之,横加阻拦者有之。但上塘的干部和群众并未却步,历史的教训坚定了他们实行联产计酬责任制的决心,党中央的政策更给了他们无穷的力量。他们既已开始告别贫穷,就再也不愿回到过去的穷日子去了!他们同一些责难自己的领导发出了这样的呼喊:"俺们坐在粮囤上,只求你们说句话呀!"

这是多么朴实而又深沉的呼喊。这呼喊终于得到了坚定的回答,党中央颁发了75号文件,这文件给他们鼓了气,壮了胆,也改变了一些同志对上塘的看法。如今,上塘的经验在县内外为人们传颂着。上塘人民兴高采烈。现在,他们正认真总结责任制的经验教训扬长避短,去害趋利,以便更好地前进。

本报记者 王孔诚 周昭先

们都不懂是怎么回事。一天,我们来到这个队,社员李世林的家,一家人正忙着窖存山芋。他人,三个劳力,去年包了28亩地,打的粮食除体、出售国家外,还余下约一万斤。年这里从端午节起一直下雨,到8月底才放晴,百多毫米,比常年多出一倍。真是罕见的雨上塘人民依然夺得了丰收。八万亩粮田,亩产收的1979年增产6%,出售余粮120万斤。这是的第一次。二万亩花生,总产410万斤,比上年增,亩产提高了一倍,出售了320万斤,还得了奖售粮。社员集体分配人均口粮500斤到600金分配比去年又增加20元,在全县名列前茅。上塘人走在泗洪大街上,腰板都显得硬朗了!久前,我们来到了上塘镇,街面上熙熙攘攘,易非常活跃,售的农副产品品种繁多。我们户,只见地里场头,到处晒着山芋干、玉米、跑了五个生产队的二十多户人家,除了一户之家粮满囤、谷满仓,装满花生的麻袋堆成垛。有家里,连堂屋、睡房的地上都堆满了粮食。商店里,我们看到社员们在拥挤着购买各种东76年前,上塘供销社60—70%的货物是销售给安徽省的。就是普通的鞋子,本地人都很少买。

万斤。可是上塘公社依然摆脱不了贫穷。1978年,上塘公社38,000个社员,平均分配只有二十八元六角多,大部分生产队平均口粮三百斤以下。是大自然对这里的人们过于苛刻么?不是。这里地处暖温带,常年降雨近千毫米,土质大都是岗土地,平均每人有三到四亩。问题主要是,来自领导的左倾思想和政策,长期捆住人们手脚,使他们不能主宰自己的命运。

1978年,这里遭受了历史上罕见的旱灾,全社处于人缺粮、牛缺草、地无种的严重困境,80%的生产队无力进行简单再生产。这年年底,党中央下达了关于农业的两个文件,全社干部和群众经过学习讨论,决定因地制宜实行联产计酬责任制,以挽救濒临灾难的集体经济。其中有包产到组的,包产到劳的,也有包产到户的。1979年,全社农业获得了大丰收。1980年,这种责任制进一步得到推广和完善,并逐步扩大到林、牧、副、渔等方面。目前,上塘85%的队搞了单项作物联产到户,15%左右的队搞了全面包产到户。

正是这种联产计酬责任制,给这里的天时地利配上了人和这个不可缺少而又极为难得的条件,既挖掘了人们劳动上的潜力,也挖掘了大自然的潜力。垫湖五队是上塘最穷的队,前年春天,这个队实行了包产到户。队长任孝干对我们说：1978年前，五队没有分文积累，还背了几千元的债，连花生种子都要外借。1979年实行联产计酬后，两年粮食连续大丰收。社员吃粮不愁了，还卖余粮五万多斤，人均分配翻了两番，从1978年的21元上升到去年的90.9元。生产队新陈债全部还清，买了柴油机等农用设备，固定资产已达一万元，还留了4，000元现金，计划今年盖仓库拉电灯。

立新大队四队在上塘很有名声。它的出名是这个队曾经一度一个劳动日值只有一分六厘五，连一盒火柴都买不上。十岁左右的孩子差不多是吃国家救济粮款长大的，对国家救济，他们印象极深，谈到集体收入，他们都不懂得怎么回事。一天，我们来到这个队，访问了社员李世林的家，一家人正忙着窖存山芋。他家九口人，三个劳力，去年包了28亩地，打的粮食除上交集体、出售国家外，还余下约一万斤。

去年这里从端午节起一直下雨，到8月底才放晴，整整九百多毫米，比常年多出一倍。真是罕见的雨涝！但上塘人民依然夺得了丰收。八万亩粮田，亩产比大丰收的1979年增产6%，出售余粮120万斤。这是解放后的第一次。二万亩花生，总产410万斤，比上年增长四倍，亩产提高了一倍，出售了320万斤，还得了160万斤奖售粮。社员集体分配人均口粮500斤到600斤。现金分配比去年又增加20元，在全县名列前茅。现在，上塘人走在泗洪大街上，腰板都显得硬朗了！

不久前，我们来到了上塘镇，街面上熙熙攘攘，集市贸易非常活跃，出售的农副产品品种繁多。我们走村串户，只见地里场头，到处晒着山芋干、玉米、豆子。跑了五个生产队的二十多户人家，除了一户之外，家家粮满囤、谷满仓，装满花生的麻袋堆成垛。有些社员家里，连堂屋、睡房的地上都堆满了粮食。

在商店里，我们看到社员们在拥挤着购买各种东西。1976年前，上塘供销社60—70％的货物是销售给毗邻的安徽省的。就是普通的鞋子，本地人都很少买。去年情况变了，上塘供销社300万元的销售额超额完成，货源紧张，棉布、化纤布有多少卖多少。自行车卖了100辆，缝纫机卖了30部，收音机卖了360台。

73岁的李家科老汉，持着白胡子对我们说："我活了这么大年纪，经历了几个朝代，就数这两年的日子最好了。"51岁的李家聪说："高级社时，我当社长。公社化后，又当大队主任。1959年时，我不愿虚报产量，讲了真话，受到了批判，革了我的职。这些年来，群众受穷挨饿，作为一个党员，总觉得自己没本事，对群众没有尽职，感到亏心。现时，党的政策说到了我们的心坎上，我觉得自己浑身都是本事！水不怕小，就怕没有源头。只要社员吃饱穿暖，有了劲头，以后还愁建不成社会主义么？"这就是今天上塘人的声音！

上塘公社农民在按照三中全会路线前进的路途上，曾经遇到了很大的阻力，从省到县的各级领导中，不支持者有之，横加阻拦者有之。但上塘的干部和群众并未却步，历史的教训坚定了他们实行联产计酬责任制的决心，党中央的政策更给了他们无穷的力量。他们既已开始告别贫穷，就再也不愿回到过去的穷日子去了！他们向一些责难自己的领导发出了这样的呼喊："俺们坐在粮囤上，只求你们说句话呀！"

这是多么朴实而又深沉的呼喊。这呼喊终于得到了坚定的回答，党中央颁发了75号文件，这文件给他们鼓了气，壮了胆，也改变了一些同志对上塘的看法。如今，上塘的经验在县内外为人们传颂着。上塘人民兴高采烈。现在，他们正认真总结责任制的经验教训，扬长避短，去害趋利，以便更好地前进。

本报记者　王孔诚　周昭先

后记

  根据江苏省档案局省市联动编纂《江苏省明清以来档案精品选》的统一安排，宿迁市档案局（馆）立即成立《宿迁卷》编纂委员会，确定了以市档案局（馆）主要领导为主任委员，各县（区）档案局（馆）长及市档案局（馆）业务处室负责同志为委员的编纂委员会，为《宿迁卷》的编纂、出版工作提供了有力的组织保障。

  各县（区）档案局（馆）结合馆藏资源特色，认真梳理、挖掘资源，按照编纂要求，将馆藏档案精品条目报送市档案局（馆）。市档案局（馆）专门组织力量对汇总条目进行逐一审核，认真甄别筛选，完成入选《宿迁卷》的精品档案史料复制、翻拍、扫描及文字统筹把关工作。在编纂过程中，我们对《宿迁卷》进行了多次增补完善，历时近两年，终于完成了《宿迁卷》的编纂工作。

  《宿迁卷》的出版发行，体现了宿迁深厚的历史文化底蕴，展示了城市发展变迁的轨迹，发挥了档案在文化传承、宣传教育和利用服务等方面的重要作用，其意义不言而喻。在此，要感谢各县（区）档案局（馆）认真组织实施，形成工作合力，协助完成《宿迁卷》的编纂任务。特别要感谢江苏省档案局给予的支持和帮助，感谢宗来纲同志对本卷的审核把关。

  限于编者水平，书中难免疏漏错讹，恳请读者批评匡正！

编 者

2013年10月

图书在版编目（CIP）数据

江苏省明清以来档案精品选·宿迁卷 / 江苏档案精
品选编纂委员会编. --南京：江苏人民出版社，2013.10
　ISBN 978-7-214-10840-1

　Ⅰ.①江… Ⅱ.①江… Ⅲ.①档案资料—汇编—宿迁
市 Ⅳ.①K295.3

中国版本图书馆CIP数据核字（2013）第239975号

书　　　名	江苏省明清以来档案精品选·宿迁卷
编　　　者	江苏档案精品选编纂委员会
责 任 编 辑	韩鑫　朱超　石路
责 任 监 制	王列丹
出 版 发 行	凤凰出版传媒股份有限公司
	江苏人民出版社
出版社地址	南京市湖南路1号A楼，邮编：210009
出版社网址	http://www.jspph.com
	http://jspph.taobao.com
经　　　销	凤凰出版传媒股份有限公司
照　　　排	江苏凤凰制版有限公司
印　　　刷	江苏凤凰新华印务有限公司
开　　　本	880毫米 × 1230毫米　1/16
总 印 张	227.5　插页56
总 字 数	1800千字
版　　　次	2013年10月第1版　2013年10月第1次印刷
标 准 书 号	ISBN 978-7-214-10840-1
总 定 价	1500.00元（全14卷）